AF126044

Rudolf Seydel

Die Religion und die Religionen

Rudolf Seydel

Die Religion und die Religionen

ISBN/EAN: 9783743336834

Hergestellt in Europa, USA, Kanada, Australien, Japan

Cover: Foto ©Lupo / pixelio.de

Manufactured and distributed by brebook publishing software
(www.brebook.com)

Rudolf Seydel

Die Religion und die Religionen

…gion und die

Vorträge

…halten im Deutschen Protesta…

zu Leipzig

von

Dr. Rudolf Seydel,

a. o. Prof. der Philosophie an der Universität daselbst.

Leipzig,
Verlag von J. G. Findel.
1872.

Vorwort.

Als diese Vorträge entstanden, wurde nicht daran gedacht, daß sie Theile eines Buches werden könnten. Eine strenge planmäßige Anlage verbindet allerdings die ersten acht, welche gleich bei ihrem ersten Auftreten als ein Cyklus angekündigt waren, der in größter Kürze die gesammte Religionsgeschichte umfassen sollte. Aber es wurde von vornherein viel zu sehr empfunden, daß der Stoff unter dem Vorsatze, die Achtzahl im Ganzen und den Zeitraum von einer bis anderthalber Stunde im Einzelnen nicht zu überschreiten, nothwendig leiden müsse, als daß der Glaube an die weitere Verwerthbarkeit dieser Arbeit ohne wesentliche Umgestaltung derselben leicht hätte aufkommen können. Die übrigen drei, von welchen wieder zwei zusammengehören, sind ihrer vereinzelten Abfassung entsprechend bereits getrennt in Zeitschriften veröffentlicht worden. Untilgbare Wiederholungen sowohl in diesen Vorträgen im Verhältniß zu einander, als im Verhältniß zu jenem Cyklus, sind nur zu sehr als deutliche Spuren der ursprünglichen Selbständigkeit zurückgeblieben, wie auch innerhalb des Cyklus selbst manche Wiederholung, Verweisung u. dgl. stehen gelassen ist, welche nur durch die zeitliche Entfernung eines Vortrags von dem andern, insbesondere des vierten von dem fünften, motivirt war. In dieser letzteren Beziehung glaubte ich nicht radicaler verfahren zu sollen, um den Vorträgen nicht zu viel von ihrer ursprünglichen Lebendigkeit zu nehmen.

Zur Veröffentlichung des Cyklus, und dann auch zur Ergänzung desselben durch Wiederabdruck jener älteren Vorträge und durch einen Anhang von Anmerkungen, habe ich mich entschlossen, als mir eine nochmalige Durchsicht die Vortheile der kurzen Zusammenfassung zeigte, deren Nachtheile zuerst unverwindbar schienen. Die Früchte der vergleichenden Religionswissenschaft sind soweit gediehen, daß sie aus den bald enger, bald weiter umfriedigten Gartenparcellen der Specialforschung schon jetzt gesammelt und in harmonischer Anordnung zur Schau gestellt werden können, deshalb auch sollen. Die Lücken, welche hierbei auch heute noch durch die künstlichen Früchte der Vermuthung ausgefüllt werden müssen, sind der Art, daß für ihren Wegfall nicht viel mehr zu hoffen scheint, wenigstens nicht von einer näheren Zukunft. Dennoch fehlt eine so kurze, und in gleichem Grade vollständige Darstellung der allgemeinen Religionsgeschichte für weitere Bildungskreise, vom Standpuncte der neuesten Forschungen aus, in unserer Literatur gänzlich: sie fehlt vor Allem auch als Leitfaden für den Unterricht an Gymnasien und anderen höheren Schulen, geschweige für Volksschulen, wie ja der Unterrichtsgegenstand, den sie behandelt, meist selbst fehlt. Ich bin so kühn zu hoffen, daß mein Buch in diesem Sinne vom Lehrer gebraucht werden kann; dem Verlangen nach speciellerem Eindringen in sein Gebiet wird es jedesfalls zum ersten Anlauf dienen können und durch den angehängten literarischen Apparat Wege zur Weiterführung des Studiums zeigen. Der Mangel gleichmäßig eingehender Entwickelung der Geschichte des Christenthums, deren Hauptzüge der Schlußvortrag des Cyklus nur sehr unvollkommen andeutet, betrifft einen so vielfältig und in allen Formen der Darstellung behandelten Stoff, daß daraus dem Buche kein wirklicher Schaden erwachsen kann.

Denn auch trotz dieses Mangels kann ich dem Verleger nicht Unrecht geben, wenn er in seinen ausgesandten Prospecten auf enge Beziehungen hingewiesen hat, in welchen dieses Buch zu den lebendigsten und offenkundigsten Regungen reformatorischer Art auf dem Boden der gegenwärtigen christlichen Kirche steht, zu den jüngsten Bewegungen namentlich innerhalb der beiden christlichen Kirchengemeinschaften, die sich im Allgemeinen wie Süden und Norden Deutschlands entgegengesetzt sind, und deren Vereinigung in Eine freie deutsche Volkskirche, deren Durchdringung zugleich und Läuterung durch Wissenschaft, Kunst und Gesittung unserer Zeit, die weit verbreitete Genossenschaft deutscher Christen als ihr Ziel bekennt, welcher diese Vorträge zunächst bestimmt waren. Die Geschichte der Religionen Afrikas, Amerikas, Ostasiens u. s. w. scheint freilich zunächst weit abzuliegen von Dem, was die großen kirchlichen Versammlungen dieses Jahres in München, Berlin und Darmstadt beschäftigte. Allein, wenn mir gelungen wäre, was ich anstrebte, so würde Jedem meiner Leser deutlich werden, daß es keinen geeigneteren Weg gibt, im Christenthume Aechtes und Falsches, Bleibendes und Vergängliches, das Göttliche und seine menschliche Verunstaltung, von einander scheiden zu lernen, als den einer vergleichenden Verfolgung der Geschichte aller Religionen. Wenn das, was uns in fremden Religionen so leicht wird, einerseits als Verderb oder als vergängliche Hülle, anderseits als wahren Werth zu erkennen, — wenn uns genau Dasselbe auf dem Boden unserer eigenen Religion entgegentritt, nachdem wir es dort in allen Entwickelungsphasen der Menschheit im gleichen Charakter und mit gleichen Folgen sich wiederholen sahen: dann werden wir am leichtesten die Unbefangenheit gewinnen, auch in unserem eigenen Religionsleben Verderb zu nennen, was Verderb, Schale, was Schale ist, und mit gestähltester Kraft der Ueberzeugung an Dem festhalten, was unsre Religion über alle anderen erhebt, indem es das Beste aller anderen zugleich wiederholt und vollendet.

Darum ist in diesen Vorträgen die Vergleichung mit der

christlichen Religion und der Hinweis auf ihre Bedeutung, das Endziel der geschichtlichen Religionsentwickelung zu sein, durchherrschendes Motiv, und im Zusammenhange damit ist ein reichliches Drittheil des Buchs, allerdings nicht der weiteren Entwickelungsgeschichte des Christenthums, wohl aber der Darstellung des ächten, des wahren Christenthums gewidmet, des Christenthums, von welchem ich fest glaube, daß es mit jenem Eines und dasselbe ist, welches Lessing als „das Christenthum, welches Christus selbst lehren würde" herbeiwünschen durfte. Von diesem und nur von diesem wird das soeben Gesagte gelten, daß es das Beste aller anderen Religionen in sich wiederholt und vollendet, während die dieses wahre Christenthum in der kirchlichen Ueberlieferung umhüllenden Schlacken und die den Zugang zu ihm geflissentlich verbergenden oder verwehrenden kirchlichen Einrichtungen uns die Wiederholungen genau derselben Elemente zeigen, welche in allen Religionen das Vergängliche, das Irrige, das Verderbte, zuletzt den Verfall bedeuten. —

Noch ein Wort darf ich hinzufügen über meine wissenschaftliche Berechtigung zur Behandlung dieses Stoffs. Seit sechs Jahren habe ich mich desselben, als eines außerdem an unserer Universität unvertretenen, durch akademische Vorlesungen so gut ich konnte angenommen, lediglich weil ich überzeugt war, daß die Universität diesen Stoff zu bieten verpflichtet sei, sollte nicht namentlich ihren Theologie Studirenden ein sehr wesentliches Stück ihrer Ausbildung entzogen bleiben. Weder Orientalist, noch überhaupt Philolog von Fach, war ich indessen nur in die Urkunden des Judenthums und des Christenthums unmittelbar eingeweiht, und werde vielleicht nie dazu kommen, den hierdurch bezeichneten Umkreis meiner Sprachkenntnisse zu erweitern. Aber auch die Kenntnißnahme von den mittelbaren Quellen und von dem sonstigen Materiale der Detailforschung in den außerordentlich manchfaltigen Richtungen, welche der Eine Name Religionsgeschichte zusammenfaßt, habe ich zwar unablässig erweitert, und es ist mein Wunsch, darin bis in die größtmögliche Nähe der specialistischen Kennerschaft fortschreiten zu können: allein man wird bei näherer Vertrautheit mit den einschlagenden Wissenszweigen leicht gewahr werden, daß diese Studien mir bis jetzt nicht viel mehr eingebracht haben, als was eben der Zweck der gegenwärtigen und jener akademischen Vorträge unbedingt erheischte. Ernstlich habe ich mir die Frage vorgelegt, ob ich nicht mit dieser Veröffentlichung unter solchen Umständen mich eines unbefugten Dilettantismus*) schuldig mache. Ich habe mir geantwortet: Was soll aus unsrer Wissenschaft, aus der Zusammenfügung ihrer einzelnen Steine zu dem großen Tempelbau, um deßwillen jene aufgeschichtet und behauen sind, was soll überhaupt aus unsrer menschlichen Bildung werden, wenn bei der immer weitergehenden Vereinzelung der Forschungen und immer specieller werdenden Arbeitstheilung eine Benutzung, Verarbeitung, Zusammenfassung des allenthalben Gewonnenen verwehrt sein soll, welche sich im Wesentlichen nur an die wichtigsten und beglaubigtsten Resultate hält, ohne die Wege von Neuem zu begehen, welche zu diesen geführt haben? Ueberdies gibt es eine Wissenschaft, zu deren wesentlichen Aufgaben solches Verarbeiten und Zusammenfassen gehört: es ist die Wissenschaft, der ich selbst als Fachmann angehöre, die Philosophie. Der Philosoph ist der geborene Zusammen-

*) Recensenten, welche nur die Vorrede lesen wollen, mache ich auf dieses Wort aufmerksam; es wird ihnen gute Dienste leisten. So erinnere ich mich einer Recension meiner „Logik", in welcher lediglich aus einer Stelle meiner Vorrede, durch die ich auf das Nicht-Eklektische meines Verfahrens hinwies, der Anlaß geschöpft war, mir Eklekticismus vorzuwerfen, und ferner einer Recension der von mir edirten Psychologie Ch. H. Weißes, welche nur einige Stellen meiner Vorrede zusammenwob und sodann — ohne jeden weiteren Inhalt — mit den Worten schloß: „Die Ausstattung ist gut". Wenn unsre Recensionsorgane — und es war eines der angesehensten — einen Mann wie Weiße dergestalt behandeln: woher soll Achtung vor unsrer kritischen Presse kommen?

arbeiter, nicht Compilator, sondern Organisator, des aus den Zweigwissenschaften der Empirie Resultirenden, gleichsam der metteur-en-pages unter den Fachmännern; denn Philosophie ist einheitliche, organische Universalwissenschaft. Man wird dem Philosophen gestatten müssen, die Grenzen der Benutzung des von den Einzelfächern Dargebotenen sich nach den Gesichtspuncten dieser seiner eigenthümlichen Aufgabe abzustecken.

Billige Beurtheiler werden nicht finden, daß diese Grenzen hier zu eng gezogen sind. Sie werden mir auch verzeihen, daß ich hier und da mit eigenen Gedanken dem historischen Specialisten mich als bescheidenen Mitarbeiter zugesellt habe, namentlich da, wo solche Gedanken aus der Aufgabe der Zusammenfassung, Gruppirung, zusammenfassenden Charakteristik entsprangen. Ich möchte sogar auf einen Punct dieser Art mit der Bitte um eingehendere Prüfung hindeuten: ich meine den erweiterten Begriff der Bundesreligion, insbesondere dessen Anwendung auf den Semitismus in seiner ganzen Ausdehnung, und die dadurch gewonnene Continuität für die Entwickelung der semitischen Religionen einschließlich des Judenthums.

Gohlis bei Leipzig, im December 1871.

Der Verfasser.

Inhalt.

Vorträge über die geschichtliche Entwickelung der Religion in der Menschheit.

Religion des Kreuzes, nur du verknüpfest, in Einem
Kranze, der Demuth und Kraft doppelte Palme zugleich!

Schiller.

— — Doch von ganz neuem Sinn wird er durchdrungen,
Wie sich das Bild ihm hier vor Augen stellt:
Er sieht das Kreuz mit Rosen dicht umschlungen.
Wer hat dem Kreuze Rosen zugesellt?
Es schwillt der Kranz, um recht von allen Seiten
Das schroffe Holz mit Weichheit zu begleiten.

Göthe.

Ueber die geschichtliche Entwickelung der Religion in der Menschheit.

Vorträge, gehalten im Januar, März und April 1871.

Erster Vortrag.

Einleitung. Das Wesen der Religion. Endziel und allgemeinste Uebersicht ihrer geschichtlichen Entwickelung.

Dreifach ist das Wesen des Menschen, und im gleichen Sinne dreifach die Welt, für die er begabt und verpflichtet ist. Sein Leib, seine Seele und sein Geist entsprechen den drei Welten der sinnlichen Natur, der humanen Gesellung und des göttlichen Daseins.

Der leibliche Organismus des Menschen, seine eigne sinnliche Natur, verknüpft ihn mit dem gleichartigen Existenzgebiete der Außenwelt, mit den Stoffen, welche ihn nähren, kleiden, schützen, und mit dem sinnlichen Leben Anderer, das ihm die Ergänzung des eigenen verspricht. Soweit gleicht er kaum dem Thier; schon das Leben des Thiers erhebt sich vielfältig über das Bedürfniß leiblicher Selbsterhaltung und Fortzeugung. Sind aber dennoch die wesentlichen Aufgaben des Thierlebens, die ihm die Natur stellt, hierdurch getroffen, so mögen wir den Menschen, der in jenen niedersten Anlagen seines Wesens sich gänzlich einschließt, den Thiermenschen nennen. Er hält an der niedersten und frühesten Stufe fest, als ob sie die letzte und höchste wäre; seine höhere Begabung ist zur Knechtschaft unter die niederste entwürdigt.

Wer den Menschennamen mit größerem Rechte tragen will, der muß wenigstens zu der zweiten jener Lebensregionen aufreichen, zu der ihn die eigenthümliche Anlage der Seele drängt, ebenso wie seine Leiblichkeit ihn dem Reiche der sinnlichen Natur verschrieb. Das seelische Leben, unterschieden vom sinnlichen unter ihm, wie vom geistigen über ihm, ist das der Gesellung. Die besonderen, eigenthümlichen Lebensgüter, welche die Gesellung, die Lebensgemeinschaft gleichgearteter Wesen, in sich selbst trägt und aus sich selbst schöpft, das sind die Ziele, auf die sich in dieser mittleren Sphäre das menschliche Begehren und Wirken richtet. Wir sollen Gemeinschaften bilden, nicht allein im Dienste des Sinnenlebens, auch nicht allein im Dienste geistiger Güter, sondern zunächst damit Gemeinschaft sei, und damit der Menschheit, uns selbst, die besonderen Güter nicht verloren seien, welche in der Gemeinschaft als solcher selbst liegen. Die innige Empfindung des Verbundenseins; Zusammenleben des Zusammengehörigen, Einigung des zur Einheit Bestimmten; ergänzende Entfaltung des Eigenthümlichen und Zusammenschluß zu mächtigen Gesammtwirkungen; Macht, Freiheit, Ehre des Ganzen und des einzelnen Gliedes: das sind die besonderen Güter der Gesellung, in deren Lichte dann auch der angeeignete sinnliche Stoff eine neue, eigenartige Verklärung gewinnt. Denn das Niedere soll überall mitgenommen werden auf die höheren Lebensstufen, aber veredelt, verklärt; das Sinnliche zunächst durchdrungen vom Seelischen. Und so viel mehr verwirklicht sich die Gesellung ihrer Idee gemäß, so viel weiter sie ihre Netze wirft. Derselbe Trieb, der noch in nächster Nähe der Natur die engste Gemeinschaft, die Familie, im Sinne ächter, seelischer Liebe stiftet, schafft in seiner weiteren Erstreckung die bürgerlichen Gemeinwesen, schafft den Staat, treibt die Nationen zu einmüthigem Zusammenschluß in sich selbst und mit anderen, und überall liegen im Dasein und der Selbstdarstellung dieser Gemeinschaften jene unmittelbaren Güter der Gesellung. Wir können diese die specifisch menschlichen, die humanen Güter nennen; sie erheben über den herrschenden Gesichtskreis des Thiers, ohne noch zu erheben in das Reich des Ueberirdischen, des Göttlichen.

Nicht alle unsre Mitmenschen wollten von der niedersten, der sinnlichen Stufe uns auf die der humanen Gesellung folgen. Wir fühlen leicht uns im Rechte, die Zurückbleibenden gering zu achten. Aber auch dann, meine Freunde, erfüllen wir nicht, was die Idee des Menschen in sich schließt, wenn wir zurückbleiben in der irdischen Gesellung als dem vermeintlich höchsten Gebiete des Menschenlebens, und nicht anerkennen wollen, daß, wie Gott höher ist als die Erde, so der Geist höher als die Seele, und das Himmelreich, das Reich gotterfüllter Geister, höher als irgend ein irdisches Reich. Besonders heutiges Tags begegnen wir oft genug der Rede, als könne über patriotisches, politisches, sociales Interesse hinaus gar kein höheres gedacht werden, als sei diesem Alles unterzuordnen, was irgend in des Menschen Herz und Geist kommen mag. Ja, man gibt gelegentlich zu verstehen, daß man für den eigentlichen, unbewußten Inhalt all des deutschen Sehnens seit zwei Jahrhunderten, auch des poetischen, künstlerischen, philosophischen und religiösen, — den Staat halte, und daß, wenn wir nur einmal den Staat haben, all dieses Sehnen befriedigt ausruhen könne von seinem jugendlich-thörichten Höhenfluge, um in verständiger Praxis das wahre Leben zu finden. Das deutsche Volk wird seine Ernüchterer, die ihm Solches vorsprechen, durch die That widerlegen, oder — seine Erhebung wäre sein Untergang. Es wird zeigen, daß es seine Mission nicht vergessen hat, für die ganze Menschheit die höchsten Geistesgüter in ihrer reinen Gestalt zu erarbeiten, in der Gestalt göttlicher Schöne und Wahrheit, und die Menschheit zusammenzuführen in das göttliche Reich einer freien, wahrhaft christlichen Kirche. Alles, was unser Volk jetzt in schwerem Kampfe errungen hat an staatlicher Macht und

Größe, und Alles, was ihm noch fehlt an würdiger und freier innerer Gestaltung seines politischen Lebens, das wird von ihm immer nur angesehen werden als der Grund und Boden, der die Pflanzungen eines höheren Lebens zu tragen bestimmt ist.

Dieses höhere Leben hat seinen Inhalt in Gott und in Darstellung göttlichen Gehaltes durch den Menschengeist. Es ist darum selbstverständlich kosmopolitischer Natur. Wenn dem gewöhnlichsten irdischen Interesse schon ein beschränktes Haften am Provinciellen kleinlich und als ein tadelnswerther Particularismus erscheint, so bedarf es nur eines wenig erweiterten Blicks, um auch noch im beschränkten Haften an etwas weiteren irdischen Grenzen den gleichen Particularismus zu sehen; vor dem Auge Gottes aber, vor dem Inhalte seines Geistes, vor dem Universum, das er zu seinem Reiche macht, ist ja selbst der Erdball nur wie der Tropfen am Eimer. Wie sollten geographische und politische Linien, Abtheilungen, welche diesen kleinen Erdball noch weiter verkleinern, da scheiden können, wo Gott zusammenfügt? Das Leben mit Gott, das Leben im Geiste, macht uns zu reichsunmittelbaren Gliedern des Universums, und verknüpft uns durch das Band der gleichen Gotteskindschaft mit Allen, die ebenso innerlich verbunden sind mit Gott, an welchem Sterne und an welcher Scholle ihres Sternes auch ihr sterbliches Theil haften mag.

Die göttlichen, die universalen Güter, welche dem Geiste eignen, wie jene früheren der Seele und dem Leibe, haben wir jetzt näher kennen zu lernen, um hier erst zu finden, was wir suchen: die Religion. Halten wir fest daran, daß dieses Wort nicht verbraucht werde für Anderes, das doch seinen guten eigenen Namen schon hat, sondern aufbehalten bleibe dem Einzigen, was nach allem Herkommen dadurch zu bezeichnen ist. Wollten wir etwa schon Religion nennen, was nur Moral im Sinne der Güter des irdischen Gesellschaftslebens ist, so entzögen wir dem Namen der Religion sein eigenthümliches Feld, und müßten dieses dann anders benennen. Wozu? Wer nur jene Moral will, Religion aber nicht will, möge aufrichtig dies eingestehen, ebenso wie der, welcher nur den Staat will, nicht Kirche und Gottesreich; dagegen muß es als Sprachverwirrung verbeten werden, zu sagen: jene Moral selbst sei die Religion, oder der Staat selbst sei Kirche und Gottesreich.

Die Religion gehört dem Leben des Geistes an; denn nur im Geiste ist Beziehung zu Gott, dem Geiste, möglich. Gemeinhin denkt nur an Wissenschaft und Kunst, wer von Interessen des Geistes redet, und es pflegt wohl auch die Religion als eine Sache des Herzens von jenen unterschieden zu werden. Aber des Herzens inniges Gefühl und liebendes Wollen schließen wir nicht aus von den Gestalten, in die sich das Leben des Geistes kleidet; wir erkennen den Geist auch im Herzen, im Gemüthe, wie überall, wo der besondere Inhalt da ist, der uns die höchste Stufe menschlicher Lebensentfaltung von den früheren zu unterscheiden nöthigt. Dieser Gehalt, der göttliche, erscheint unter manchfachen Formen, darunter wir nur neben anderen auch die Formen des Wissens und der Kunst finden. Nicht in diesen nun, nicht im Wissen, nicht in der Kunst, auch nicht in beider Gesammtheit, wollen wir die Religion sehen. Auch dies wäre ein Mißbrauch des für Anderes ausgeprägten Wortes, wie er etwa dem übermüthigen Sprüchlein Göthe's[1] zu Grunde liegt, welches des Dichters besserer Sinn oft genug, besonders in seiner späteren Lebensperiode, Lügen gestraft hat:

Wer Wissenschaft und Kunst besitzt,
Hat auch Religion;
Wer jene beiden nicht besitzt,
Der habe Religion!

— als wäre Religion im gemeinen Verstande nur ein unvollkommener Ersatz für Das, was in Wissen und Kunst vollendet erscheint. Sollen wir aber, dem entgegen, Religion nur das Gefühlsleben des Herzens nennen, das von göttlichem Gehalte in uns erregt wird? Oder das Wollen, das, im Sinne göttlicher Liebe, der universalen Idee des Guten folgend, solchen Gehalt handelnd auszuwirken strebt? Aber warum denn nur das Eine, das passive Fühlen, und warum denn nur das Andere, das active Wollen? Warum sollen wir dann es gänzlich aufgeben, auch von einem religiösen Wissen und von religiöser Phantasie, Dichtung, Kunst, zu sprechen?

Alles Wissen, alles Erkennen, ist göttlichen Gehaltes, sofern es hervorgegangen ist aus dem universalen Triebe des Geistes nach Wahrheit; denn Wahrheit ist das Erkennen aller Dinge, wie Gott sie erkennen würde. Alles künstlerische Sinnen und Schaffen ist göttlicher Natur, sofern es geboren ist aus der Sehnsucht nach allgemein geltender, urbildlicher Schönheit; denn solche Schönheit ist die Gestalt der Dinge, wie sie Gottes innerem Auge erscheinen würden, seinen Schöpfungen vorspielend. Alles Wollen des Guten schlechthin, die universale schöpferische, thätige Liebe, ist göttlich; denn Gottes Wollen ist diese Liebe. Und alles Gefühl, das in solchem Geistesleben erregt wird, ist göttliches Gefühl. Aber doch nennen wir nicht all jenes Wissen religiös im besonderen, festen Sinne dieses Wortes, sondern nur einiges, und nicht all jenes Kunstleben, und nicht all jenes Wollen, und nicht all jenes Fühlen, sondern überall nur einiges. Religion muß also unterschieden sein von allen diesen Seiten des Geisteslebens, und doch in allen sich darstellen können; sie ist auch nicht die Gesammtheit aller, denn jede dient ihr nur zum Theil.

Das unterschiedene Wesen der Religion erkennen wir, indem wir unterscheiden zwischen göttlichem Gehalte und Gott selbst als dem Träger dieses Gehaltes, als dem einheitlichen Urwesen, welches nicht aufgeht in seinem Gehalte, sondern diesen Gehalt ewig aus sich erzeugt und hat. Wissen, künstlerische Phantasie, sittliches Wollen, von all diesem erregtes Gefühl, — sie können göttliches Gehaltes voll sein, Seiten der Gottheit, göttliches Wissen, Schauen, Wollen, Fühlen in sich nachleben; aber religiös sind sie nur, wenn sie Gott selbst als das einheitliche Urwesen zum Inhalte haben, das über der Manchfaltigkeit seines eigenen Gehaltes steht als der ewige Träger und Urquell, der sich in allem Wissen und Schauen, Wollen und Fühlen doch immer nur spiegelt und darlebt, aber nicht darin aufgeht. Religion ist die Erfüllung des Geistes mit Gott selbst unmittelbar, nicht zunächst mit dem Inhalte seines Wesens als einem Inhalte, sondern mit der Wirklichkeit des daseienden Gottes als daseienden und als lebendigen Urquells alles Daseins: in diesem Sinne ist Religion Gottinnigkeit, Lebensgemeinschaft mit Gott. Sie wird vollkommen sein, wenn sie in alle Gestalten des Geistes zugleich gekleidet ist: Erkennen und Schauen, Fühlen und Wollen Gottes in Einem. Aber auch in dieser ausschließlichen Beziehung auf Gott selbst ist sie nicht eine dieser Gestalten, auch nicht alle; sondern sie selbst, die Religion, ist nur das centrale Einssein mit Gott, das alle diese Gestalten aus sich erzeugt, aus sich erzeugen muß, um vollkommen zu sein, dadurch schon wieder herabsteigend von der höchsten Einheit, zu der wir erst emporsteigen mußten, um Gott und die Religion zu finden.

Als Göthe für die erste Scene des Faust eines mystischen Zeichens bedurfte, welches das Gesammtleben des Universums, den „Makrokosmos", bedeuten sollte, da überkam ihn sichtlich die Erinnerung an eine bekannte Erzählung der Bibel, von der Himmelsleiter, welche Jakob im Traume sah, und er schuf in verwandter Symbolik das schöne Bild von den auf- und niedersteigenden Himmelskräften, die sich die goldnen

Eimer reichen, und mit segenduftenden Schwingen harmonisch all' das All durchklingen. Wir theilen die Empfindungen des Faust beim Anblicke dieses Zeichens:

Ha, welche Wonne fließt in diesem Blick
Auf einmal mir durch alle meine Sinnen!
Ich fühle junges, heil'ges Lebensglück
Neuglühend mir durch Nerv' und Adern rinnen!
War es ein Gott, der diese Zeichen schrieb,
Die mir das innre Toben stillen,
Das arme Herz mit Freude füllen,
Und mit geheimnißvollem Trieb
Die Kräfte der Natur rings um mich her enthüllen?
Bin ich ein Gott? Mir wird so licht!

Der Weg, den wir bis jetzt zurückgelegt haben, aufsteigend vom sinnlichen Leben des Menschen in und mit der untermenschlichen Natur, durch das manchfaltige Gebiet irdischer Gemeinschaftbildung hindurch, in das Reich des Geistes bis hinauf zur göttlichen Einheit und unsrer Vereinigung mit ihr, — dieser Weg gleicht dem Wiederaufsteigen der Himmelskräfte zu Gott zurück, von dem sie erst sich niedergesenkt hatten zur Erde und eingedrungen waren in die Tiefen der Natur; oder es gleicht dieser Weg dem Wiederemporreichen der goldenen Eimer, die erst aus der Höhe herabgereicht waren zur Erde. Aber wir steigen nicht auf, um bei Gott zu bleiben in egoistischem Genusse seiner Herrlichkeit; wir heben die dürstenden Eimer nicht empor, um des neuen Inhalts aus der Höhe uns in stolzem Selbstgenügen zu erfreuen in Gottes Gemeinschaft. Gott ist nicht ein Gott seligen Selbstgenusses; er ist Hingebung, schaffende Liebe. Wer in Gott lebt und Gott in ihm, der kann also nicht in jener seligen Höhe bleiben wollen; bewußtvoll und innig mit Gott verbunden, wird er zugleich der schaffenden Liebe Gottes theilhaftig; durch sie getrieben, wird er zur Erde wieder herabsteigen, die gefüllten Eimer mit sich führend, um sie auf Erden auszuschütten, und segenduftend werden die Schwingen seiner Thatenlust herabrauschen zur geliebten Heimath, die er erst verlassen mußte, um zur Gottheit emporzubringen.

Die wahre Religion ist nicht einseitig nur Erhebung über die Bereiche der sinnlichen Natur und der irdischen Gemeinschaft zur Lebensgemeinschaft mit Gott; denn in solcher göttlicher Lebensgemeinschaft selbst ist enthalten das liebevolle, schöpferische Herabsteigen mit Gott zur irdischen Gemeinschaft und zur Natur, um beide zu durchdringen mit dem Göttlichen und dadurch emporzuheben zur Sphäre des Geistes. Darum ist nicht Gott, Gott allein, das Ziel der Religion, sondern das Gottes- oder Himmelreich, das ist die vom göttlichen Gehalte durchdrungene und mit dem Urwesen innig geeinte Welt; und darum ist das Ideal menschlicher Religiosität nicht der den Leib abtödtende, die Gesellung fliehende, mit Gott sich vereinsamende Heilige, sondern der Gottmensch, der Gottessohn oder das Gotteskind, das ist der in Leib, Seele und Geist von Gott durchdrungene, allenthalben das Niedere an das Höhere und Höchste anknüpfende Mensch, dessen Wille Einer ist mit jenem der Welt und Natur zugeneigten Liebewillen der Gottheit.

Vollenden wir in raschen Zügen auch den Weg des Herabsteigens, der das Bild der wahren Religion, das wir zuvor von der einen Seite gesehen, nach der andern ergänzt. Wie von der Spitze eines gen Himmel ragenden Thurmes aus betreten wir da zunächst obere Räume, dieselben, durch die wir zuvor zur Spitze gelangten: es sind die Regionen reinen, universalen Geisteslebens, durch das der Gehalt des göttlichen Urwesens aus der Einheit desselben nach allen Richtungen hervorstrahlend in der Gestalt solcher Vermanchfaltigung uns zu eigen wird. Der vollkommene religiöse Mensch wird von seiner Gottinnigkeit getrieben werden, in diese Region des sich ausbreitenden Geistes einzugehen; er wird das Wissen Gottes, die Wahrheit, das Anschauen göttlicher Ideale, die ewige Schönheit, sich zu erzeugen streben, und darin zu leben trachten im Gefühle göttlicher Beseligung. Aber indem er auch in der Form des Wollens seinen Geist mit Gottes Geist erfüllt, kann er in dieser Sphäre nicht verweilen; wie Gottes schaffender Liebewille, muß auch er herabsteigen in die reale Welt, es nicht „für einen Raub", für gute Beute haltend, nicht ausbeutend, Gott gleich zu sein, sondern sich erniedrigend und dienend, aber gerade dadurch Gott erst vollkommen gleich. So nähert sich jetzt der religiöse Mensch, aus der Innenwelt des Geistes heraustretend, der Region des Gesellschaftslebens, den geistigen Gottesgehalt aus der Höhe herabführend. Er wird diesen Gehalt in die Formen der menschlichen Gemeinschaft gießen und vor Allem Gemeinschaft zu stiften suchen für die Religion selbst, von der Sehnsucht durchdrungen, daß, wie Ein Gott über Allen lebt, so auch Ein Gott in Allen die Menschheit zusammenführen möchte in Ein irdisches Gottesreich der Liebe, des Friedens, der gemeinsamen Erarbeitung aller Güter des Lebens. Dieses Reich wäre die ideale Kirche; alle umfassenderen Religionsgemeinschaften, welche die Geschichte unsrer Erde aufweist, sind bewußt oder unbewußt Versuche, diese ideale Kirche zu gründen und darzustellen. Wenn aber die Kirche die gesellschaftliche Darstellung der Religion, und nur im Dienste der Religion zugleich anderer idealer Gehalte ist, so würden nun auch für die letzteren, für Wissen, Kunst, universales sittliches Wollen, besondere Gemeinschaftsbildungen und geselliges Zusammenwirken zu organisiren sein; denn alle diese Güter sollen in der Gesellung sich auswirken. Denselben Weg des Herabsteigens fortsetzend, bringt sodann auch all jener göttliche Gehalt ein in die eigenthümlichen, von der Religion unabhängigen engeren Gestaltungen des Gemeinschaftslebens, in den Staat, in die bürgerliche Gesellschaft, in die Familie, und erhebt diese alle zu der höheren Bedeutung, Gefäße für diesen Gehalt, Träger geistiger Cultur, göttlichen Lebens zu sein. Die Güter des Staatslebens, so sehr auch an sich selbst edleres menschliches Wollen aufrufend, empfangen erst die Weihe des im höchsten Sinne Menschenwürdigen, wenn sie als Gefäße eines Culturgehaltes begehrt, vertheidigt, erkämpft werden, der über das Interesse des Einzelstaats, des Staats überhaupt als solchen, ja über das irdische Interesse hinausweist. Dann verschwindet erst völlig die giftige Mitgift des politischen Ringens: Neid, eitle Ueberhebung, Parteisucht, und jener rohe Kampfesmuth, der den Krieg, den greuelvollen Menschenmord und die Verwüstung unendlicher mühsam errungener Culturwerke, schon um des Kriegens und Siegens willen liebt, ja das Kriegsleben erst als das „ganze, volle Leben des Mannes" betrachten will. Ebenso wird die bürgerliche Gesellschaft, das System der ineinandergreifenden manchfaltigen Berufe und Beschäftigungen der Menschen, wenn sie durchdrungen ist von religiösem Geiste und idealen Zielen zugewandt, einen Anblick gewähren als ein Reich Gottes im Kleinen, worin der Drang, das Vollendete durch Ergänzung all des Verschiedenen zu schaffen, und Eine Gottes- und Menschenliebe, die Arbeiter im niedersten und im höchsten Berufe sich als Arbeiter auf dem Einen Acker Gottes einander sich gleich fühlen läßt und zu gegenseitiger Hilfe erweckt. Was soll ich endlich sagen vom Ehe- und Familienbund? Wer weiß es nicht, wie die höhere menschliche Gesittung vor Allem durch religiöse und geistige Cultur ganz neue wunderbar verknüpfende Fäden zieht zwischen Liebenden, zwischen Gatten, zwischen Aeltern und Kindern, ja das ganze Haus mit Allem, was darinnen ist, zu einem bestimmten, eigenthümlichen Ausdrucke göttlicher Ideen, wiederum zu einem kleinen, individuell gefärbten Gottesreiche auf Erden umschafft? So erstreckt sich das Herabsteigen der goldenen Eimer, das sich Einsenken der Himmelskräfte in die niederen Formen des Daseins, zuletzt bis in das sinnliche Leben, bis in die körperliche Natur; ja ist nicht selbst ein Familien- und Freundesmal, getragen von ächter Innigkeit des Gemüthslebens und mit geistiger Speise wohlausgerüstet, unendlich hoch erhoben über den Zweck der Natur, in Wahrheit geheiligtes Brod und geheiligter Wein, in welchem die Gottheit selbst Wohnung genommen hat? —

Indem wir das Wesen der Religion zu erkennen suchten, ergab sich uns zugleich ein Bild der vollendeten, der wahren Religion; denn die wahre, die vollendete Religion muß diejenige sein, die mit dem Wesen der Religion nach allen Seiten sich deckt. Aber unsre Aufgabe ist, in einer Reihenfolge von Vorträgen die geschichtliche Entwickelung der Religion in der Menschheit an uns vorübergehen zu lassen. Wenn anders die wirkliche Menschengeschichte im wahrhaften Sinne des Worts uns den Anblick einer Entwickelung der Religion gewähren will, so kann die wahre, vollendete Religion, wie wir sie in ihren hauptsächlichen Charakteren soeben gezeichnet haben, nur an das Ende solcher Entwickelung zu stehen kommen, deren Ziel sie ist. Also wird mit der geschichtlichen Erscheinung jener vollendeten Religion unsre Darstellung endigen. Womit wird sie beginnen? Ist der Zielpunct unsrer Darstellung die vollendete, so ist ihr Anfangspunct naturgemäß die erst beginnende, die unreifste, roheste, niedrigste Religion. Die größte Gottferne des Menschen werden wir in den Anfang zu stellen und zu zeigen haben, wie die Mächte immer mehr überwunden wurden, welche den Menschen in solcher Gottferne halten.

Wir haben den niedrigsten Punct des Menschenlebens schon kennen gelernt, als wir von da zur Religion stufenweis aufstiegen: es war das sinnliche, thierische Naturleben des Menschen. In der That beginnt auch der Zeit nach die menschliche Entwickelung von diesem niedersten Puncte, nicht nur die des Einzelnen, auch die der gesammten Menschheit, und viel entschiedener noch die der gesammten Menschheit, als die des Individuums. Denn das Individuum, wenn es auch anhebt mit der Herrschaft des sinnlichen Bedürfnisses, trägt doch angeborene Culturelemente höherer Art wirksam in sich, wenn es der schon weiter entwickelten Menschheit entsprossen ist; der erste Anfang der Menschengattung als Ganzen aber ist völlige Unterdrückung der höheren Anlagen durch die machtvollste Entfaltung der thierischen.

Entwickelung aus der Thiermenschheit zur Gottmenschheit — dies ist der innere Sinn des geschichtlichen Ganges der Religion auf Erden, ja der innerste Kern der Menschengeschichte überhaupt, oder, um wieder an ein bekanntes Göthewort[2] zu erinnern, „das eigentliche, einzige und tiefste Thema der Welt- und Menschengeschichte, dem alle übrigen untergeordnet sind."

Wir können uns im Voraus die unvollkommenste Religion zeichnen, wie wir uns die vollkommene gezeichnet haben. Die Thierheit, in der das menschliche Dasein anhebt, wird auch die höheren Anlagen im Dienste der niedersten verwenden; daher wird das thierische Leben sich hier in Formen kleiden, die dem Thier selbst unbekannt sind, in Formen intelligenter und phantastischer Wildheit, welche den Thiermenschen auch in diesem Betracht noch unter das Thier erniedrigen. Darum sagt ein mystischer Denker, der Mensch könne nur über oder unter dem Thiere stehen.[3] In welcher Gestalt aber kann die Religion, kann die Lebensgemeinschaft mit Gott, zum ersten Male dem Menschen nahen, dessen Lebensgehalt noch aufgeht in sinnlicher Begierde? Noch keine leise Spur von Sympathie kommt ihr entgegen, nur widerstrebender Sinn, leidenschaftlich sich aufbäumender Widerstand gegen jeden zugemutheten Lebensinhalt, der nicht jenes selbstische Begehren anreizt. Die einzige Stelle, an der sich hier die Religion einzudrängen vermag, findet sie in der Anlage des Phantasirens und Denkens, welches in jedem Wesen, das Mensch heißt, wenn auch noch so gestaltlos und dumpf, hinauszugreifen vermag über das unmittelbar Gegenwärtige, hinauszuschweifen in das unendliche Meer der Möglichkeiten. Zunächst in sich selbst haltlos und unfrei, empfängt solches Denken und Ahnen seinen Inhalt und seine Richtung durch eben jene sinnliche Begierde, die auf dieser Stufe noch alles reale Leben im Menschen anfüllt. Wäre nun diese Begierde immer nur befriedigt, stieße sie niemals auf Widerstand, erntete sie niemals Schmerzen, wo sie Lust gesäet zu haben glaubte, dann würde die ahnende Phantasie nicht so bald mit Götterbildern erfüllt werden. Denn befriedigt zu sein, dies scheint dem Begehren das Natürliche, darin findet es nichts Besonderes, am Wenigsten einen Anlaß, auf übersinnliche Wesen zu denken, denen es zu danken hätte. Ein freiwilliges Hinneigen zur Dankbezeugung, das ist nimmer mit solcher Herrschaft der Selbstsucht verbunden. Aber ist sie gestört, diese Selbstsucht, ist sie geschädigt an ihrer Lust, ja in empfindliche Leiden gedrängt, da spannt sie Alles an, was sie vermag, alle Kräfte des Leibes und Geistes kommen in Bewegung, um das Ziel des Begehrens dennoch zu erringen, das gegenwärtige Uebel zu vertreiben, das bevorstehende zu verhindern, das gefürchtete zu beschwören. In solchem Zusammenhange entsteht denn auch dem niedrigsten Menschen die niedrigste Religion: die Religion der Furcht. Das phantasirende Denken füllt sich an mit drohenden Gestalten übermächtiger Wesen, welche dem sinnlichen Begehren seine Ziele verrücken, ihm Wehe bereiten, Krankheit und Tod senden, dazu Mißwachs und Unwetter. Seiner Nebenmenschen und der Thiere, die ihn schädigen, kann der Mensch sich leichter erwehren; aber fast wehrlos steht er den großen Naturgewalten gegenüber. Darum sind es meist diese, welche hineingeschaut werden in jene gefürchteten Wesen, in jene gespenstischen Schreckbilder einer geängsteten Sinnlichkeit. Verehrung dieser Schreckbilder, Verkehr mit ihnen durch bestimmte Handlungen, das ist hier Religion und Cultus; und Cultus und Religion gehen hier nothwendig auf in Beschwichtigung, Beschwörung, Begütigung der gefürchteten Götter zum Schutze des physischen Lebensgenusses. So singen die Neger auf Madagaskar von Zanchor, dem guten, und Niang, dem bösen Gotte[4]:

Zanchor und Niang erschufen die Welt; —
O, Zanchor, wir richten an Dich kein Gebet;
Der gütige Gott, der braucht kein Gebet;
Aber zu Niang müssen wir beten,
Müssen Niang besänftigen.
Niang, böser und mächtiger Geist,
Laß nicht die Donner uns ferner drohn,
Sage dem Meer, in der Tiefe zu bleiben,
Schone, Niang, die werdenden Früchte,
Trockne nicht aus den Reis in der Blüthe,
Laß nicht die Frauen gebären an Tagen,
Die Verderben und Unglück bereiten.

Die niederste Stufe der Religion würde nicht einmal einen guten Gott kennen; sie würde durchaus nur auftreten als besänftigender und womöglich gewinnender Cultus der schädigenden Mächte der Natur, die von der Phantasie erweitert und vergeistigt worden zu übersinnlichen und übernatürlichen Mächten.

Aber ist dies mit dem hohen Namen der Religion überhaupt noch zu nennen? Ist dies wirklich der Keim, dessen weiteres Wachsthum den Baum jener Liebesgemeinschaft mit Gott, den weitschattenden Baum des Himmelreiches, emportreiben soll?

Wir dürfen es wagen, hierauf mit Ja zu antworten. Denn in der geistigen Anlage des Menschen ist Gott, und zieht Gott den Menschen zu sich empor. Selbst jene Mächte der Furcht aber sind dem menschlichen *Geiste* entsprungen, es sind Erzeugnisse des Geistes, so sehr auch die sinnliche Natur ihren Charakter bestimmt hat; denn es sind Wesen des *Gedankens*, Wesen, in deren Erschauung der Mensch weit überflogen hat, was ihn sinnlich und gesellig umgibt, und eben dadurch, wenn auch noch so wenig sich dessen bewußt, doch immerhin thatsächlich sich erhoben hat in das Reich des Universellen, des Absoluten, des Göttlichen, das sich ihm von hier an nur zu reinigen und voller zu entfalten hat, um endlich in seiner wahren Gestalt sein Denken und Sinnen, sein Fühlen und Wollen — ohne Furcht — zu erfüllen.

Die Religion der Furcht steht im Anfange der religiösen Entwickelung der Menschheit, denn es ist die Religion der natürlichen Sinnlichkeit; die Religion der Liebe steht am Ende der Bahn, denn es ist die Religion des in seine volle Herrschaft und in seinen ganzen Reichthum eingesetzten Geistes. Dieser Geist regt sich als Keim schon in der Furcht, und die Entfaltung dieses Keims führt zuletzt zur Liebe; die völlige Liebe treibet die Furcht aus. Zwischen Furcht und Liebe aber liegen viele mittlere Gestaltungen, welche den allmähligen Uebergang bezeichnen zur letzteren. Die Geschichte dieses Uebergangs ist die Religionsgeschichte der Menschheit.

Zweiter Vortrag.

Die Religionen der Wildheit und Halbwildheit. Die Urmenschheit. Culturtragende Wanderung von Mittelasien aus. Mongolen. Malaien. Inka's. Azteken.

In tiefes Dunkel gehüllt ist für uns die Entstehung des Menschengeschlechts. Das Dunkel wird auch nicht heller, wenn wir die Abstammung aller Menschen von Einem Paare annehmen. Denn wäre die Entstehung des Einen Paares erklärt, so erklärte sich nicht schwerer die Entstehung unbestimmt vieler Paare an verschiedenen Orten zugleich, wenn sie aus irgend einem Grunde anzunehmen wäre; bleibt aber die Eine Entstehung dunkel, so ist die Entstehung vieler ursprünglicher Paare nicht dunkler. Ja es erhöbe sich bei der ersteren nur die neue Räthselfrage, warum denn nur an dem Einen Orte, und nicht an dem anderen, Menschen entstanden seien, da doch die Bedingungen menschlicher Existenz, wenn nicht überall, so doch in einem weiten Bereiche der Erde, gleichzeitig ebenso vorhanden waren oder allmählich sich einstellten, wie jener andre, angeblich bevorzugte Ort sie gehabt hätte.

Wir haben hier auf diese Räthsel nicht näher einzugehen. Wir legen die Ansicht zu Grunde, die uns die einfachste, naturgemäßeste, wahrscheinlichste dünkt: wie überall, wo die Bedingungen vorhanden, eine dem Orte angemessene, eigenthümliche Pflanzenwelt, Flora, und Thierwelt, Fauna, so entstand allenthalben, wo die Bedingungen nicht fehlten, eine ebenso örtlich bestimmte Menschheit, Humana. Wir denken diese ursprüngliche Menschheit, verschieden nach Klima und Bodenbeschaffenheit der Wohnsitze, zu der Zeit, wo es sich um einen Anfang von Religion handelt, auf allen uns bekannten Erdtheilen vorhanden, und überall in dem einen Landstriche noch unvermischt mit den andersgearteten Urmenschen anderer.

Es darf ferner angenommen werden, daß wir die Beschaffenheit und den Culturzustand dieser Menschen im Wesentlichen überall da noch vor Augen haben, wo uns in der Geschichte oder in der Gegenwart Völker begegnen, die sich nicht freiwillig aus ihren Heimathsitzen entfernen und niemals entfernt haben, so lange wir von ihnen wissen; Völker, deren Zustände sich nach allen Seiten, von aufgedrungenen Einwirkungen abgesehen, aus der Beschaffenheit ihrer Heimathsitze natürlich erklären, und so, in einem gewissen Grundcharakter, die deutlichste Uebereinstimmung zeigen mit allen ursprünglichen Erzeugnissen des gleichen Bodens; Völker endlich, die sich in diesen ihren Zuständen und ihrer Culturart nicht wesentlich verändert haben, so lange auch schon die Geschichte von ihnen Kunde geben mag.

Alle diese Merkmale treffen zusammen bei den sogenannten passiven Rassen, den mehr und weniger dunkelfarbigen Bevölkerungen, welche von allen Einwanderern, früheren wie späteren, vorgefunden wurden in Afrika, im südlichen Asien, in dem ganzen großen Inselmeere, welches von der Ostküste Afrikas ostwärts, Australien einschließend, bis in die Nähe der Westküsten Amerikas reicht, und in allen Theilen des amerikanischen Ländercomplexes. Nach Analogie und nach einzelnen zurückgebliebenen Spuren darf geschlossen werden, daß auch Europa von ähnlichen Bevölkerungen bedeckt gewesen, die nur dem Klima gemäß physisch und psychologisch von den anderen abwichen, aber im gleichen Culturstande lebten. Wie sie verschwinden konnten, ist leicht zu beantworten, wenn wir sehen, mit welcher erschreckenden Sicherheit die wilden Rassen Amerikas und Australiens seit der europäischen Besiedelung dieser Erdtheile dem Aussterben entgegengehen.

Aber wenn alle diese Urvölker nicht wanderten, woher dann die Einwanderer, die wir überall ankommen sehen? Geschichte, Sage, Sprach- und Naturforschung weisen mit großer Wahrscheinlichkeit auf das mittlere Asien als den Herd aller der Völkerwanderungen hin, welche das ganze übrige Asien überflutheten, welche über den dunkeln Rassen Südasiens und jenes großen Inselgebiets, über den Eingeborenen Afrikas in Ost, Süd und Nord, und an den Westküsten Amerikas, eine zweite, höher geartete Bevölkerungsschicht absetzten, und die gegenwärtige europäische Menschheit gründeten. So hatte also auch das mittlere Asien seine eingeborene, seine Urmenschheit; allein sie wich darin ab von allen anderen, daß sie wanderte und in den neuen Wohnsitzen zur Trägerin der sich weiterentwickelnden Cultur wurde. Sie ließ jedoch auch ihrerseits in den Ursitzen und deren Nachbarschaft Völker zurück, deren Zustände und Culturart alle die Kennzeichen ausgeprägt tragen, welche uns, wie anderwärts, so auch hier, die ersten Anfänge des Culturlebens der Menschheit noch aus dem gegenwärtig oder geschichtlich Gegebenen zu erkennen gestatten.

Uebersehen wir die Religionen aller der Völker, welche uns hiernach die Urmenschheit vertreten, so finden wir als allen gemeinsam den Typus der Religion der Furcht, den wir bei unsrer letzten Zusammenkunft als den Typus der Anfangsreligion der Menschheit uns im Voraus vergegenwärtigten, und dessen wesentlichstes Merkmal dieses war, daß aller Cultus, alles Religionsleben, in der Abwehr oder Begütigung gefürchteter Mächte bestand. Doch ist schon bei den meisten jener Völker der Glaube an das Dasein guter, schöpferisch Wohl befördernder göttlicher Wesen zum Durchbruch gekommen, wenn diesen auch jeglicher Cultus versagt bleibt. Als reine Repräsentanten der tiefsten Stufe, welchen selbst dieser Glaube fehlt, können uns nur die Saans oder Buschmänner im südlichsten Afrika, die Pescherähs im südlichsten Amerika, die ausgestorbenen Urbewohner Californiens und die aussterbenden australischen Papuas gelten. Selbst bei den Waldindianern Südamerikas, welche doch an Fähigkeit und Sitte tief unter dem afrikanischen Neger stehen, begegnet uns die Vorstellung wohlwollender Gottheiten, wenn auch immer verbunden mit der charakteristischen Annahme, daß von diesen die Regierung der Welt, nachdem sie geschaffen, lediglich den bösen Geistern überlassen worden sei. Aehnliche Züge, durch welche die Zurücksetzung des guten Gottes sich auch in Mythologie und Weltauffassung ausprägt, finden wir bei nordasiatischen Völkern, Tungusen, Kamtschadalen und anderen, wieder, und selbst viele Negerstämme Afrikas theilen zwischen dem guten und dem bösen Obergotte die Weltgeschäfte also, daß der gute die Welt schafft, die geschaffene aber der Leitung des bösen anheimgibt.[1]

Die afrikanischen Negerreligionen vertreten den Typus der ganzen Stufe in einer mittleren Weise im Vergleich zu den genannten tieferstehenden und zu anderen, höher gearteten Gliedern derselben Gruppe; und ist zugleich ihre Ausbildung in Symbolik und Cultus die reichste, ihre Götterwelt, aus allgemeinster Beseelung der Naturdinge hervorgegangen, die phantasievollste: so dürfen wir in diesen Negerreligionen den deckendsten Ausdruck der urmenschlichen, wiewohl über die tiefste Versunkenheit schon erhobenen, Religion der Furcht erkennen. Ebenbürtig im Ganzen, wenn auch nicht in der Manchfaltigkeit äußerer Darstellungsmittel, wie sie dem Süden entsprechender ist, sind anzusehen die Urreligionen des nördlichen Asiens und seiner Appartenancen, ihrerseits den nordischen Charakter durch Bevorzugung innerlicher psychischer Erregungen verrathend. Afrika — in seiner südlichen Art — ist der classische Sitz des Fetischimus; das nördliche Asien der des Schamanismus, der mit psychischer Exaltation und somnambulen Zuständen verknüpften Zauberei und Wahrsagerei. Allein es fehlt bei den Völkern dieser gesammten Stufe nirgends an Fetischen und nirgends an Zauberei. Beides ist der Religion der Furcht durchaus wesentlich. Der Fetischismus faßt irgendwie auffällige, besondere Gegenstände, unbelebte und belebte, nichtige und werthvolle, als zeitweise Wirkungsherde göttlicher oder dämonischer Wesen auf, welche durch angemessenen Dienst dem Menschen hilfreich werden. In ihren ausgebildetsten Gestalten nähert sich diese sinnliche Erscheinungsseite der Religion schon hier dem Thierdienst, dem Götzenbildcultus, und in der Ausstattung größerer Feste, welche den Fetisch zum Mittelpuncte haben, dem Bedürfnisse einer ergreifenden Feierlichkeit. Aber das eigentlich befruchtende Motiv der religiösen Phantasie bleibt im Fetischismus die Furcht, das Grauen, eine erregte Stimmung, welche Unheimliches, Dämonisches, Uebermächtiges nicht nur in den großen Naturerscheinungen, sondern ebenso in kleinen Dingen, ja in Allem sieht, was irgend vom Gewohnten und von der Zweckmäßigkeit der Einrichtungen für tägliche Arbeit abweicht. Der Fetischismus des Thiermenschen grenzt in seinem rohesten Auftreten genau an das Scheuen mancher Thiere, besonders der Pferde, vor neuen, ungewohnten Gegenständen. Daß aber das Gefürchtete, nachdem man es für sich gewonnen, zum Zaubermittel und besonders zum Mittel der Abwehr andrer bedrohlicher Mächte wird, entspricht völlig der Logik des Zauberwesens und der Furchtreligion. Die Zauberei überhaupt ist nothwendig mit der Furchtreligion gegeben als die Methode der Abwehr. Abwehr übersinnlicher, überverständiger Mächte kann nicht von gewöhnlichen Menschen durch natürliche, verständige Mittel geschehen, sondern nur durch Uebersinnliches und Ueberverständiges, durch Exaltation und Wunder, Göttliches nur durch Göttliches. So wird der Priester hier zum Zauberer, und sofern in diesem selbst Gotteskräfte wirken müssen, wenn er die Götter besiegen soll, kommt uns schon hier der erste Keim der Idee der Gottmenschheit oder Gotteskindschaft entgegen als des Ideales der Religion.[2]

Die merkwürdigsten Annäherungen an uns Christen vertraute Züge mythischer Ausführung des Bildes der Gotteskindschaft, natürlich mit dem rohen und sinnlichen Gehalte und in dem primitiven Charakter der Furchtreligion, begegnen uns hier bei einigen nordischen Völkern und bei den rothen Indianern, welche letzteren überhaupt, über das Mittelmaß dieser Stufe hinausragend, die nächsthöhere vorbereiten. Von den nordischen Anfängen des Gottessohnschaftsmythus lassen Sie mich anführen die tungusische Sage von der Frau eines Häuptlings, welche Mutter eines Helden wurde, indem sie im Traume eine Sonne sich auf ihre Brust senken sah,[3] und einige Züge der überaus merkwürdigen Mythologie der Thlinkithianen im früher russischen Nordamerika.[4] Diese glauben einen Gott Jeschl, welcher zwar nicht der einzige, auch nicht der mächtigste Gott, aber Schöpfer vieler Dinge und Wesen, im Besondern Verleiher des Nützlichen, wie des Feuers und Süßwassers, ist. Dieser ist schon von vornherein von einer menschlichen Mutter geboren, die ihn in Gestalt eines Steins von einem Delphine empfing; von da ab ist er noch öfter von Frauen geboren werden, ist in Folge dessen als Mensch auf Erden erschienen, wunderbare Abenteuer erlebend und Thaten verrichtend. Daß er sich in Alles verwandeln kann, in was er nur will: dieser Zug verräth am deutlichsten seinen Ursprung aus dem Ideenkreise der Zauberei.

. Die Religion der Indianer Nordamerikas, der Rothhäute, erwirbt sich den obersten Rang innerhalb der Religionen der Furcht dadurch, daß der höchste Gott, der große Geist, Manitu oder mit anderen Namen benannt, hier als schöpferische und schützende Macht ein entschiedenes Uebergewicht behauptet über den bösen, schädigenden Geistern, wenn auch immer sein Wohlwollen nur unter Furcht und Zittern und durch grausame Opfer, Selbstpeinigungen und Entsagungen gewonnen werden kann, und aller Cultus hierdurch allein motivirt bleibt. Die Gottmenschheitsidee regt sich hier unter Anderem in dem Glauben der Irokesen, daß Agan-Kitschee, d. i. die göttliche Willensmacht, des Oeftern in fremder Gestalt, als Wolf, als Bär, auch als Mensch auf Erden wandelt, um zu sehen, wie es zugehe.[5] Im höchsten Grade charakteristisch ist ferner eine Incarnationssage der Mandans, welche den bösen Geist zum Urheber einer wunderbaren jungfräulichen Geburt und dadurch unwillkürlich zum Erzeuger des Guten werden läßt, denn die Jungfrau, der er sein Fleisch zu essen gab, genas davon eines wunderthätigen, segenausbreitenden Kindes; aber der Mensch war es, der die Vortheile dieses glücklichen Umschwunges wieder vernichtete; der „erste Mensch," der Vertreter des Menschengeschlechts, tödtete das Kind und schloß mit dem bösen Geiste ein ausgleichendes Bündniß[6]. Hier erscheint der Versuch, die Religion der Furcht in eine bessere umzuwandeln, gleichsam auf halbem Wege, und zwar durch die Schuld des Menschen, vereitelt.

Ueber weitere Elemente dieser Religionsstufe dürfen wir kurz hinweggehen. Allen hierhergehörigen Religionen gemeinsam ist neben Fetischismus und Zauberei auch das Opfer und die Selbstpeinigung als Mittel der Gewinnung und Begütigung der gefürchteten Wesen, grausamer und greuelvoller, harmloser und nüchterner, je nach dem verschiedenen Naturell der Völker. Ebenso allgemein endlich — was uns auf dieser Stufe überraschen könnte — ist der Glaube an Fortdauer nach dem Tode, den wir selbst bei den Saans[7] und Papuas nicht vermissen, und der bei den afrikanischen Negern hin und wieder, in Amerika fast durchgängig, sogar in der Form eines Vergeltungsglaubens auftritt. Der letztere begünstigt in Ertheilung der Seligkeit besonders die Tapferen und Starken, und setzt die Paradiesesfreuden, wie sich erwarten läßt, in ein leidenloses, aufs Höchste gesteigertes Genießen derselben sinnlichen Lüste und Ergötzungen, die schon auf Erden alles Flehens, alles Zauberns und Opferns ersehntes Ziel waren. Wir dürfen in solchem Glauben hier wenig mehr erblicken als die zur Furcht nothwendige Ergänzung der Hoffnung, durch die sich das unglückliche Geschöpf dieser Stufe unter den Peinigungen seines Aberglaubens doch noch, mit dem Instincte der Selbsterhaltung, das Leben ertragbar macht.

Nur von Einer der Wohnstätten der Urmenschheit aus haben sich nach allem Anschein, wie wir bereits bemerkten, Völkerwanderungen nicht nur über die nächstbenachbarten Länder, sondern bis in ferne Erdtheile ergossen, und diese Wanderungen waren es, welche allenthalben den Hervorbruch einer lebendigen, entwickelungsfähigen Geistespotenz aus dem ursprünglichen Banne einer harten und engen Hülse zur Folge hatten. Wie kam aber jenes einzige Urvolk zu solchem Vorzüge? Es scheint auf diese Frage eine unerwartet einfache Antwort möglich. Denken wir uns ein Urvolk, das in jeder Beziehung in dem Grade bestimmt und fest geartet ist, daß ihm nur die Natur und die Lebensweise wohlgefallen und verständlich sein kann, welche mit seiner Entstehung unmittelbar gegeben war, die einzige Natur der Wohnsitze und die einzige Lebensweise, mit der es als Urvolk durch seine Entstehung ähnlich verwachsen ist, wie die Flora und Fauna desselben Orts mit ihren Lebensbedingungen: so wird dieses Volk im Ganzen weder zur Aufnahme neuer Culturart fähig, noch wanderlustig sein. Dieselbe Enge, dieselbe feste Bestimmtheit seiner Individualität, welche es festhält bei seiner einmaligen Culturweise, hält es auch fest an seinem Orte, und umgekehrt. Wanderlust und erweiterte Culturfähigkeit erscheinen hiernach als zusammengehend, und in diesem Zusammengehen gebunden an eine gewisse Unbestimmtheit oder Allgemeinheit der ursprünglichen Anlage. Diese Unbestimmtheit ihrerseits ist nicht ohne das Gefühl einer gewissen inneren Leere zu denken, die sich durch Fremdes und Neues ruhelos fortstrebend auszufüllen sucht, und mit einer großen Weite der Fähigkeit des Aneignens wird diese Lust des Aneignens zusammengehen. So hängt weiter hiermit auch die Lust, ja die Sucht zusammen, über Fremdes zu herrschen, wo möglich Alles, was sich finden läßt, einzuverleiben in das Eine Reich, einzugießen in jenes Eine leere Gefäß auch im Sinne äußerer Macht. Es mochten selbst wieder Ursachen des Bodens sein, welche eine solche Unbestimmtheit und Allgemeinheit der Volksart mit ihren Folgen vermittelten. Genug, es findet sich ein Volk, welches diese Züge trägt, und welchem diese den leidenschaftlichen Trieb einflößten, die umfassende, allbeherrschende Form für die Gehalte der übrigen zu sein: ein Volk, welches, gleichsam die ausgleichende Mitte oder der Indifferenzpunct aller übrigen, seine Eigenheit fast lediglich in dem Machtwillen, in der Weltherrschaftssucht, und in einer Allvermischung der Culturen, vornehmlich auf religiösem Gebiete, zeigte. Dies ist das mongolische der mittelasiatischen Hochebenen, das einzige dieser Art unter allen uns bekannten Urvölkern. Wir sehen einzelne seiner Abzweigungen von Zeit zu Zeit, sobald unternehmende Führer von ungewöhnlicher Energie und Leidenschaft sich an die Spitze stellen, verheerend, erobernd, von dem Gedanken der Weltherrschaft beseelt, sich über die angrenzenden Theile der Erde, bis tief in Europa hinein, ausbreiten und unermeßliche Reiche gründen. Was hier aus heller geschichtlicher Zeit wiederholt uns entgegentritt, wie oft mag es früher schon geschehen und Ursache gewesen sein der culturtragenden Ansiedelungen, welche über der Urmenschheit jene zweite Schicht von Bevölkerungen schufen? Wundern wir uns nicht, daß aus Einem Volke so verschieden geartete geworden sein sollen. Aus jener unbestimmten, fast individualitätslosen Art konnte sehr vielerlei werden; die vorzüglichste Eigenschaft der Unbestimmtheit ist Veränderbarkeit.

Das mongolische Volk in seinem Centralsitze gibt sich schon auf der Naturstufe als ein mittleres, ein ausgleichendes zu erkennen. Es begünstigt alle Elemente und Formen der Furchtreligion gleichmäßig. Es widmet seinen Cultus ebenso sehr den Naturmächten, den Elementen und Gestirnen, als den Geistern und Dämonen; es kennt von solchen Wesen gute sowohl als böse, und bringt beiden seine Opfer, wenn auch niemals über die Bedeutung hinausgreifend, welche dem Opfer durch die Furcht beigelegt ist; es ist nicht minder und nicht mehr den Fetischen als dem Schamanenthum zugethan.

In der auffälligsten und für unsre Ansicht bestätigendsten Weise aber zeigte sich die Allgemeinsinnigkeit dieses Volks — wenn Sie mir dieses Wort für die hervorgehobene Eigenschaft gestatten wollen —, als aus ihm selbst unmittelbar, im Zusammenhange mit geschichtlich bekannten Eroberungszügen, eine Halbcultur hervorwuchs, in der wir jetzt in dem Gange unsrer Darstellung zum ersten Male die der Furcht zunächst übergeordnete Phase religiöser Entwickelung antreffen.

Tschingiskhan, der von 1206 bis 1227 unsrer Zeitrechnung das große Mongolenreich gründete, das unter seinen Nachfolgern nach Osten durch die Eroberung Chinas, nach Westen mit Schlesien und Theilen Böhmens, nach Süden mit den asiatischen Inseln, nach Norden mit Sibirien abschloß, — Tschingiskhan verkündigte zugleich eine Religion als Grundgesetz dieses Reichs, deren Inhalt fast ganz zusammenfällt mit jenem Gedanken der leeren Allgemeinheit und Alles unter sich fassenden Einheit, durch welchen wir dieses Volk der continentalen Mitte in seinem innersten Kerne charakterisiren zu dürfen glaubten. „Ein Gott im Himmel und der Khan auf Erden — Siegel des Herrn des Erdkreises" — in dieser Inschrift des Siegels der Khane ist im Wesentlichen ihre Religion enthalten, deren Ausübung dann hauptsächlich darin bestehen mußte, daß die Einheit des Reichs ihre Verwirklichung fand, zunächst auf Erden; das Jenseits erschien einfach als Fortsetzung des Diesseits. Der Begriff der einheitlichen Macht zehrt hier alle anderen Elemente des Gottesbegriffs in sich auf, wie mit demselben Machtbegriffe aller eigentliche Lebensgehalt gedeckt schien. Kein Wunder, daß eine Religion von so leerer Allgemeinheit je länger je mehr zum bloßen Gefäß wurde für andre Religionen. So erklärt sich vor Allem, wie hier eine Toleranz Platz greifen konnte, welche neben der sonstigen Barbarei überraschen, ja fast anmuthen könnte wie ein Vorspiel des ächten Christenthums, das den verschiedensten individuellen Entwickelungen in seinem Reiche Raum gewährt. Aber nicht die Alles durchdringende, gehaltvolle Allgemeinheit, sondern die leere, Alles nur freilassende Allgemeinheit ist im Mongolenreiche der Quell der Duldung und Anerkennung. Buddhismus und Parsismus, Confucius und Muhamed, auch das Christenthum, finden unter der Herrschaft der Khane Anhang und Ausbreitung; daneben erhält sich Naturdienst und Zauberei, Geisterspuk und Fetischismus der Urreligion. Khan Mengku, 1241—1259, läßt sich in die hervorragendsten dieser Religionen einweihen und ihrer Segnungen gleichmäßig theilhaft machen; er unterzieht sich den Gebräuchen aller, aber auch den schamanischen. Die wichtigsten Aemter des Staats sind in den Händen der verschiedensten Religionsgenossen. Mengku's Nachfolger Kubilai erklärt für unbekannt, welcher von den vier Propheten der größte sei und die reine Wahrheit lehre, ob Moses, Buddha, Jesus oder Muhamed. Aber beide Khane verrathen die Herkunft dieses Standpuncts, indem sie ihr Urtheil doch zuletzt abhängig machen von der Höhe des Erstaunens, das die Zauberkünste der jedesmaligen religiösen Gaukler erregen; und die leere Einheit des Gottes Tschingiskhans bleibt ihnen doch als eigentliche Wahrheit im Hintergrunde; daneben, ja werthvoller noch und zweifelloser, die andre, daß der Khan der Gott auf Erden ist. Naturgemäß knüpft sich an dies Letzte für diese Religion die Gottessohnschafts- oder Gottmenschheits-Idee: der Eine Khan ist Sohn Gottes, des Einen. Tschingiskhan, den ersten dieser Gottessöhne, läßt die Sage von einer Wittwe abstammen, welche durch einen sonnenhellen Glanz, der sich in ihrer Nähe in eine lichte Jünglingsgestalt verwandelte, die Mutter seines Urahnen wurde[8].

Mit dieser Religion, bemerkten wir, ist uns zum ersten Male eine Erscheinung begegnet, die sich von der Anfangsreligion der Furcht im Wesen unterscheidet, und mit welcher wir eine zweite Stufe betreten, für die wir die Namen „Halbwildheit" oder „Halbcultur" annehmen wollen. Es muß hier die Frage beantwortet werden, worin wir das Unterscheidende, den Fortschritt Bezeichnende dieser Stufe, und hiermit zugleich das allgemeine Kennzeichen der Erscheinungen finden, welche wir ihr zuzählen sollen. Ohne Zweifel ist das Maßgebende die Ueberwindung des Furchtprincips durch einen höheren Religionsgehalt, der jedoch dem der Furchtreligionen zunächst benachbart erscheint. Die positive Bezeichnung entlehnen wir dem vorliegenden Beispiele zunächst selbst, die Bewährung ihrer Tragweite der ferneren Anwendung überlassend.

Obwohl wir nicht vergessen dürfen, daß in der Religion der Tschingiskhaniden die Gebräuche der mongolischen Urreligion sich fortsetzen und der sinnlichen Furcht zu dienen fortfahren, so sehen wir doch aus diesem Boden, gleichsam zwischen seinem Gestrüpp, eine Anschauung hoch emporwachsen, die Nichts mehr mit der Furcht gemein hat: die Anschauung, daß besonders bevorzugte Menschen, die irdischen Könige, nicht in zauberhafter Aneignung göttlicher Kräfte, sondern in ihrem natürlichen, menschlichen Thun und Treiben Gott abbilden, ihn für die Menschheit repräsentiren, und in diesem Sinne Söhne Gottes heißen. Das Ideal der Religion, bisher nur das der abwehrenden Zaubergewalt, erhebt sich also hier zu einer friedlichen Wesenseinheit mit Gott. Gewiß ist diese Wesenseinheit noch keineswegs innerlich, geistig, sondern in lediglich äußerlichen Beziehungen, nicht als ein Besitz des Innenlebens, sondern als eine Weise des Außenlebens erfaßt. Diese Beschränkung eben verhindert uns, schon eigentliche Cultur hier zu sehen, sondern immer nur Halbwildheit, Halbcultur, als deren Kennzeichen wir hiernach festhalten werden, daß in einer äußerlichen Nachbildung des göttlichen Lebens durch den Menschen eine friedliche Einheit mit Gott und in dieser dann die höchste Erscheinung der Religion ergriffen wird. Die besondere Art halbwilder Religion, die wir zuerst kennen lernten, wird sich als diejenige charakterisiren lassen, worin die äußerliche Beziehung menschlicher Nachbildung Gottes die der Herrschermacht ist.

Aber nicht bloß hierin ist es begründet, und also nicht nur für diese Eine Art der Halbcultur gilt es, daß wir mit ihr zugleich der Knechtschaft, dem äußerlichen Gesetzesdienste, als charakteristischer Gestalt der Religion begegnen. Dies ist vielmehr aller Halbcultur eigen, und aus ihrem allgemeinen Kennzeichen ableitbar. Dadurch stellt sie sich erst recht deutlich in die Nachbarschaft der Furcht, und doch um eine Staffel über die Furcht. Der Furcht ist nur Abwehr, nicht Versöhnung, nicht wahrhafte Einigung möglich, wie sie in der That schon gewonnen wird durch unbedingte Unterwerfung, gesetzlichen Gehorsam, Knechtschaft. Der Gott, welcher für die Treue und Unverbrüchlichkeit solcher Unterwerfung Einheit mit dem Menschen, Verschmelzung mit ihm, gewährt, ist immer noch furchtbar, dem Furchtgotte nahe, doch nicht mehr der Furchtgott selbst, dessen böses Wollen den Gegensatz zum Menschen unerschütterlich festhält, im Zauber nur durch Abgewinnung seiner eignen Kräfte gleichsam überlistet wird. Ueberall aber, wo nicht ein innerliches, geistiges Band, sondern rein äußerliche Leistung oder Lebensweise die Einheit mit Gott begründet und darstellt, also in aller halbwilder Religion, ist Knechtschaft, Gesetzesthum, äußerlicher Gehorsam; denn das Wesen dieser Erscheinungen ist eben nichts Anderes als die Erfüllung von Forderungen ohne den innerlichen Vorgang bewußter oder empfundener Zustimmung zum Inhalte derselben.

Nur der ethnographische Zusammenhang indessen hat uns darauf geführt, unter den Religionen der Halbcultur zuerst der der Tschingiskhaniden zu gedenken, welche bereits einen weit höhern Entwickelungsgrad zeigt, als wir ihn von den niedrigsten Erscheinungen dieser Stufe, geschweige von den Uebergängen, welche von der Furchtreligion zu dieser zweiten Stufe die Brücke schlagen, hätten erwarten dürfen. Auch diese frühesten und leisesten Uebergänge sind allem Anscheine nach durch mongolische Wanderungen veranlaßt und getragen. Wir bezeichnen als den Sitz dieser ersten Annäherungen an die Halbcultur im Allgemeinen jenes weite Inselgebiet, das mit wesentlich gleichartiger Doppelschicht der Bevölkerung, die nur hier nach unten, dort nach oben stärker sich zeigt, von den Comoren in unmittelbarster Nähe Afrikas und dem benachbarten Madagaskar über die asiatischen Meere hinweg in die Südsee und bis in die Nähe der amerikanischen Westküsten sich ausdehnt. Die untere Bevölkerungsschicht dieser Inseln ist negerartig, papuanisch, die obere ist, wie man früher zu unterscheiden pflegte, malaiisch: es ist die der eingewanderten Eries, die den vorgefundenen papuanischen Ureinwohnern wie den Thieren die Seele und jeglichen menschlichen Vorzug absprachen, in der That durch ihre höheren Anlagen zu Herrschern über sie berufen. Es möge sogleich hier bemerkt werden, daß auch die der Negerrasse nicht angehörenden Bewohner der Ostküste und des Südens Afrikas mit diesen Malaien zweifellos im engsten Zusammenhange stehen, so daß es nahe genug gelegt ist, vom Innern Asiens aus durch Südasien über die Inseln hinweg, vielleicht über einen untergegangenen Continent, nach Afrika einen Strom culturbewegender Wanderungen sich fortwälzend zu denken, an den wir uns wieder erinnern wollen, wenn wir nach einiger Zeit von der Cultur Aethiopiens und Aegyptens zu sprechen haben werden[9].

In Afrika würden hierher gehören die Hottentotten, die Kaffern und die Galla's; aber die Züge, die sich über die Religion der Furcht erheben, sind hier zu gering, um zur Charakteristik einer beginnenden Halbcultur in einer so kurzen Darstellung, wie die unsrige, herangezogen zu werden. Die Malaien der asiatischen Inseln sind sogar zum Theil den wildesten Völkern gleich geblieben oder wieder geworden. Hinreichend bemerkenswerthen Stoff bieten uns von der ganzen Gruppe nur die Eries Australiens und der Südsee. Nicht allein der Reichthum phantastischer Anschauungen in der Ausbildung der Göttermythen, der Schöpfungs- und Fluthsagen, der Unsterblichkeits- und Vergeltungsgedanken fällt hier auf. Ueberall steht eine oberste Gottheit, unsichtbar, unerkennbar, durchaus unvermischt mit der Welt, über der großen Menge mannichfaltiger göttlicher und dämonischer Wesen und untergeordneter Personificationen, von welchen allen viele bereits den Werken der menschlichen Cultur, nicht mehr den Naturmächten, vorstehen. Das Walten dieser Wesen ist vorwiegend als ein segenbringendes aufgefaßt und in diesem Sinne von der mythendichtenden Phantasie verwerthet; der böse Geist mit seinen Untergebenen tritt zurück, erscheint im Verhältniß machtlos, und seine Bedeutung ist mehr die ethische des Verführers zur Sünde, als die physische des Peinigers. Die Götterlehre Neuseelands zeigt eine Art von Trinität, indem zunächst unter jenem Obergotte, dem göttlichen Urgrunde, der hier „Großvater" genannt wird, zwei Schöpfergottheiten stehen, von welchen die eine das Land unter dem Meere schafft, die andre es zu Tage emporzieht, recht eigentlich „schöpft". Die unteren Götter gehen vielfältig in Geschöpfe ein; incarnirt in Thieren oder auch Menschen wandeln sie zeitweise auf Erden. Bei den Watschandis in Westaustralien hat der Paradiesesgott Namba-Dschandie einen Sohn, der auf Erden allerlei wunderbare Dinge thut.[10] Am deutlichsten aber erkennen wir die Erhebung über die Furcht in einem neuen Elemente des Cultus, das hier zu dem immer noch wuchernden Fetischismus, Schamanismus und wüsten Opferdienste hinzutritt. Es ist dies die Weihung von Gegenständen, von besonderen Plätzen, auch lebendigen Wesen, selbst Menschen, zum Eigenthume der Götter. Solches Eigenthum, Tabu genannt, ist unberührbar, heilig; seine Darbringung nähert sich Handlungen der Dankbarkeit; die Scheu, mit der es betrachtet und gehütet wird, verläßt den Charakter der Furcht im Uebergehen zur Ehrfurcht und zu tiefer und geistiger empfundenen Schauern der Gottesnähe; der Cultus tritt damit in die Form des Gehorsams, des Gesetzesdienstes über, den wir als kennzeichnendes Merkmal der Halbcultur festhielten.

Im Vorübergehen wollen wir hier auch an reichere und edlere Entfaltungen der Göttermythe erinnern, welche, den polynesischen nicht unähnlich, mit der Ausbreitung mongolischer Stämme im höchsten Norden nach Westen zu auftreten. Wir finden bei den norwegischen Lappen schon vor ihrer Christianisirung den höchsten, verborgenen Gott wieder, der nur durch seinen Sohn schöpferisch wird, Aehnliches bei den schwedischen, und die alten Finnländer nannten jenes oberste Princip „Großmutter", wie die Neuseeländer „Großvater", und ließen aus ihm den höchsten männlichen Gott, sodann aus beiden das Brüderpaar des Naturgottes und des Culturgottes hervorgehen.

Suchen wir aber jetzt nach Erscheinungen, welche, der Religion der Tschingiskhaniden ebenbürtig, die volle Entwickelung des Typus der Halbcultur zeigen, so haben wir zurückzukehren zu den Inseln des Großen Oceans, um von hier durch glückliche Winde mit einem Theile der mongolisch-malaiischen Eries — oder war es ein von China oder Japan über das Meer getriebener Mongolenstamm? — uns an die westliche Küste Südamerikas werfen zu lassen, und zu sehen, wie auch hier die hellfarbigen Einwandrer, bessere Cultur bringend, ihr Reich über den gebeugten Nacken widerwillig dankbarer Ureinwohner errichtet haben. Sie landen in Peru, um das merkwürdigste Gebilde der Halbcultur ins Dasein zu rufen, den idealen Staat einer wohlthataufzwingenden Tyrannei, die ideale Kirche der beglückenden Knechtung: das Inka-Reich. Die höchste Gottheit, ein streng gesetzlich regelndes und in stetem, regelrechtem Gange segnendes Walten, wird hier in die Sonne hineingeschaut, neben der als weibliche Hälfte, wenig untergeordnet, ehelich und zugleich schwesterlich verbunden, der Mond steht, der letztere ohne Tempel und Cultus, die Sonne dagegen in den prunkvollsten gold- und silberstrotzenden Tempeln, mit reicher Cultussymbolik und in glänzenden Festen gefeiert. Durch die manchfaltigste Naturvergötterung und daraus hervorgesponnene mythische Dichtung füllt die religiöse Phantasie auch hier den Raum zwischen den obersten Gottheiten und der irdischen Welt; Blitz und Donner mit ihren einwohnenden Gottesmächten und ein böser Dämon, der Herr des Todes, gesellen sich hinzu, die Ueberreste der noch nicht völlig überwundenen Furcht, wie auch die Sonne selbst eine schreckende, fernhaltende Seite behält, — kein Mensch, auch der höchste Inka nicht, darf sie anschauen. Und dennoch ist dieser höchste Inka, der wohlthätige Tyrann, der sein Reich durch die regelnde Gesetzesgewalt segnet, wie der Sonnengott die Erde, — er ist der Sonne selbst entsprossen, Abkömmling in gerader Linie von einem göttlichen Geschwisterpaare, welches, die höchsten geschwisterlichen Gatten, Sonne und Mond, auf Erden wiederholend, selbst von der Sonne gezeugt, die Dynastie und das ganze Geschlecht der Inka's gründete. Also erzählt uns Garcilasso, der Sohn einer Nichte des vorletzten Gliedes dieser Dynastie, in der Geschichte seines Vaterlandes:[11] „Als die Sonne, der Vater der Inka's, den elenden Zustand der rohen Peruaner sah, sandte sie aus Mitleid zwei ihrer Kinder, um sie in dem Glauben an die Sonne als den höchsten Gott zu unterrichten, ihnen Gesetze, Ackerbau, Viehzucht und Häuserbau zu lehren, und sie zu gebildeten Menschen zu machen. — — Dann ermahnte die Sonne ihre Kinder, jene Völker durch milde und vernünftige Gesetze zu regiren, wie ein Vater seine Kinder leite, und wie sie, die Sonne selbst, unablässig allen Sterblichen wohlthue." Die Gottessohnschaft ist also auch hier Wiederholung des göttlichen Thuns auf Erden, und durch diese eine wesentliche Einigung mit Gott möglich, welche die Entfremdung des Naturmenschen von Gott und die Furcht mit ihrem Zauberwesen weit hinter sich läßt. Aber auch hier ist das segnende Thun Gottes und seiner Söhne ein äußerliches Eingreifen, und nirgends ist die Form des Gesetzesthums in vollere Blüthe getreten. Der oberste Inka ist der einzige Herr, der einzige Eigenthümer, der einzige Wille im Reiche; er vertheilt das Land zur Bearbeitung und Ausnutzung, er vertheilt durch seine Beamten die Arbeit, er verheirathet die Jungfrauen auf der alljährlichen allgemeinen Landeshochzeit, er vertheilt sein Volk unter Aufseher, in absteigender Gliederung nach dem Decimalsystem, so daß der unterste Aufseher nur noch zehn Menschen zu überwachen hat. Dabei erreichen die materiellen Verhältnisse des Landes einen Wohlstand, die Verkehrsanstalten eine Ausbildung, die Wissenschaften, selbst ohne Schrift, eine Pflege, die uns in Erstaunen setzen. Auf die wilden Sitten der Urbevölkerung legt sich der Druck der Inka's mit dem Erfolge der Vermenschlichung: das eheliche Leben wird geregelter, das Menschenopfer wesentlich beschränkt, Kriege werden nur noch um der Verbreitung inka'ischer Cultur willen geführt. Aber der Tyrann, der diese Segnungen aufzwingt, behält für sich selbst und sein Geschlecht die Tyrannei und die Unsitte. Er ist der Gatte seiner Schwester; und die Tausende von Klosterjungfrauen, welche als Gemahlinnen der Sonne auch ihrerseits die Idee der Gottmenschheit versinnbilden, und in den Tempeln das ewige Feuer, das Abbild der Sonne, erhalten, — sie gehören dem herrschenden Sonnensohne. Stirbt dieser, so werden Tausende seiner Frauen und Diener auf seinem Grabe ihm nachgeschlachtet. Außer beim großen Sonnenfeste, fallen Menschenopfer nur zu Ehren des Herrschers, bei der Thronbesteigung, bei Geburt eines Prinzen, oder sein eigner Sohn wird den Göttern getödtet, um den kranken Tyrannen vor dem Tode zu bewahren. Und dennoch gilt dem Inka der Tod nur als ein kurzer Uebergang zu einer vollständigen, auch leiblichen, Erneuerung des Erdendaseins; im Zwischenzustande ist der gestorbene Inka zur Sonne zurückgekehrt, während das niedere Volk nach seinen Thaten belohnt und bestraft wird. Diese Züge dürfen wir nicht vergessen, während es andrerseits uns anwehet wie aus dem Paradiese patriarchalischer Idyllen, wenn wir lesen, daß hier die Pflanzenwelt als erste Offenbarung der Sonne galt und der Ackerbau als Cultushandlung geehrt war, wie denn der herrschende Inka alljährlich einmal durch feierliches Pflügen mit goldenem Pfluge vor aller Welt symbolisch das Geschenk seines Ahnherrn erneuete.

Wir wenden uns von dem gleißenden Golde des Sonnenstaats nach Norden zu den greuelvollen Feuerherden des aztekischen Cultus. Mußten wir dort unter dem Schein der Idylle die Tyrannei nicht zu verkennen bemüht sein, so kostet es hier die gleiche Achtsamkeit, unter dem entsetzenden Eindrucke häßlichster Symbolik und grausamer Opferungen die Zeichen der Halbcultur nach ihrem vollen Werthe zu nehmen. Wir betreten das Reich Montezumas, das bekanntlich um dieselbe Zeit mit dem auf gleicher Basis, wie symmetrisch, ihm entgegengesetzten Inkareiche unter der tückischen Gewalt christlicher Eroberer zusammensank. Auch hier sind mongolische Stämme, wenn nicht alle Zeichen trügen, und zwar diesmal auf dem nördlichsten Wege, über die Behringsstraße, dann südwärts gewendet, als culturfördernde Einwandrer erschienen, das Asien entgegenstehende Küstenland bevölkernd, welches nachmals den Namen Mexiko erhielt. So folgten den Tolteken die Tezkukaner, diesen und manchen unbedeutenderen Stämmen die Azteken, welche die Herren der übrigen wurden, wenn auch der ältere tezkukanische Staat seine besonderen Könige behielt.

Schon die Tolteken mögen hier einen Grund religiöser Anschauungen gelegt haben, auf den das Spätere sich naturgemäß und in der aztekischen Eigenart aufbaute. Denn es erscheint hier ein uralter Sonnen- und Mondescult, ähnlich dem in Peru, auch mit gleichem Ueberragen der Sonne als des höchsten göttlichen Princips, durch die weitere aztekische Entwickelung verdrängt. Diese entfaltet daraus eine oberste

Dreiheit, zugleich mit Hilfe andrer toltekischer Reste, eine Götterdreiheit, zunächst hineingeschaut in Elemente und Erscheinungen der Natur, dann aber mit menschenartigem Willensgehalte erfüllt. Dem kriegerischen Azteken, den die verzehrende, vernichtende Allmacht das Göttlichste dünkt, behauptet den obersten Rang[12] in dieser Dreiheit der Feuergott, der schreckliche Huitzilopotchli, gewöhnlich in Vitzliputzli verstümmelt, der, zugleich Kriegsgott, in einem scheußlichen Götzenbilde versinnlicht, das unterwegs auf einem Stuhle getragen ward, die Kriegszüge begleitete. Auch er hat seinen himmlischen Sitz in der Sonne; aber der Gott der Sonne, sofern sie nicht verzehrendes Feuer, sondern fruchtbringende Lebenskraft aussendet, in Wahrheit erst die Personification der Sonne, ist sein Bruder Tezkatlipoka, der ewig jugendliche Weltbildner und Weltlenker. Der Dritte ist ein vergötterter menschlicher Heros, Quetzalkoatl, den die toltekische Sage als Herrscher im goldnen Weltalter kannte; er wurde in aztekischer Zeit zum Gotte der Luft, der zugleich als culturbringender, milder Genius galt. Unter dieser Trias stehen noch viele Haupt- und Nebengottheiten, zahllose untergeordnete Personificationen, alle möglichen Naturphänomene, sowie menschliche Thätigkeiten, Tugenden und Lebensgüter repräsentirend, und feindselige Dämonen schließen den Reigen —, eine ausgebildete Mythologie, nicht unähnlich anderen, denen wir auf Neuseeland und bei den Finnen begegneten, vor Allem in Rücksicht auf die Dreigliederung der höchsten Göttersphäre.

Um den Typus der Halbcultur voll ausgeprägt zu finden, haben wir auch hier vor Allem nach dem Verhältnisse zu fragen, in das sich der Mensch zu seinen Göttern stellte. Der schroffste Gegensatz, der nur Furcht und Abwehr zuließ, zeigt sich deutlich überwunden, wenn auch die oberste Gottheit im Sinne der schreckenden, der negativen Erhabenheit gedacht ist. Der Mythus des Huitzilopotchli deutet selbst an, daß diese Gottheit nicht alle wesenhafte Vereinigung mit dem

Menschen ausschließen kann; denn der furchtbare Feuer- und Kriegsgott ist halb menschlicher Abkunft: eine Frau von frommem Sinn und Wandel ward seine Mutter, indem sie einen aus der Luft herabfallenden bunten Federball aufnahm und in ihrem Busen barg, worauf sie schwanger ward und den Kriegsgott, sogleich speerbeschwingt und federgeschmückt, zur Welt brachte. Noch unverkennbarer enthüllt sich im Cultus das engere Band, das hier schon Gott und Mensch aneinander knüpft, so wenig auf den ersten Anblick ein solches Band sich vermuthen läßt in einer Religion, die wir durch Nichts so ausgezeichnet sehen vor anderen, als durch die Anhäufung der Menschenopfer und durch die gräßliche Weise ihrer Vollziehung. Allen Göttern wurden zu allen Festen Massenopfer dieser Art gebracht. Vornehmlich diesem Zwecke dienten die pyramidenartigen Gotteshäuser, auf deren Plattform das heilige Feuer brannte, das nur alle zweiundfünfzig Jahre, im ganzen Lande gleichzeitig, verlöscht, und sogleich darauf, während des Eintretens eines bestimmten Sterndurchganges am Firmament, wieder entzündet wurde; ebenda hatten die Opfersteine und jene Götzenbilder ihren Platz, die im Uebermaß ekler Häßlichkeit und geschmackloser, unangebrachter Kostbarkeit alles Aehnliche hinter sich lassen, was der Erdboden getragen hat. Und dennoch sagen wir, der aztekische Fromme stelle sich der Gottheit näher als der Schamane und Fetischdiener? Alles kommt darauf an, aus welchen Motiven der Cultus hervorgeht. Gilt es auch hier überall nur Abwehr oder Gewinnung gefürchteter Wesen, so haben wir hier nur ein Beispiel der verabscheuungswürdigsten Religionsart niederster Stufe. Allein jene blutigen Opfer haben höheren Sinn, und nur, weil sie besserem Bedürfnisse entsprangen, konnte ein Volk von sonst nicht durchaus rauhen und wilden Sitten sich dem Wahne überlassen, als müsse es all sein menschlicheres Gefühl solchem religiösen Bedürfnisse opfern, und diesem so oft und vielfach und feierlich, wie nur möglich, Genüge thun. Eine aztekische Sage erklärt die Entstehung des Menschenopfers daraus, daß einer der ersten Menschen sich freiwillig ins Feuer gestürzt habe, und dadurch zur Sonne geworden sei.[13] Gedenken wir der hervorragenden göttlichen Bedeutung, welche auch hier von Alters und noch späterhin der Sonne zukam, so können wir in dieser Sage den religiösen Gedanken ausgedrückt finden: wer sich selbst hingibt, wird selbst zu Gott. Gottgleichheit zu gewinnen, müsset ihr eingehen in die völlige Verneinung eures Lebens, eures irdischen Selbst; — wie hoch ist dieser Gedanke, und wie übereinstimmend doch mit dem Vorrange der negativen Gewalt, mit der Herrschaft des Feuer- und Kriegsgottes! Nur diesem Gotte wird in Wahrheit der Azteke gleich, wenn er die negative Gewalt an sich selbst in religiöser Absicht ausübt oder ausüben läßt; er gewinnt durch seinen Tod göttliches Leben, aber es ist in Wahrheit nur das Leben dieses Gottes. Und Gott will diese Erhebung zu ihm, er befiehlt sie; Hunderte, ja Tausende fallen alljährlich diesem Befehle unfreiwillig zum Opfer; — hier zeigt sich die Religion der Knechtschaft, des äußerlichen Gehorsams, wie schon die Art des Gottwerdens, die Einigung mit dem Gotte durch eine vernichtende That, die Aeußerlichkeit der Nachbildung Gottes aufweist. So konnte sich sogar vom Opfercultus ein noch äußerlicherer, sinnbildlicher Gebrauch ablösen, in welchem das Gottwerden nur dadurch vollzogen ward, daß ein kleines Abbild Huitzilopotchli's aus Teig erst durchstochen, um die das Leben verneinende Bedeutung des Gottes anzudeuten, und dann gegessen wurde. Aber andere Züge des Cultus bestätigen klar und sicher jene höhere Auffassung des Opfers. Die zum Opfer bestimmten Menschen wurden so gekleidet, wie der Gott, dem sie starben, und so ihr Gottwerden vor Augen gestellt. Ein schöner Jüngling ward dem Tezkatlipoka geopfert; man hüllte ihn schon ein Jahr vorher in die Kleidung des Gottes, und überhäufte ihn das ganze Jahr bis zu seinem Tode mit allerlei Lust und höchsten Ehren, wie der Gott selbst sie empfing. Viele, selbst Könige, drängten sich aus eigenem Willen zum Opfer, um in die Gottheit einzugehen; und einen Antheil an dem erlangten göttlichen Wesen der Hingeschlachteten suchte man physisch bei dem grausen Male, das dem mörderischen Acte folgte. Wurde der Mensch so durch wirkliche oder symbolische Selbstverneinung und Aufnahme Gottes in sein eignes Leben selbst zum Gotte, so wird ihm auch nach dem Tode die göttliche Seligkeit, mit Gesang, Spiel und Tanz, in der Sonne zu Theil, während die mittelschlägigen Seelen sich an einem lauen, doch heiteren Mittelorte begnügen müssen, und die gottlosen, ohne weiteres Leiden, durch die Finsterniß ihres Wohnsitzes gestraft werden.

Wenn wir hinzufügen, daß Mexiko, wie Peru und wie das Mongolenreich, unter despotischen Herrschern als den Stellvertretern des höchsten Gottes auf Erden, doch gleichfalls eine hohe materielle und industrielle Cultur errang, ja bis zu Bibliotheken und Akademien, Geschichtschreibung und aller Art von Kunst sich aufschwang, und wenn wir ferner wahrnehmen, wie auch hier Alles dies erreicht wird unter durchgeführtester polizeilicher Regelung von oberster Stelle aus: so können wir nicht umhin, jene drei Reiche in ihrem gleichmäßigen Grundcharakter überraschend ähnlich zu finden dem chinesischen, und werden deshalb um so geneigter sein, sie in nahen Verwandtschaftsgraden durch die gleiche Abstammung mit diesem verbunden zu denken. Aber trotz dieser Nähe gilt uns China als ein Sitz eigentlicher, voller Cultur, wenn wir auch die Halbcultur hier nur im ersten Grade überschritten finden werden, also insofern im stetigen Fortschreiten von jenen Reichen alsbald zu dem chinesischen kommen. Mit diesem beginnen wir demnach in unsrer nächsten Zusammenkunft die Besprechung der Culturreligionen.

Dritter Vortrag.

Die vorbuddhistischen Religionen Chinas und Japans. Die arische Urzeit. Der indische Brahmanismus.[1]

Während einige Abzweigungen der mongolischen Menschheit nicht einmal durch das Meer ihrem Wandertriebe Schranken setzen ließen, haben andere die Völkerströme, die sie nach Osten und Südosten ergossen, gleichsam an der asiatischen Meeresküste sich aufstauen und nach rückwärts sich ausbreiten lassen zu einem großen, dichtbevölkerten und festgefugten Reiche, dem chinesischen. Auch das chinesische Volk weiß sich als eingewandert; es erzählt von vorgefundenen Urmenschen, welche es treffend die „Kinder des Bodens“ nennt[2]. Das chinesische Volk ist nicht Kind seines Bodens; aber es ist nicht weit weg verschlagen vom Heimathsitze. Der Heimathsitz war ohne Zweifel jene continentale Mitte, deren Eigenschaften wir unlängst kennen lernten als gleichfalls mittlere und vermittelnde. Ist es wohl noch eine Wirkung dieses Ursprungs, daß der Chinese sein Reich das „Reich der Mitte“ nicht bloß nennt, sondern es als solches auch auf das Ernstlichste glaubt und will, ja daß seine Religion, sein Lebensideal, seine Gottmenschheitsidee, die innerste Triebfeder all seiner Cultur, sich fast ganz in die kleine Nuß des Einen Gedankens einschließen läßt: bewahret die Mitte!? Wenn wir diesen Gedanken auseinanderfalten und so auffassen, wie der Chinese ihn versteht, so finden wir sowohl die Begründung für die vergleichsweise hohe Stellung, die wir dem Sinismus als erster voller Culturerscheinung in unsrer Stufenfolge anweisen, als zugleich die eigenthümliche Beschränktheit dieser Erscheinung, eine Gesetzes-

und Regelherrschaft, die uns noch gar sehr an die Merkmale der Halbcultur erinnern muß. In der That, der Sinismus ist nach Einer Seite hin die zur Religion gewordene Pedanterie.

Zunächst finden wir die staatliche Organisation, die Reichsidee, auch hier völlig verwachsen mit der Religion, wie bereits in der Halbcultur die religiöse Entwickelung auch durch diesen gesellschaftlichen Zug sich über das sinnliche Interesse der Furcht des Einzelmenschen erhoben hatte. Das irdische, politische Reich ist selbst das Himmelreich, sein Beherrscher ist der Mittler zwischen Gott und Menschen, Gottessohn; er ist dem Volke Gott, das Volk ist ihm die Welt, und genau wie die Gottheit, der Himmel, sich verhält zur Welt, zur Erde, so soll sich der Kaiser des Reiches der Mitte verhalten zu seinem Volke: so ist er über dem Reiche der Mitte selbst wieder eine Mitte, die Mitte zwischen Gott und diesem Reiche. Ihm gilt daher zuerst das Gebot: bewahre die Mitte! Er wird dieses Gebot befolgen, indem er selbst seinem Volke die Religion verkündet, der dieses Gebot entsprungen ist, und ihren Gesetzen gemäß das Reich einrichtet, leitet, behütet. Der Kaiser ist als Gottessohn und Reichsherr zugleich Herr der Kirche, demgemäß in der geschichtlichen Ueberlieferung auch Reichsgründer und Religionsstifter zugleich, und umgekehrt erhalten Religionsstifter den Kaisertitel, da man wenigstens in der Vorstellung nicht Eines von dem Andern getrennt dulden konnte, wo die rücksichtslose Wirklichkeit die Trennung verhängte.

Kaiser Fohi, um das Jahr 3000 vor Chr., gilt als Gründer der chinesischen Staatsform und der altchinesischen Religion. Die ältesten Urkunden der letzteren werden ihm selbst als Verfasser zugeschrieben; es sind dies die ältesten Theile des heiligen Buches Yking, d. h. Buch der Wechsel, der Veränderungen, welches über Entstehung und Wesen der Natur handelt. Die Religion, die wir hier finden, gemahnt an die

Sage, welche den chinesischen Philosophen Lao-tsö, der im 6. Jahrhundert vor Chr. lebte, mit Greisenhaar und als eine achtzigjährige Frucht geboren werden läßt: diese Religion ist ein altgeborenes Kind, sie lallt mit Methode, sie phantasirt mit nüchterner Berechnung, und ihre ersten Anfänge erscheinen wohl wie Paradiesesäpfel der Jugendzeit eines Volkes, aber die gleich gedörrt auf den Bäumen wachsen, und sich deshalb allerdings gut conserviren.

In erhabener Einfachheit der Anschauung und verstandesmäßiger Nüchternheit zugleich werden Himmel und Erde einander gegenübergestellt als die zwei uranfänglichen Gegensätze des Universums, seine Hälften, die sich die Wage halten, und so von vornherein das Gleichmaß als Grundcharakter und Grundgesetz des Alls aufweisen und vorschreiben. Aber das Gleichmaß, die ruhige Befriedigung der Welt, kann nur gewonnen werden, wenn die beiden Factoren verschiedene Bestimmungen haben, in welchen sie sich zur Einheit ergänzen. Darum sind nicht beide im Range von Göttern gedacht, nicht beide herrschen, nicht beide agiren; zwei Götter, zwei Herrscher, zwei active Mächte würden sich stören, würden nur kämpfend sich einigen, um immer wieder gegen einander aufzustehen. Eines jener Glieder der ewigen Zweiheit ist also nur passiv, nur Stoff und Schauplatz für die Wirksamkeit des andern: das ist die Erde. Der Himmel allein ist Gott; er allein ist Herrscher, Ordner, wirkende Kraft; er wird vergeistigt zu einem allmächtigen, allwissenden, allgerechten Wesen, und seine Gerechtigkeit ist die, daß er sich zur Erde in das Gleichmaß setzt, das dem ganzen Universum die Segnungen der Ruhe, der Leidenschaftslosigkeit, des stillen Glückes verbürgt. Der späteren Weiterentwickelung dieser Lehre hat es nicht entgehen können, daß es zum harmonischen Zusammenhalten zweier gleich ewiger Principien eines dritten bedarf, welches den beiden andern gleichmäßig übergeordnet ist, und daß der Himmel, wenn er

Gott ist und sofern er Gott ist, in den Rang dieses Einen höchsten Princips erhoben werden muß. So hat schon Kaiser Wen-Wang um 1050 v. Chr. über dem alten Urgegensatze einen höheren Urhimmel als den eigentlichen Gott gelehrt, ohne daß der Inhalt der Gottesanschauung sich dadurch änderte; er schrieb in diesem Sinne die jüngeren Theile des Yking, welche Commentare der älteren und moralische Nutzanwendungen enthalten. Die letzteren wurden zum populärsten Theile der heiligen Schriften Chinas; die verbesserte Gottesansicht erhielt sich in der Reichsreligion und Reichstheologie auch dann noch, als durch Confucius und Lao-tsö manches neue Element hinzugebracht war, das in das Gesammtgebäude der Lehre verarbeitet sein wollte, und sie gilt noch heute den Bekennern dieser, die geschichtliche Continuität bewahrenden Reichslehre, neben welcher inzwischen der Buddhismus als die seit dem ersten Jahrhundert n. Chr. verbreitetste und eigentliche Volksreligion, und vor einigen Jahren auch das Christenthum die gleiche staatliche Anerkennung erlangt haben[3].

Die ergänzende Paarung von Gegensätzen nun und das ruhige Wagehalten zwischen denselben, wie es im Universum als solchem an Himmel und Erde oder an Gott und Welt sich darstellt, wiederholt sich überall im Kleinen und Einzelnen. So gibt es nach Fohi vier Haupterscheinungen der Natur, welche auf Seiten des Himmels stehen, und vier symmetrisch entsprechende, welche auf Seiten der Erde stehen, und diese vier und jene vier halten einander die Wage oder bilden zusammen den großen harmonischen Weltaccord[4]; und weiterhin ins Einzelne wiederholen sich immer wieder dieselben Gegensätze in untergeordneter Weise: Tag und Nacht, Sommer und Winter, Mann und Weib stehen einander gegenüber und halten sich die Wage, wie Himmel und Erde. Im Wesen des Menschen sind die gleichen Gegensätze zusammengejocht als das Denken auf der einen Seite, welches dem Himmel gleicht, die

Sinnlichkeit auf der andern, entsprechend der Erde, jenes Eins mit dem Geiste, diese Eins mit dem Leibe. Der Mensch ist in dieser Doppelheit seines Wesens die Mitte des ganzen Universums, und sich in dieser Mitte zu erhalten, ist seine Aufgabe, seine Sittlichkeit, seine Religion; er würde, aus dieser Mitte heraustretend, das Gleichgewicht im Universum alteriren. „Der Lauf der Gestirne, die Jahreszeiten, der Vogelflug, die Witterung gerathen in Unordnung, wenn aus des Menschen Brust das rechte Maß verschwunden ist": so und ähnlich heißt es des Oeftern in dem heiligen Buche Schuking, d. h. Buch der Geschichte, dem zweitältesten in der Reihe der kanonischen Schriften Chinas, dessen älteste Bestandtheile, jünger als die des Yking, doch auch noch in das dritte Jahrtausend vor Chr. zurückreichen. Daß endlich wieder innerhalb der Menschheit das chinesische Volk die Mitte darstellt, und wieder in diesem Volke der Kaiser den Himmel, das regirte Volk die Erde repräsentirt, ist bereits erwähnt worden, und der Kaiser war hier der Himmelssohn, also Gottessohn, Gottmensch, eben weil er durch diese Stellung zur Erde die Gottheit nachahmt.

Nachahmung Gottes, Aufnehmen des göttlichen Wesens in die Menschennatur, das ist also auch hier das Ideal der Religion, wie schon auf der jetzt verlassenen Stufe der Halbcultur. Dort bestand jedoch die Nachbildung des Göttlichen lediglich in äußerem Thun und dem entsprechend in Knechtschaft, Gesetzesgehorsam gegenüber Gott und im Auferlegen gleicher Gesetzesherrschaft nach unten. Ist dies in China weniger so? Waltet nicht auch hier die ausgebildetste, berechnetste Gesetzesherrschaft, pedantisches Polizei- und Beamtenregiment, verbunden mit schulmeisterlicher Bambuspraxis? Mit diesen Zügen grenzt China allerdings an die Halbcultur. Aber verkennen wir nicht, wo wir das höchste Gut zu suchen haben, dessen Besitz dem Chinesen die Religion erarbeiten und verbürgen soll. Ist jene Mitte, jenes Gleichmaß ein äußeres, greifbares Ding, eine äußere Einrichtung, Herrschaft nach außen, äußeres Werk? Nichts von Allem; sie ist ein innerer, ein Seelenzustand, der Zustand leidenschaftsloser Stille des Gemüths, erzeugt durch Herrschaft des kühlenden und maßsetzenden Verstandes, der weisen Bedächtigkeit. Diesen Verstand, diese Ruhe und Seligkeit der Selbstbesinnung, schaut der Chinese in den „Himmel" hinein, der ihm Gott ist, und der so rein und ruhig über der Erde liegt, geordnet in seinen leuchtenden Gestirnen, und als der ewige Ordner über allen Tumult der Wolken und Winde, Donner, Blitze und Finsternisse immer wieder in alter Klarheit und Ruhe triumphirend. Es ist ein geistiger, ein innerlicher Besitz, in dessen Nachahmung hier die Vereinigung mit Gott gesehen und ersehnt wird; alles äußere Thun ist nur Mittel und Weg zu diesem Ziel. Wer hieran zweifeln wollte, der würde sich leicht bekehren können durch die vielfach tief ins Innere gehenden, seelenvollen, frommen und humanen Sprüche der chinesischen Moral[5], namentlich des Kong-fu-tsö, Confucius, eines aus ärmsten Verhältnissen hervorgegangenen Beamtensohnes, welcher im 6. Jahrhunderte vor Chr., und noch im Anfang des 5., einer vielfach verderbten und vom Alten abgewichenen Zeit als Sittenprediger gegenübertrat, nicht Neuerer, sondern Erneuerer des Alten, mit wenigen Aenderungen der alten Lehre im Dienste ihrer praktischen Anwendung. Und ein weiteres Zeugniß für die wundersame Verbindung geistig-sittlichen Gefühls mit jener Sucht nach Regelmäßigkeit und jener Kühle der inneren Temperatur gibt uns das von unserm Rückert so meisterhaft nachgedichtete dritte und jüngste der vorconfucischen heiligen Bücher, Schiking, das Buch der Lieder, woraus ich nur folgendes Eine Beispiel mittheile[6]:

Bedenke, was der Himmel hat
Geordnet, kann der Himmel ändern.
Der Himmel ändert seinen Rath
Auch über Königen und Ländern.

Der Himmel schaut in deinen Sinn,
Sein Weg ist über deinen Wegen;
Wohin du gehst, da geht er hin
Und tritt dir überall entgegen.

Drum laß nicht deines Herzens Lust
Dich lenken ab von seinem Lichte,
Und wiss': in Allem, was du thust,
Du thust's vor seinem Angesichte.

In China begegnen wir auch zum ersten Male, und sogleich im Range eines vorwaltenden Cultusmotivs, der ausdrücklichen Dankbezeugung gegen Gott. Alles Opfer ist Dankopfer[7], niemals Sühnopfer oder Opfer zur Beschwichtigung einer gefürchteten Macht. Gibt es doch überhaupt im chinesischen Glauben keine gefürchtete Macht außer der Sünde; aber selbst das Leiden, das der Sünde folgt, wird nur in dem irdischen Uebel gesehen, das sie nach sich zieht, auf keine Weise in einer jenseitigen Strafe. Die alte Lehre läßt im Tode den Geist zum Himmel, den Leib zur Erde zurückkehren; später bildete sich eine allgemeine Seligkeitshoffnung daraus. Das Volk verehrte aber schon immer die Ahnengeister als Schutzgeister, wie es überhaupt unter dem Einen Himmel noch manches untergeordnete göttliche Wesen, namentlich vergötterte Naturerscheinungen kannte; der Ahnencult ist noch gegenwärtig der in der altchinesischen Reichsreligion äußerlich zumeist hervortretende; denn der Himmel, Tien, hat weder Bild, noch Tempel, noch Altar. Der milde und freundliche Sinn, der allenthalben nur auf Beseligung ausblickt, duldet auch wenig blutige Opfer, höchstens von Kleinvieh; seine beliebtesten Opferobjecte sind Räucherwerk, Gold- und Silberpapier, und sein Hauptsymbol ist festliche Feuerwerkerei. Auch hier endlich finden wir das feierliche Pflügen des Kaisers mit goldenem Pfluge.

Ehe wir von China scheiden, lassen Sie mich noch auf zwei Züge ausdrücklicher hinweisen, die uns hier zum ersten

Male entgegentreten, um sie uns gleichsam als Marksteine in unserem Bewußtsein aufzustellen, an welchen sich die eigentlichen Culturreligionen einerseits von den niedrigeren trennen, andrerseits aber auch noch eine gewisse Schranke, ein gewisses Zurückbleiben in der gesetzlichen Aeußerlichkeit sich erkennen läßt, dessen gänzliche Ueberwindung zu den letzten und höchsten Aufgaben der Religion gehört. Zuerst meine ich den hier uns entgegenkommenden Begriff heiliger Schriften, d. h. einer Sammlung durch Jahrtausende hindurch schichtweise entstandener Literaturwerke, welche, durch ihren Gehalt, vor Allem ihren religiösen Gehalt, und ihre unmittelbare Beziehung auf Hauptereignisse und Hauptfactoren der religiösen Entwickelung, über alle andere Volksliteratur hervorragend, durch den Glauben und durch die Gesetzgebung zu kanonischen, unantastbaren, unfehlbaren, ewig unerschütterlichen und unentbehrlichen Quellen der höchsten Wahrheiten erklärt wurden. Der zweite jener Züge ist die Anknüpfung des Glaubens an Persönlichkeiten der Geistesgeschichte, nicht mehr nur herrschgewaltige Fürsten, sondern an eigentliche Religionslehrer und Reformatoren, und zwar in der Weise, daß auch der mythische Idealbegriff der Gottmenschheit oder Gottessohnschaft und mit ihm ein religiöser Cultus auf diese geistigen Genien des Volkes übertragen wird. So sehen wir Confucius, der selbst jeden Vorzug vor anderen Menschen ablehnte, schon von seinem Enkel als allgemeines Ideal gepriesen und dem „Himmel" gleichgestellt, also vergöttert[8], und die späte Nachwelt erhob ihn zum „Kaiser", zum Himmels- oder Gottessohn, erbaute ihm Tempel, erwies seinem Bildniß göttliche Verehrung, und feiert ihm jährliche Opferfeste bis auf diesen Tag.

Schnell können wir über Japan hinweggehen, diesen weiter ostwärts in den Ocean vorgeschobenen Posten der mongolischen Wanderung, der uns als ein Zwischenglied erscheinen muß, geographisch, wie in seiner Religionsart und Culturweise überhaupt, zwischen China und den westamerikanischen Halbculturen. Im Besonderen wird die altjapanische Religion durch ihre bemerkenswertheste und beinahe einzige Abweichung von der altchinesischen zur Mittelschattirung, durch welche Inkathum und Sinismus in einander übergehen. Diese Abweichung besteht darin, daß an Stelle des chinesischen „Himmels“ hier die Sonne, der Sonnengeist, den Rang der im eigentlichen Sinne so zu nennenden Gottheit behauptet, und in Folge dessen der Kaiser und Gottessohn hier Sonnensohn ist, indem, wie bei den Inka's, die herrschende Dynastie ihren Stammbaum auf den Sonnengeist zurückführte. Auch hier nimmt indessen der Cultus der Ahnengeister die ganze Breite des sichtbaren religiösen Lebens ein, und hat sich mit manchem anderen untergeordneten, aber volksthümlichen Elemente des Alten auch unter den Religionsformen bewahrt, welche im Laufe der Zeit an Stelle des alten Sonnendienstes herrschend wurden. Dies sind die Lehre des Confucius bei den Gebildeteren seit dem 1. Jahrh. n. Chr., der Buddhismus als Religion der Massen seit dem 6. Jahrhundert. —

Wenden wir uns jetzt von der Mitte Asiens westwärts, so gelangen wir in das durch die Vergleichung der Sprachen etwa erst seit 35 Jahren entdeckte Mutterland der indo-europäischen oder arischen Völkerfamilie, deren Abzweigungen nachgewiesen sind in den Indern und Persern, den Griechen und Römern, den Letten und Slaven, den Kelten und Germanen. Daß die Mutter all dieser Söhne, das arische Urvolk, vor Alters seßhaft muthmaßlich im jetzigen Turan, östlich vom caspischen Meere, selbst nur eine Abzweigung des großen mittelasiatischen, mongolischen Volkes sei, diese von uns durch frühere Bemerkungen begünstigte Annahme, empfiehlt sich schon durch die Schwierigkeit, in so großer Nähe eines die Nachbarn überfluthenden und im Drange der Weltherrschaftsbegier unterjochenden Stammes einen selbständigen zweiten

Urstamm festzuhalten. Die Religionsgeschichte indeß gibt uns keine Veranlassung, auf diese Ursprungsfrage näher einzugehen. Wir führen uns den religiösen Zustand unsrer Ahnen im arischen Stammlande in der Kürze vor Augen, wie er durch jene sprachvergleichende und damit zugleich mythenvergleichende Wissenschaft, die in allem die arische Urzeit Betreffenden in Wahrheit unsre einzige Quelle ist, mit bewundernswerther Sicherheit hat erkannt werden können. Denn auch die andre Quelle, die sich uns öffnet, verdankt ihren Werth für diesen Zweck lediglich jener Wissenschaft: sie fließt uns in den ältesten Theilen des ältesten heiligen Buchs der Inder, in den ältesten Liedern des Rig-Veda, in welchen der Aufenthalt des indisch-arischen Stammes theils noch im Induslande, an der Pforte der späteren Wohnsitze, theils selbst noch jenseit des Indus, näher der ursprünglichen Heimath vorausgesetzt wird[9]. Nur die Resultate der Sprachvergleichung berechtigen uns dazu, das älteste Indische mit dem Alt-Arischen in so engem Zusammenhange anzunehmen, um es für die Enthüllung der Cultur des Mutterlandes verwerthen zu dürfen[10].

Hier finden wir denn vor Allem als die höchste Gottheit, als Gott schlechthin, den Himmel wieder, aber in einer höchst bedeutsamen Abweichung von der chinesischen Auffassung desselben. War in der letzteren der Himmel als Repräsentant der Ruhe, der Gleichmäßigkeit, wesentlich als reiner, leerer Himmel erfaßt, gleich dem ordnenden Verstande, der dem Chinesen das Göttlichste schien: so ist der Gott des Ur-Ariers vielmehr der leuchtende, glänzende Himmel, Dyaus[11], der sich schon hierdurch als Repräsentant einer inhaltvolleren Anschauung und lebendigeren Empfindung vom Göttlichen kundgibt. Der Glanzhimmel ist nicht mehr nur jener ordnende Verstand, sondern in positiverer, inhaltvollerer Weise Glück- und Freudespender; und insbesondere liegt bereits in der Erfassung des Leuchtens als wesentlichster Erscheinung des Göttlichen das Zeichen, daß hier, wie in der indischen Weiterentwickelung dann immer mehr, in einer empfindungsreichen, farben- und gestaltenfrohen, poetischen Phantasie das eigenthümliche Organ der Ergreifung des Göttlichen im Geiste auftreten wird, so daß, wenn überhaupt die Stufe der eigentlichen Cultur dadurch bedingt ist, daß die Vereinigung mit Gott im Innenleben des Geistes gesucht wird, dies im Sinismus wesentlich in Form des leeren, ordnenden Verstandes, im Alt-Arischen und Indischen wesentlich in Form der Phantasie geschehen sein würde. Wir werden sehr bald in dem altpersischen Volke das dritte in diesem Bunde kennen lernen, welchem dann seinerseits das bevorzugte Organ der geistigen Aneignung Gottes das Wollen, die zu Thaten drängende Energie ist.

Dem leuchtenden Himmelsgotte nun widmet die älteste Religion unsrer Väter, auch hierdurch die Stufe der Vollcultur bezeugend, einen Cultus dankenden Lobpreises, denn alles Gute sieht sie von oben kommen; daneben einen Cultus des Friedensbedürfnisses im Bewußtsein der Sündenschuld. Eine beinahe göttliche Verehrung genießen auch hier die Seelen der Verstorbenen, deren persönliche Unsterblichkeit, verbunden mit Lohn und Strafe im Jenseits, gleichfalls dem ältesten Glaubensinhalte dieser einfachen Religion angehört[12].

Aber bereits vor der Wanderung scheint wenigstens dem später in Indien auftretenden Zweige des arischen Urvolks, in Folge jener Anlage zu phantasiereichem Anschauen, die leuchtende Himmelseinheit sich auseinandergebreitet zu haben zu einer Mehrheit für sich besonders ergriffener Seiten, Eigenschaften, Wirkungen derselben, welche bald zu besonderen Gestalten verdichtet wurden. Diese sollten zuerst immer noch den Einen Gott jede in ihrer Weise bezeichnen; aber im Laufe der Zeiten wurden sie zu selbständigen göttlichen Wesen. So sagt ein Sänger des Rig-Veda[13] von den Voraltern: „sie nennen den Gott Indra, Mitra, Varuna, Agni; — Das, welches der

Eine ist, nennen sie auf verschiedene Weisen". Dieselben vier Namen finden wir aber im Laufe der Zeit immer deutlicher als die Namen von vier selbständigen Hauptgöttern, deren einheitlicher Hintergrund immer mehr verschwindet. Ihre ursprüngliche Bedeutung zeigt uns, wie sie vom leuchtenden Himmel und seiner Einheit sich gleichsam ablösen. Indra ist der Taghimmel, der Licht- und Sonnengott, besonders sofern er kämpft mit den Wolken, die ihn verdecken wollen, sie überwältigt, indem er sie zertheilt, und sie nöthigt, den befruchtenden Regen der Erde zu senden; so ist er der Regner, und Blitz und Donnerkeil sind seine Waffen. Mitra, auch Surya und noch mit manchen andern Namen genannt, ist die Sonne selbst, als besondere, in sich geschlossene Himmelserscheinung, deren Tag- und Jahresleben, deren Verkehr mit den Wolken und anderen Himmelsphänomenen, wie mit der Erde und allen Reichen der irdischen Natur, die mythenbildende Phantasie des alten Ariers zu den wechselreichsten poetischen Erfindungen anregte, deren Nachklänge sich in den Mythologien und Volkssagen aller arischen Stämme aufs Manchfaltigste nachweisen lassen. Mit Vorliebe wurde das Thema der im Frühlinge wiederkehrenden Macht der Sonne als der Sieg eines Sonnenhelden oder Sonnensohns über alle seine Feinde oder Rivalen auf das Vielfältigste variirt, ein Thema, das wir in viel späterer Zeit, oft kaum mehr erkennbar, in die epischen Dichtungen arischer Völker verarbeitet finden, wie z. B. in Gestalt der Odysseussage, ja auch noch weiter vom Ursprunge entfernt mit rein geschichtlichen Elementen verschmolzen, wie in unsrer deutschen Sage von Barbarossa. Varuna ferner, der griechische Uranos, ist der Himmel als Bedecker, darum besonders als Nachthimmel und als ruhende Himmelsluft; endlich Agni, im lateinischen ignis wiederkehrend, ist das vom Himmel stammende Feuer, das dann in der Erde und auf der Erde, als Lebenswärme und im Dienste des Menschen, den Gott vom

Himmel herabgestiegen, der irdischen Natur einwohnend und zum Wohlthäter des menschlichen Geschlechts geworden dargestellt. Allein so lebendig ist in den alten Vedaliedern noch die Erinnerung an die göttliche Einheit, daß die Bedeutungen und Eigenschaften dieser Götter fortwährend noch gegenseitig vertauscht werden, so daß fast alle die hier von uns getrennt aufgeführten Attribute unter jedem der vier Namen uns begegnen, wie denn auch jene vier und andre in ähnlicher Weise verselbständigte Seiten des Göttlichen von der mythologischen Dichtung in die verschiedenste Beziehung zu einander gesetzt werden, dieselben bald als Geschwister, bald als Gatten, bald als Söhne oder Töchter von einander auftretend; und viele dieser Wesen werden gelegentlich als „höchster Herrscher" angeredet, überhaupt behandelt wie der Eine Gott, zum deutlichen Zeugniß, daß vor Alters alle nur diesen Einen vertreten sollten[14].

Dabei ist aufs Entschiedenste das Mißverständniß abzuwehren, als seien die Naturdinge, die Himmelserscheinungen selbst, wie sie sind, als Götter verehrt worden. Nicht der Himmel, nicht die Sonne, nicht das Feuer ist hier Gott, ebenso wenig, als dem Chinesen der physische Himmel selbst Gott war, und wie auch auf den niedern Religionsstufen die Vergeistigung des Sinnenfälligen nicht fehlte. Göttliches, göttlicher Geist, göttliches Walten, göttliche Gnade und Fürsorge, göttlicher Zorn über die Sünde, göttliches Verzeihen wird in jene Naturgewänder durch die religiös erregte Phantasie nur hineingeschaut; das Hineingeschaute betet der Fromme an, preist es und fleht zu ihm. Möge dies ein schönes Beispiel aus den älteren Vedaliedern auf das Ueberzeugendste lehren[15]:

Ja weis' und groß sind seine Schöpferthaten,
Der Erd' und Himmel auseinander stützte;
Er stieß hinauf den hellen, weiten Lichtraum,
Und theilt' und breitet' Land und Sternenhimmel.

Sprech' ich denn dies zu meinem eignen Leibe?
Wie kann zu Varuna hinein ich dringen?
Wird ohne Zorn er meine Gab' empfangen?
Wie schau' ich reinen Geists den Gnadenreichen?

Nach meiner Sünde forsche ich begierig,
O Varuna; die Weisen geh' ich fragen, —
Dasselbe nur verkünden mir die Seher:
Varuna ist es wahrlich, der dir zürnet.

O Varuna, sag', welche Sünde war es,
Daß Du den alten frommen Freund verfolgest?
Du Unbesiegter, Mächtiger, verkünd' es;
Dann will ich, sündlos, schnell mit Preis Dir nahen.

Erlasse uns die väterlichen Fehle,
Und die wir selbst mit eigner Hand begangen;
Entlaß, o König, diesen Sänger freundlich,
Wie einen Dieb, ja wie das Kalb vom Strange.

Nicht war es eignes Thun; nein, Hast nur war es:
Ein Trunk, ein Zorn, ein Würfel, ein Vergessen, —
Ein Aelt'rer naht, den Jungen zu verführen, —
Ja selbst der Schlaf befreit uns nicht vom Uebel.

Laßt wie ein Sclave mich dem Gotte dienen,
Sündlos, dem reichen Geber, dem Erhalter; —
Der hehre Gott erleuchtete die Thoren,
Der Weise bringt zum Heil die frommen Dichter. —

Laß, Varuna, Du mächtiger Beschützer,
Dir diesen Lobgesang zum Herzen dringen.
Es werd' uns Heil im Haben und Erwerben!
Beschützt uns, Götter, stets mit Eurem Segen!

Je länger je mehr erfuhren im gleichen Sinne eine poetisch-religiöse Vergeistigung und Vergöttlichung auch untergeordnete Phänomene der Natur; in großer Menge entstanden sinnreiche Mythen durch solche Umdichtung natürlicher, besonders meteorologischer Vorgänge. Auch gottfeindliche Mächte treten auf, hineingeschaut in die Stürme, Gewitter, Vulcane, Finsternisse u. dgl.; aber immerdar siegt der leuchtende Himmelsgott. In höheren Rang, ja den vier Hauptgöttern gleichgestellt[16], tritt unter den dunkeln Mächten nur Yama, der Herr im Reiche der Abgeschiedenen, der Todesgott; aber er ist kein Fürst des Bösen, kein Peiniger und Verführer, nur der Unerbittliche, der die Rückkehr zur Erde verschließt. Seligkeit und Unseligkeit bereitet sich Jeder selbst durch Verdienst und Schuld, durch Frömmigkeit und Gottlosigkeit.

Daß die Frömmigkeit, das Ideal der Religion, auch hier schon in der innerlichen Erfüllung des Geistes mit dem Göttlichen bestanden habe, und zwar, wie wir vorausnahmen, vorzüglich in der Form eines phantasiereichen Gemüthslebens, das dürfen wir aus Gehalt und Ton der Hymnen schließen, in welchen diese Frömmigkeit ihren höchsten Ausdruck erreichte. Eben dasselbe spricht auch aus der Weiterentwickelung dieser Religion auf indischem Boden zu einer nur noch tieferen und immer weltflüchtigeren Innerlichkeit, welche freilich, neben so vieler späteren Verderbniß und Veräußerlichung, beinahe allein noch die Anknüpfung des Neuen an das Alte, des indischen Brahmanismus an den alt-arischen Glauben, erkennen läßt. Ein frühes Symbol jenes innerlichen, geistigen Gottwerdens des Menschen dürfen wir schon in einem alten Opfergebrauche finden. Die Opferungen nämlich von Pflanzen, Thieren, Milch u. A., welche im Uebrigen die Bedeutung des Dankes und der Sühne hatten, waren schon frühzeitig begleitet von dem Genusse des Saftes der Somapflanze, den man als feuernährend kannte und darum sinnbildlich zur Götternahrung erhob, ja endlich selbst zum Gotte Soma verselbständigte. Götternahrung genießend, den Göttertrank trinkend, wollte man des Göttlichen selbst inne werden.

So beschaffen war die Religion, welche der indisch-arische Stamm aus dem Mutterlande über den Hindukusch und über den Indus zunächst in das Fünfströmeland herübertrug, wo sie noch viele Jahrhunderte nach der Einwanderung unverändert geblieben ist, ja eigentlich nie völlig in den Umwandlungsproceß einging, den wir mit dem Eintritte des indischen Zuges in das Gebiet des Ganges sein Werk an ihr beginnen sehen. In dem Maße, in welchem die einwandernden Arier nach Osten und nach Süden vordrangen, dem negerartigen Ureinwohner ihr Joch auflegend, schreitet dieser Umwandlungsproceß vor, um in einer wesentlich neuen Religionsform, dem specifisch indischen Brahmanismus, zu enden, der noch heute als die herrschende Hindureligion wie ein Felsen im Meere steht, umspült von muhamedanischer und christlicher Mission mit wenig merklichem Erfolge[17].

Die Entstehung des Brahmanismus läßt sich zurückverfolgen bis in die jüngeren Vedalieder. Schon in diesen, besonders in dem letzten Buche des Rig-Veda und am entschiedensten in den noch jüngeren Liedern des vierten und letzten kanonischen Buchs der Inder, des Atharva-Veda, macht sich eine philosophisch-monotheistische Rückwirkung bemerkbar gegen jenen immer weiter auseinandergegangenen Vervielfältigungsproceß des Göttlichen in der religiösen Phantasie des Indo-Ariers. Diese Rückwirkung knüpft sich an den Zustand frommer, empfindungstiefer Andacht, an die Inbrunst des Beters. In dieser frommen Stimmung ist das Göttliche, das den inneren Sinn erfüllt, offenbar nur Eines, das Göttliche schlechthin: alle seine manchfaltigen Gestaltungen, all jene bunten Mythologien, versinken in dem tiefen Meere der Hingebung und der in sich selbst brütenden Contemplation. Wie das Gebet so zum Geburtsschooße erneuter einheitlicher Gotteserkenntniß, so wird das Wort, welches „Gebet" bedeutet, bráhman, dem indischen Weisen zum Namen des Einen Gottes, den er in der Vertiefung seines Sinnens im Gebete fand. Als Gegenwirkung gegen die Gestaltenfülle der religiös-dichtenden Phantasie verliert sich nun diese Vertiefung der brütenden Andacht, die überschwängliche Entrückung in Gott, um so mehr ins

Gestaltlose, Allgemeine, Leere, und so wird ihr jener Eine Gott zum reinen, allgemeinen Ursein, das einem Ur-Nichts fast gleich scheint, zum einfachen, dunkeln Urgrunde, der in seinem Schooße allerdings die Möglichkeit alles Seins birgt, und im Drange, seine innere Leerheit anzufüllen, dieses Sein aus sich hervortreibt, aber an sich selbst ohne eigentliche Realität ist. Das Ur-Eine, das Brâhman, wird auf solche Weise bereits zur Grundlage von Weltentstehungsphantasien, während andrerseits im Anfange dieser neuen Entwickelung die alten Götter noch als untergeordnete Wesen unter jenem Einen allein wahrhaften Gotte ihren Bestand behaupten. Alle diese Züge des entstehenden Brahmanismus sind in einem Liede des zehnten und letzten Buches der Rig-Samhita, d. i. des Liedertheiles des Rig-Veda, deutlich nebeneinander und in ihrem Zusammenhange zu erkennen, weshalb ich auch dieses Lied noch Ihnen mittheilen will[18]:

Da war nicht Sein, nicht Nichtsein, — nicht das Luftmeer,
Nicht das gewob'ne Himmelszelt da droben.
Was hüllte ein? Wo barg sich das Verborg'ne?
War's wohl die Wasserfluth, der jähe Abgrund?

Da war nicht Tod, — Unsterbliches war nirgends;
Nichts schied die dunkle Nacht vom hellen Tage.
Es hauchte hauchlos in sich selbst das Eine:
Andres als dies ist fürder Nichts gewesen.

Und dunkel war's, ein unbeleuchtet Weltmeer, —
So lag dies All im Anfang tief verborgen;
Das Eine nur, gehüllt in dürrer Hülse,
Wuchs und erstand kraft seiner eignen Wärme.

Und Liebe überkam zuerst das Eine,
Der geist'gen Inbrunst erster Schöpfungssame.
Im Herzen sinnend spürten weise Seher
Das alte Band, das Sein an Nichtsein bindet.

Der Strahl, den weit und breit die Seher sahen, —
War er im Abgrund, war er in der Höhe?
Man streute Samen, — es entstanden Mächte:
Natur lag unten, oben Kraft und Wille.

Wer weiß es denn, wer hat es je verkündet,
Woher sie kam, woher die weite Schöpfung?
Die Götter kamen später denn die Schöpfung.
Wer weiß es wohl, von wannen sie gekommen?

Nur Er, aus dem sie kam, die weite Schöpfung,
Sei's daß er selbst sie schuf, sei's daß er's nicht that,
Er, der vom hohen Himmel her herabschaut, —
Er weiß es wahrlich! Oder weiß auch er's nicht?

Wir würden uns indeß sehr getäuscht finden, wenn wir einen fortschreitenden Sieg des monotheistischen Zugs im Brahmanismus erwarten wollten. Die hierzu durch die Anschauung des Ur-Einen gegebene Grundlage konnte sogar noch weniger als die alt-arische Einheit des Himmelsgottes der vermanchfaltigenden und ins sinnlich Bunte treibenden Phantasie des indo-arischen Geistes widerstehen, der in seinen südlicheren, durch eine überaus üppige Natur theils begünstigten, theils heimgesuchten neuen Wohnsitzen vielmehr in immer glühendere und schwelgerischere Vorstellungen und Empfindungen hineinwuchs. Nur die philosophische Theologie der Brahmanen, der herrschenden Kaste der Priester, drang immer mehr in die Tiefen des Brahman ein, während in der eigentlichen Volksreligion eine sinnlich ausschweifende Sucht des Vorstellens, wie des Begehrens und Handelns, des Glaubens wie des Lebens und des Cultus, das Rad der Verderbniß immer weiter hinabrollen, ja in dem Abgrunde des Greuelvollen und Wüsten, der Grausamkeit und Wollust, versinken ließ. Zunächst freilich, und in den oberen Bildungsschichten, war selbst die neue Vermanchfachung des Ur-Einen noch mit gutem Rechte eine Vergeistigung der alten Naturvergötterung zu nennen. Die dem Ur-Brahman zuoberst untergeordnete Götterdreiheit zeigt sich ausdrücklich als eine Personification allgemeiner göttlicher Beziehungen auf die Welt, nicht mehr hineingeschaut in unmittelbare Phänomene der Natur. Wenn man sagen darf, daß das

Ur=Brahman, das neutrale Brahman, an die Stelle des alten Himmelsgottes getreten war, so tritt jetzt an die Stelle des Sonnengottes in seiner Doppelgestalt als Indra und Mitra oder Surya der masculine Brahman, das erste Glied der indischen Trimurti, d. i. Dreifaltigkeit, in der erweiterten und vergeistigten Bedeutung der schöpferischen Gottesmacht, der Macht des Entstehens; das zweite Glied der unter dem Ur=Brahman enthaltenen Dreiheit ist dann Vischnu, die Macht des Bestehens, herausgeläutert aus dem alten Varuna, dem bedeckenden Himmel oder der ruhenden Himmelsluft, und als der Dritte schloß sich Siva an, auch Rudra genannt, die Macht der Zerstörung, in welcher man den allgemeineren Sinn der alten Götter Agni und Yama zusammenfaßte. Wohl könnten wir sogar hier noch das Walten der alten Einheit darin erkennen, daß sich diese Götterdreiheit oder Vierheit wieder vertheilt hat, theils nach Kasten, theils nach Provinzen und Secten, so daß namentlich Siva in den gebirgigeren Theilen des Landes, Vischnu in den Ebenen zum bevorzugten Gotte des Volkes wurde, der als der alleinige Höchste gepriesen zu werden pflegt, während die Brahmanen das und den Brahman für sich behielten, deren Unterscheidung nur schwer aufrecht erhalten werden konnte. Allein im Vischnu= wie im Sivadienste selbst wieder griff eine weitere Vermannchfaltigung so maßlos und vielfach auch sinnlos um sich, zunächst eingeleitet durch Paarungen der Götter mit entsprechenden Göttinnen, daß wir es aufgeben müssen, hier nach dem durchgehenden „rothen Faden“ zu suchen. Den gleichen Charakter der Zügellosigkeit nimmt mehr und mehr, wie wir bereits andeuteten, der Cultus an: scheußliche Selbstpeinigungen, Selbsttödtungen, Menschenopfer wechseln mit Greueln der Wollust bei orgiastischen Festen und mit läppischen äußerlichen Mitteln der Andachterregung; und nichts Besseres werden wir hiernach von der Symbolik und Götzenbildnerei erwarten dürfen, welche zwar nicht dem Entsetzenden huldigt, wie die aztekische, dafür aber in geschmacklosen Ueberladungen und Zusammenstellungen sich ergeht, wie sie die bekannten Spottverse unsers Dichters charakterisiren[19]:

Barbaren hatten versucht,
Sich Götter zu machen;
Allein sie sahen verflucht,
Garstiger als Drachen. — —

Und so will ich, ein- für allemal,
Keine Bestien in dem Göttersaal!
Die leidigen Elephantenrüssel,
Das umgeschlungene Schlangengenüssel,
Tief Ur-Schildkröt' im Weltensumpf,
Viel Königsköpf' auf Einem Rumpf,
Die müssen uns zur Verzweiflung bringen. — —
In Indien möcht' ich selber leben,
Hätt' es nur keine Steinhauer gegeben.

Von den secundären mythologischen Neubildungen des Brahmanismus hat nur Eine erhöhten Anspruch auf unsre Beachtung; dies ist die Lehre von den Menschwerdungen der Götter, den Avataras, besonders des Vischnu, welche uns hier, neben einigen Sagen von Königen und Helden, welche Göttersöhne, auch Sonnensöhne genannt sind, dabei als Söhne menschlicher Jungfrauen gelten[20], als hauptsächliche Zeugnisse für die symbolische Ausbildung der Gottmenschheitsidee von Interesse sein müssen. Vischnu selbst erklärt den Zweck seiner Menschwerdungen, wenn er in dem Lehrgedicht Bhagavad-Gita sich also zu dem Könige Ardschuna vernehmen läßt[21]:

Obgleich ich bin der Wesen Fürst und ungebor'n und wandellos,
Entsteh' ich doch hienieden oft durch Selbstbeschluß aus Mutterschooß.
Wenn hier Ruchlosigkeit sich hebt und Frömmigkeit zu wanken droht,
Erzeuge ich mich selbst sofort durch meines Willens Machtgebot.
Zum Schutz der Frommen zeug' ich mich, zum Untergang der Missethat,
Zur Festigung der Frömmigkeit entstehe ich nach eignem Rath.

Es werden im Ganzen zwei und zwanzig solche Incarnationen Vischnus gezählt, von welchen die siebente als Rama und die achte als Krischna die berühmtesten sind, besonders ausgebeutet von der epischen Dichtung. Als Rama von einer menschlichen Königin geboren, tödtete er die dem Indra feindlichen Riesen und herrschte dann 10,000 Jahre als indischer Fürst, ein Muster von Entsagung und Ritterlichkeit, bis er lebenssatt in das Paradies Vischnus zurückkehrte. Reicher, poetischer, ein Gebilde von ächt indischem Geschmack, wenn auch in einigen Einzelzügen mit Wahrscheinlichkeit christlicher Einfluß angenommen werden kann, ist der Krischna-Mythus. Von himmlischen Chören angekündigt, wird Krischna von irdischen Aeltern erzeugt; mit den Attributen Vischnus, vierarmig, kommt er zur Welt. Sein Oheim, seiner Mutter Bruder, tödtete alle Kinder seiner Schwester, um die Weissagung, daß diese den Krischna gebären werde, zu vereiteln. Aber Krischna, das achte ihrer Kinder, wird der Verfolgung entzogen. Er wird Mitternachts geboren, göttlichen Glanz ausstrahlend und über seine Aeltern verbreitend; diesen gibt er sogleich selbst den Rath, ihn über das Wasser Yamuna nach dem Schäferlande Gokula zu bringen, damit er als Sohn eines Schäfers erzogen werde. „Hier unter den jungen Schäfern und Schäferinnen theilt er ihre Spiele und Beschäftigungen, und während er Berge mit einem Finger aufhob, Ungeheuer und Riesen bekämpfte, entzückte er durch die melodischen Töne seiner Leier die ganze Wildniß; wilde Thiere kamen gezähmt herbei, sie zu hören: nicht minder entzückte er die jungen Schäferinnen durch seine Schalkheiten, bis er endlich, den Spielen entwachsen, junge Krieger um sich versammelt, mit diesen gegen den tyrannischen Mutterbruder zieht, ihn überwältigt, tödtet, und seine Aeltern der Gefangenschaft entreißt"[22]. Seine Hauptrolle als Held spielte er in dem Kriege zwischen den Kurus und Pandus, welchen das Epos Mahabharata behandelt, und hier enthüllt sich zugleich seine geistige Bedeutung, indem er dem Könige Ardschuna das Wesen Brahmans und die ächte Frömmigkeit und Lebensweisheit in ausführlichen Belehrungen aufschließt, welche den Inhalt der bereits erwähnten Bhagavad-Gita, einer Episode jenes Epos, ausmachen.

Der Mensch wird Gott gleich durch Abtödtung alles Begehrens und andächtiges Versinken in das Brahman, — die praktische Ergänzung zu jener brahmanischen Grundlehre von dem Ur-Einen: dies ist der Wahrheitskern der Menschwerdungsmythen, der sich in diesen Lehren des Krischna-Vischnu enthüllt; dies ist die Gestalt, welche in der indischen Religion die Gottmenschheitsidee erreicht hat; dies die Quintessenz und höchste Frucht der indo-arischen Entwickelung, woran wir erkennen müssen, ob und inwiefern wir hier eine reichere und höhere Gestaltung der Volkcultur vor uns haben als in dem zuvor betrachteten China.

Was ist in Wahrheit jenes Versinken in Brahman, in das Ur-Eine, wodurch der Zustand höchster Seligkeit errungen werden sollte, und dessen Gelingen mit den raffinirtesten Mitteln gleichsam ertrotzt, physisch erzwungen wurde, ja in der Weiterentwickelung der Hierarchie für unlöslich geknüpft galt an die Priesterkaste, die Kaste der Brahmanen, die sich deshalb die Gottmenschen, manushya-deva, nannten und beinahe göttlich verehren ließen[23]? Wir werden den Sinn und Charakter dieser Gottmenschheit am leichtesten verstehen, wenn wir sie in Vergleich gestellt sehen zu den Zuständen, in welchen sie sie vermißt wird, und wenn wir die Mittel näher beobachten, durch die sie erworben werden soll. In ersterer Beziehung kommt uns die Seelenwanderungslehre des Brahmanismus entgegen. Die Seelenwanderung ist nach späterer brahmanischer Theologie der Zustand, in welchen jede Seele nach dem Tode geräth, der es nicht zu Theil geworden ist, sich auf jene Weise in Brahman völlig zu versenken und dadurch selbst Brahman,

Gott, zu werden. Dieses Gottwerden ist also Befreiung, Befreiung der Seele von der Wiederkehr in ein Dasein, welches vom Dasein des Ur-Einen, des Brahman, unterschieden ist, Befreiung also zunächst von der Welt schlechthin. Bedenken wir aber, daß das Ur-Eine nur jener dunkle Urschooß des allgemeinen Seins war, welcher selbst keine Realität, keine eigentliche Wirklichkeit darstellt, sondern die Wirklichkeit nur aus sich hervorgehen läßt, seinerseits also zwar Urgrund, aber selbst mehr Nichts als Etwas: so werden wir die Befreiung der Seele von der Wiedergeburt und ihre Verschmelzung mit Brahman nicht nur als Befreiung von der Weltrealität, sondern als Befreiung von aller eigentlichen Realität überhaupt bezeichnen müssen. Der ausschließliche Inhalt, in welchem die Seele die höchste Seligkeit und die Gottgleichheit zu genießen hofft, ist eben hier jenes Ur-Eine selbst in seiner leeren Allgemeinheit; der rein geistige Besitz, das innere Schauen und Empfinden der Gegenwart dieses Ur-Einen im Geiste ist hier Seligkeit, Gottgleichheit. Hiermit stimmen die Mittel völlig überein, durch welche man sich zu der Höhe des Unendlichen gewaltsam hinaufzusteigern sucht. Alles kommt darauf an, daß die Realität für den Menschen verschwindet: es muß also vor Allem das Begehren und Wollen in ihm gänzlich zum Schweigen gebracht werden; denn Begehren und Wollen heißt hinausstreben zur Realisirung, Verwirklichung, eines Gedankens. Bleibt hiernach die bloße Gedankenwelt übrig, das bloße Innenleben des Geistes, so ist dieses ferner abzuziehen von aller äußerer Gegenständlichkeit, welche durch die Sinne eindringen könnte. Die Sinne sind Boten des Realen; das Reale aber soll verbannt sein, und ebenso seine Abbilder in der Seele, im Geiste. Auch der in sich selbst sich einspinnende Geist aber ist als solcher noch nicht Gott; auch er könnte doch wieder mit seinen eigenen Phantasien spielen und an diesen wenigstens eine Scheinwirklichkeit haben, die ihn analog der äußeren Realität beschäftigte; und ebenso, wenn er noch mit Wissenschaften umgeht, so beziehen sich diese immer noch direct oder indirect auf Dinge, auf Gegenständliches, also auf Realität. Diese geistigen Beschäftigungen sind wohl Erziehungsmittel und Uebergangsstadien zum Höchsten, sie sind selbst noch nicht das Höchste. Unser Innenleben kann zu Brahman nur werden, indem es überhaupt jeglichen Gegenstandes sich entschlägt, zu einem objectlosen Anschauen oder Denken oder Empfinden zu werden sucht; — in der That ist es bei völliger Objectlosigkeit gleichgiltig, welche dieser Bezeichnungen wir brauchen. Das in solcher Weise in uns schlechthin Schauende und Empfindende, ohne Geschautes und Empfundenes, das Schauen schlechthin, die Andacht oder Contemplation schlechthin, — dies erst ist Brahman, wie wir ja wissen, daß dieses Wort ursprünglich Gebet, Inbrunst, bedeutete, und von da aus zum Namen des Ur-Einen wurde.

Ein innerer, geistiger Besitz des Göttlichen, und dadurch Vereinigung mit Gott, ist ohne Zweifel auch hier das Ideal der Religion. Im Sinismus erschien dieser innere Besitz als das Gleichmaß, die Ruhe des Geistes, geknüpft an den ordnenden, besonnenen Verstand. Hier, im Brahmanismus, tritt der geistige Besitz des Göttlichen schon inhaltvoller auf: das Göttliche ist erfaßt als der einheitliche Urgrund, und seine Ergreifung im Innern erfolgt durch Verzückungen, unter schwelgerischen Empfindungen bis zum Gefühle des Vergehens ins Unendliche, — die sublimirteste Wirkung des im indo-arischen Stamme vorwaltenden Phantasieorgans. Aber dessenungeachtet ist auch das Brahman an sich selbst leer, und deshalb immer nur erstrebt und erreicht im Gegensatze zur Realität, als Negation der Realität. Es ist hier aufgestiegen zur höchsten Spitze des Universums — zur Ur-Einheit —, aber es ist so entschieden nur aufgestiegen, daß selbst aus dieser Ur-Einheit, aus Gott, hier das eigentliche Leben schwindet, und nur festgehalten ist der Urgrund, der unendliche Urschooß des Seins, der selbst noch kein Sein ist. Das Wort des Christenthums ist: „wer sein Leben lässet, der wird es finden.“ Dies ist die vollendete Religion. Der Brahmanismus ist nur die halbvollendete: er bleibt bei dem „sein Leben lassen“, im innerlichen, im geistigen Sinne. So gewinnt er, durch Austilgung der Welt und jeglichen Inhalts, gleichsam nur den leeren Raum für den neuen, göttlichen Gehalt, und gibt den höchsten Ursprung dieses Gehaltes an; ihn selbst, diesen Gehalt, findet er nicht.

Die Leerheit, die Inhaltslosigkeit, welche in China wie in Indien dem höchsten Religionsideale eigen bleibt und das Gemeinsame bildet für die bloße Aneignung des Göttlichen in der Verstandesform und für die Aneignung desselben in haltlosem phantastischen Schwärmen und damit verbundenem Gefühlstaumel; diese Leerheit des immerhin geistig erhabenen Gottes- und Gottmenschheitsbegriffs beider Völker wurde die Ursache, daß die ausdrückliche Religion solcher Leerheit in der Gestalt des Buddhismus aus dem indischen Brahmanismus hervorwachsen, als die Consequenz dieses letzteren zunächst Indien überziehen, dann, unter harten Kämpfen fast völlig aus Indien verdrängt, in China so heimisch werden konnte, daß die altchinesische Religion auf einen ziemlich engen Kreis des Bestehens und der Pflege beschränkt ward; ebenso wie auch die nächst verwandten Völker mit ihren ähnlichen leer-allgemeinen Gottesvorstellungen dem Buddhismus einen sehr empfänglichen Boden entgegenbrachten. Mit der Betrachtung des Buddhismus und sodann der altpersischen Rezgion beschließen wir in der nächsten Vorlesung die erste Hälfte unsrer Darstellung der Religionen der Menschheit.

Vierter Vortrag.

Der Buddhismus und der Parsismus.

Wir bemerken in der Geschichte der Menschheit zu wiederholten Malen bedeutsame Grenzscheiden, durch welche in der Culturentwickelung mehrerer Völker gleichzeitig und zumeist unabhängig von gegenseitigem Einflusse, ja auch gleichzeitig bei Völkern, die sich kaum kannten, eine ältere Periode sich schließt, eine neue beginnt. Man möchte fast glauben, es sei in solchen großen Umschwungszeiten der Erdball — oder sollen wir sagen: der Erdgeist? — selbst, gleich einer persönlichen Individualität, in ein bestimmtes Stadium getreten, habe eine bestimmte Phase seiner eignen Geschichte erreicht, durch die er alle seine culturtragenden Völker, oder doch die hervorragenderen, unabhängig von einander, dazu dränge, auch ihrerseits, in dem Wachsthum ihrer Cultur, einen neuen Schoß anzusetzen. Die hauptsächlichste Scheidezeit dieser Art für die nachchristliche, vorwiegend occidentale Bildung ist die Zeit des Ueberganges vom Mittelalter zur Neuzeit, als dessen Angel gleichsam etwa das Jahr 1500 bezeichnet werden darf. Die entsprechende große Umschwungsepoche für das vorchristliche, wesentlich orientalische und osteuropäische Culturleben ist das sechste Jahrhundert vor Christus. Diesem Jahrhunderte gehört in China Confucius an, in Persien, wenn nicht ein historisch wirklicher Zoroaster, so doch der Anfang der Ausbreitung der nach ihm benannten Lehre; wesentlich in dasselbe sechste Jahrhundert fällt der Anfang der griechischen Philosophie durch die alten Ionier und Pythagoras, ja das Eine Jahr 510 stürzt das Königthum in Athen und in Rom und bereitet der classischen Cultur hier wie dort den republicanischen Heimathsboden, der ihre besten Früchte reifen ließ. Im gleichen Jahrhunderte ersteht in Indien Sakyamuni, genannt Buddha, der Begründer der noch heute vorherrschenden Religion des mittleren und östlichen Asiens, welche, zugleich die verbreitetste Religion der Erde, noch gegenwärtig ungefähr ein Drittheil der Menschheit, nach einer Angabe von 1860 etwa 455 Millionen [1], zu ihren Bekennern zählt.

Buddha, d h. der Weise, Erleuchtete, wie die spätere Verherrlichung ihn nannte, ward um das Jahr 600 v. Chr. geboren zu Kapilavastu, der Hauptstadt des Königreiches seines Vaters, in Nipal am südlichen Abhange des Himalaya: zugehörig im Stamme Gautama der Familie der Sakya, daher Sakyamuni, d. h. der Mönch aus dem Hause Sakya, geheißen. Die Mutter Majadevi starb nach der Geburt; ihre Schwester erzog das Kind; der frühreife Knabe übersah bald seine Lehrer. Seine Jugend überzeugt ihn tief von der Nichtigkeit alles Irdischen; er verläßt seinen königlichen Stand, seine reichen Besitzthümer, seine drei schönen Frauen und einen Sohn, um zu den Füßen der Brahmanen höchste Lebensweisheit zu lernen; unbefriedigt überläßt er sich angeblich sechs Jahre lang einsamer Buße und Vertiefung in sich selbst; endlich, sechs und dreißig alt geworden, tritt er hinaus, tief im Herzen den Jammer über die Verkommenheit seines Volkes, über die Gesunkenheit der Religion und Sitte der Väter, über die hierarchische Tyrannei der Brahmanen, und bietet seine Predigt Allen, die von den Hecken und Zäunen oder aus den Palästen kamen, des ewigen Heiles durstig. Jahrzehnte lang zieht er mit seinen Jüngern, von Almosen lebend, im nördlichen Indien umher; seine Weisheitsprüche, seine sinnbildlichen Erzählungen, schaaren um ihn zuerst die Niedrigsten, die Verworfenen und nach dem Urtheil der Welt Verlorenen, aber Könige und Brahmanen folgen nach, die ihre Sünde beichten und ihre Unwissenheit laut bekennen. Er starb, unangefochten, nach glaubwürdigster Berechnung im Jahre 543, nach der Sage freiwillig, indem er, die äußerste Bewährung seiner Lehren zum Muster darbietend, seinen Leib einer Tigerin für ihre hungernden Jungen dahingab. Seinen Jüngern hinterließ er den Auftrag der Mission für alle Lande und alle Stände[2].

Weß Inhalts sollte diese Mission sein? Weß Inhalts war die ursprüngliche, ächte Lehre Buddhas? Diese Fragen sind ebenso nur durch die eingehendsten historisch-kritischen Studien, und unter ähnlichen, durch getrübte Ueberlieferung bereiteten Schwierigkeiten, zu beantworten, wie die entsprechenden Fragen in Bezug auf das Christenthum. Einer ceylonesischen Quelle folgend, welche im Vergleich zu den nordindischen allenthalben den Vorzug verdient, erfahren wir, daß nach den ersten zwei buddhistischen Synoden, zu Kusinagara und Pataliputra, die dritte, um das Jahr 245 v. Chr., also gegen 300 Jahre nach des Meisters Tode, unter dem Könige Asoka, dem „Constantin Indiens", der den Buddhismus zur Staatsreligion erhob, wieder in dem letztgenannten Orte abgehalten, den Kanon, die authentische heilige Schriftensammlung, dieser Religion festzustellen suchte. Schon auf dieser Synode erklärte Asoka, daß nur, was Buddha selbst gesagt, gut sei, und verschiedene Werke von Ansehen mußten für apokryph erklärt werden. Die für kanonisch erklärte Sammlung heißt Tripitaka, d. h. die drei Körbe; sie umfaßt 1) die Sutras, die wir die Evangelien des Buddhismus nennen können, Buddhas Reden, namentlich auch Gleichnisse, und Erzählungen aus seinem Leben enthaltend, angeblich gesammelt von seinem Lieblingsschüler Ananda; 2) die Vinaya vom Jünger Upali, vornehmlich die höhere Moral lehrend, die für den geistlichen Stand bestimmt war; 3) das Abhidharma, vom Jünger Kasyapa: bietet in immer weiterer Entfernung vom Ursprünglichen eine philosophische Dogmatik oder Metaphysik des Buddhismus dar. Es ist der auf Ceylon giltige, daselbst angeblich im 5. Jahrhundert nach Chr. in die provincielle Mundart übersetzte Kanon, dessen Entstehung so erzählt wird. Aber auch die nordindische Tradition läßt ihren, vielfältig abweichenden und weit reicheren, d. h. also jedesfalls weit mehr noch vom Ursprünglichen entfernten Kanon auf der dritten Synode, und zwar 143 v. Chr. zu Kaschmir unter König Kanischka, festgestellt werden. Dieser nordische Kanon hat sich lawinenartig vergrößert, bis er die Unform erreichte, welche uns in Tibet begegnet in dem Doppelwerke Kandschur und Tandschur, deren erstes 1083 selbständige Schriften in hundert oder mehr Bänden vereinigt; während das zweite sogar 225 Foliobände umfaßt[3].

Mythus und Sage von ächter historischer Ueberlieferung, spätere Entwickelungsfrucht und auseinandergehende Verzweigung der Lehre von der Wurzel des Ursprünglichen, dem Meister selbst Angehörigen, zu scheiden, ist auch hier die Aufgabe der Forschung. Die mythologische Vergöttlichung ist auch hier bald eingetreten, durch die Bilder göttlicher Erzeugung die in Buddha verehrte sittlich-geistige Einheit mit Gott versinnlichend; und die volksthümliche Wundersage umrankt auch hier das einfach-erhabene Leben des Religionsstifters mit ihren vielgestaltigen Gewinden, die sittlich-geistige Macht umdeutend und erniedrigend zu einer Zaubergenalt über die Natur: das menschliche Bedürfniß konnte noch nicht lassen von den Elementen der niedrigsten Religionsstufe, welcher ja Zauberei im Grunde Alles war, und mußte auch den geistigen Religionsverkünder auffassen als Magier, als Gaukler. Die auf diesen Wegen entstehende mythische Biographie Buddhas bietet viel Aehnliches mit den christlichen Evangelien. Die wunderbare Jungfraugeburt wird uns nicht mehr überraschen; sie ist das allenthalben wiederkehrende Bild für die geistig-sittliche, religiös ethische Gotteskindschaft, welche aus der Wirkung des Gottesgeistes auf die unschuldig, unbegehrlich und demüthig empfängliche Seele erwächst. Hier ist es, ächt indisch, ein fünffarbiger

Lichtstrahl, durch welchen Maja ohne Manneswille die Mutter Buddhas wird, der zuvor, im Götterhimmel thronend, beschlossen hatte, zur Erlösung der Menschheit Mensch zu werden. Sonne und Mond stehen still bei der Geburt. Der Versucher Mara, der Fürst der Welt des Verlangens, erliegt im Wortkampfe mit dem weisen Sakyamuni, und nicht minder im Verführungskampfe, in welchem bald schreckende Naturgewalten, bald die verlockenden Reize der Töchter Maras die Heiligkeit und den Glauben des Gottesmannes bedrohen. Der Bewährte wird nun auch zum Sieger über den Dünkel der Brahmanen, die er durch seine Weisheit und durch seine Wunder beschämt. Aber auch hier ist die Wundersage eine Verkünderin des ächten Sinnes des Meisters insoweit geblieben, als ihre Dichtungen das Gepräge der erbarmenden Liebe, der rettenden Hilfe tragen[4]. Als Quelle üppigerer und ins Maß- und Sinnlose sich zerstreuender Mythenbildungen dienen dagegen die nach der Seelenwanderungslehre angenommenen früheren Existenzen Buddhas, deren Vorstellung von ihm selbst schon zu sinnbildlichen Reden gebraucht worden zu sein scheint. Auch die Jünger werden zu mythischen Gestalten und Mittelpuncten eigener Sagenkreise, und die alt-arischen Götter erscheinen wieder, herabgesetzt zu Mährchenfiguren, zu koboldartigen Dienern Buddhas und der Seinigen[5].

Buddha selbst hatte die Wunder verworfen, ähnlich wie es von Zoroaster und von Muhamed berichtet ist, und auch von Jesus in den Worten: „diese schlechte und ehebrecherische Generation sucht ein Zeichen; es soll ihr kein Zeichen gegeben werden, als das des Jona“, d. h. das Zeichen einer Predigt, welche mehr ist als die des Jonas, auf welche doch die Niniviten sich bekehrten, und einer Weisheit, größer als die Salomos, auf welche doch die Königin von Saba aus fernem Süden herbeikam. Auch Buddha hat in ähnlicher Weise die Wunder verurtheilt, und seinen Jüngern die Verbergung ihrer guten Werke anempfohlen[6]. Aber die göttliche Größe dieser Religionsstifter, dieser Träger fortschreitender göttlicher Offenbarung in der Menschheit, ihre erhabene Geistigkeit, die den Blick vor Allem ins Innere lenken will, sie ist der Menge der Menschen, der von jenen Männern hoch überragten Menge, zu hoch, zu rein, zu groß: von Generation zu Generation sehen wir die ursprünglich erhaben-einfachen, tief-ernsten Religionen immer weiter hereingezogen in den Strudel der Veräußerlichung in jedem Betracht. Zu solcher Veräußerlichung gehört auch das Wunder.

Doch wir haben noch Nichts ausgesprochen, was berechtigte, in Buddha einen der Verkünder geistiger, innerlicher Aneignung des Göttlichen zu verehren. Es ist vielmehr am Schluß des letzten Vortrags angedeutet worden, daß er die Nichtigkeit und Leere in der Auffassung des Göttlichen, die uns in China ähnlich wie in Indien entgegengetreten ist, besonders rein und consequent zum Ausdruck brachte und eben dadurch besonders in diesen beiden Ländern Boden gewann. Nichtigkeit und Leere soll sich mit Geistigkeit und tiefer Innerlichkeit und mit jenem göttlichen Ernste vertragen, den wir soeben auch von Buddha rühmten? Aber nannten wir nicht auch jene Stimmung des Gleichmaßes im Chinesen, jene tiefandächtige, selige Beschauung des Brahman im Hindu, einen geistigen, innerlichen Besitz des Göttlichen? Dies ist denn auch die buddhistische Nirwana, und dennoch Leerheit, Nichtigkeit: ein Gehalt, der wesentlich bezeichnet ist durch Andres, was er negirt; eine Seligkeit, welche wesentlich besteht in der Freiheit von Anderem, das überwunden ist, und deren eigner Inhalt eben deshalb dem Nichts so ähnlich ist, daß mit der von Buddha gewollten geistigen, seligen Anschauung dieses Nichts die wirkliche Vernichtung verwechselt und als Religions- und Lebensziel des Buddhismus verstanden werden konnte, ja schon in den jüngeren kanonischen Büchern dieser Religion verstanden worden ist [7]. Nirwana bedeutet allerdings von Haus aus Verlöschung, Verwehen; aber das, was allein verlöscht werden sollte im Sinne Buddhas, das war Sansara, die Welt des wechselvollen Seins, die Welt des Verlangens. Nirwana ist ihm der Besitz jenes Friedens, jener Stille im Geiste, deren Inhalt eben nur die Stille, der Frieden, die Beschaulichkeit ist; durch ihre Gewinnung wird der Mensch zu Gott. Wir haben also soweit die unveränderte brahmanische Lehre, wie denn auch in einem der jüngeren brahmanischen Bücher das Wort Nirwana als Beiname jenes Ur=Einen, des neutralen Brahman, auftritt, dessen Besitz im Innern des Geistes völlig Eins ist mit dem Besitze der buddhistischen Nirwana. In den älteren kanonischen Schriften des Buddhismus wird Nirwana sogar deutlich als ein selbstbewußter Zustand des unsterblichen Menschengeistes gedacht, und dem niederen Volke ist vielfältig eine Art muhamedanischen Freudenparadieses daraus geworden, das von ihm in detaillirter Ausmalung und Abstufung den entsprechend ausgeführten Stufen eines Höllenreiches entgegengestellt wird [8].

Auch die Angabe des Weges und der Mittel zu jener beschaulichen Seligkeit enthalten Nichts, was nicht wenigstens auch im Geiste des Brahmanismus läge, und in vorbuddhistischen Aeußerungen dieses Geistes gefunden werden kann. Aber eben dies war Sakyamunis Werk, den ächten Geist der Brahmareligion zu beschwören, ihre tiefe Innerlichkeit und reine Geistigkeit einer Zeit wieder ins Gedächtniß zu rufen, der sich alles religiöse Leben in äußerliches Gebrauchthum und äußerliche Peinigung zu verkehren drohte. Rein geistige Mittel, Glauben, festes Wollen, Nachdenken, Andacht, führen nach Buddha zur Seligkeit der Nirwana, während im Brahmanismus die Ceremonie, die physische Bußquälerei, sinnliche Abtödtungsmittel fast ganz an die Stelle getreten waren [9]. Aber auch in diesem Puncte konnte sich die Höhe nicht lange er=

halten; bald rissen auch im Leben der Buddhisten die äußerlichen Büßungen ein.

Wer zur Nirwana aufzusteigen sich nicht fähig fühlt, dem empfiehlt Buddha die Tugend des Lebens, eine mit dem realen Leben versöhnte, es nicht übersteigende Moral. Diese enthält fünf Hauptgebote: gegen Mord, Diebstahl, Ehebruch, Trunk und Lüge, außerdem eine große Menge einzelner Vorschriften für Mäßigkeit, Wahrhaftigkeit, Gleichmuth, Demuth, Pietät gegen die Aeltern, Liebe zu den Kindern, Dankbarkeit, Verzeihen, gegen die Vergeltung des Bösen mit Bösem, besonders auch für Mitleid mit den Thieren[10]. Die charakterisirende Farbe ist die einer passiven, weichen Stimmung: Mitleid, Sanftmuth, Demuth, Duldung, Friedseligkeit walten vor, wie es in einer Religion nicht anders sein konnte, welche im Realen, im positiven, schöpferischen Thun, in der Activität, nur Unseligkeit sah. Aber innerhalb dieser Schranke finden sich Sprüche und Gleichnisse im Munde Buddhas, welche an die ächtesten Jesureden auffallend erinnern. Auch der unverfälschte Brahmanismus indessen lehrt die Moral der Sanftmuth und des Mitleids bis zur Feindesliebe, deren Gebot dort in einem Gleichnisse auftritt, das sich neben die schönsten des Neuen Testamentes stellt: wie der Sandelbaum die Axt, die ihn fällt, mit wohlriechendem Dufte überzieht, so sollen wir wohlthun Denen, welche uns verletzen[11]. Also auch in der Moral ist Buddhismus nur der wieder zu sich selbst gebrachte Brahmanismus, etwa wie der Protestantismus nur das zu sich selbst zurückgebrachte Christenthum sein will.

So stützt denn Sakyamuni auch theoretisch seine Lehre auf Elemente der brahmanischen, allerdings nur diejenigen sich auswählend, welche Beziehung auf das praktische, ethisch-religiöse Leben hatten; die das Leben übersliegenden Speculationen über Gottes Wesen und die Entstehung der Welt scheint er selbst nur ignorirt, nicht angefochten zu haben: was freilich in seiner

Schule zu entschiedener Leugnung dieser Lehren und zu mannichfach auseinandergehenden Neubildungen führte. Jene Elemente, auf welche Buddha selbst sich stützte, waren die Dogmen von der Nichtigkeit der Existenz und von der Seelenwanderung. In Bezug auf die letztere heißt Nirwana, Seligkeit, soviel als Befreiung von der Wiederkehr ins reale Leben, Befreiung von der Wanderung; diese Befreiung ist das Ziel aller religiösen Sehnsucht, Lehre und Uebung. Wer es im jetzigen Leben nicht erreicht, darf hoffen, in der nächsten ihm bevorstehenden Existenz es zu erreichen, wenn er nur jene gewöhnlichere, irdische Tugend an sich verwirklicht. Die das höchste Ziel erringen, das sind die Götter auf Erden; sie gleichen Buddha, sie werden selbst zu Buddha, und dürfen auf alles Seiende herabsehen; auch kein Gott kann höher stehen als sie; sie sind die Priester, welche zu predigen und zu missioniren haben; aber zum Zeichen, daß sie ihren Rang nur dem inneren, sittlich-geistigen Absterben von der Welt des Verlangens und der Leidenschaft verdanken wollen, haben sie vor versammelter Gemeinde ihre noch zurückgebliebenen Fehler und wider besseres Wollen begangenen Sünden zu beichten[12]. Daß auch solche tief sittlich und innerlich gemeinte Aussonderung des Priesterthums in der Folge zur äußerlichsten Hierarchie und Möncherei führte, — leider müssen wir sagen, dies konnte nicht ausbleiben. Es gilt bis jetzt noch für alle die gottgesandten Männer, welche die Menschheit in die Sphäre höheren Lebens mit sich emporziehen wollten: „sie kamen in ihr Eigenthum, aber die Ihrigen nahmen sie nicht auf", — oder das Aufgenommene war bald bis zur Unkenntlichkeit entstellt.

Buddha kam in sein Eigenthum, in die brahmanische Religionsgemeinschaft; nur diese in ihrer Reinheit wieder herzustellen, war, wie wir gesehen haben, sein Ziel. Aber die Seinen, die Brahmanen, nahmen ihn nicht auf. Nach einer Zeit der Begünstigung, vorzüglich durch Fürsten und in Folge des

Anklangs im niederen Volke, gerieth der Buddhismus unter der brahmanischen Verfolgung in ein allmähliches Sinken, bis er, nach verzweifelten Kämpfen, entschieden zur unterdrückten Religion geworden ist. Nur im nördlichsten Indien, in Nipal, und im südlichsten, auf Ceylon, hat er sich in festem Bestande erhalten. Woher dieser Haß der Brahmanen, bei so völliger Uebereinstimmung des Buddhismus mit dem eignen inneren Kerne ihrer Religion? Der Schlüssel zur Beantwortung dieser Frage liegt besonders in einem Umstande, dessen Erwähnung wir bis hierher uns aufsparten: in der von Buddha angestrebten und in seiner Religionsgemeinschaft durchgeführten Aufhebung des Kastenwesens, dieser in den Zeiten vor Buddha immer fester gewordenen Grundlage des gesellschaftlichen Organismus Indiens. Die Brahmanenkaste, die geistliche Aristokratie der durch Vererbung sich aus sich selbst ergänzenden Priestergeschlechter, hatte ihren obersten Rang ausgebeutet bis zu dem Extrem, daß selbst die Seligkeit, das innere Eingehen in Gott, also aller wahre Menschenwerth, den diese Religion kannte, an den Besitz dieses Geburtsadels festgebunden ward. Dem Bestreben, durch inneres Verdienst zur Brahmakaste und so zur Seligkeit sich emporzuarbeiten, waren unerfüllbare Bedingungen in den Weg geworfen. Hiergegen setzte Buddha die ganze Kraft seines edeln Wollens und Ringens ein; aber eben hieran scheiterte diese Kraft selbst dann noch, als es gelungen war, ihr die Unterstützung der Massen und einzelner Mächtiger zu gewinnen. Die Religion Satyamunis konnte in ihrer Heimath nicht heimisch werden; denn sie bot ihre einfachen, innerlichen Tugendwege und Wege des Gottwerdens allem Volke ohne Unterschied dar, und ihr galt als Priester Jeder, der diese innere Seelenweihe empfangen hatte, mochte er selbst der vierten Kaste, dem dunkeln Stamme der nicht-arischen Urbevölkerung, entsprossen, oder gar ein Tschandala sein, ein Mischling von Sudra oder Paria und einem

Gliede der drei reinen Hindu-Kasten, dem Brahmanen ein Gegenstand des äußersten Ekels und der grenzenlosesten Verachtung. So lesen wir in den buddhistischen Evangelien von Buddhas Lieblingsjünger Ananda, daß er, wie unter sehr ähnlichen Verhältnissen Jesus zur Samariterin, so zu dem wasserschöpfenden Tschandala-Mädchen trat und zu trinken begehrte. Sie entgegnete, daß sie ja eine der Ausgestoßenen sei, deren Berührung verunreinige. Er versetzte: meine Schwester, ich frage nicht nach deiner Kaste, gieb mir zu trinken; und er nahm das Mädchen unter die Geweiheten auf[13]. In dieser Weise den Werth des Menschen und seine Stellung zu Gott lediglich auf sein inneres Leben gründend, konnte Sakyamuni überall nicht anders, als die äußerlichen Schranken, die äußerlichen Wege zur Seligkeit und jegliche äußerliche Autorität abweisen, die der Brahmanen, wie auch die der Vedas[14]: er wollte einen Protestantismus begründen in der Brahma-Religion; aber die katholische Versteinerung dieser letzteren siegte. Wird es den ächt freisinnigen, den modern-christlichen nahe verwandten Reformbestrebungen besser gelingen, die wir neuerdings im Schooße der Brahmanenkaste selbst von begeisterten und hochgebildeten Vorkämpfern getragen und geleitet sehen[15]?

Der äußere Untergang des Buddhathums in seinem Heimathlande ist jedoch nicht trauriger, als seine Entstellung dort, wo es siegreich sich ausbreitete. Diese gleicht auch ihrerseits, und noch mehr als die Verderbniß des Brahmanismus, jener Entstellung, welche das Christenthum in seiner mittelalterlichen Entwickelung erfuhr, und welche in der römischen Kirche stagnant geworden ist; ja die Aehnlichkeit zwischen dem späteren buddhistischen Cultus in allen seinen Aeußerlichkeiten, Andachtsmitteln, Organisationen mit dem katholisch-christlichen ist so groß, daß die Berichte der römischen Missionäre selbst darüber voll des Erstaunens sind[16]. Nicht allein daß die Bildnisse Buddhas, seiner Schüler und andrer Heiliger allenthalben dem Blicke begegnen, sie genießen auch eine durchaus cultusartige Verehrung, und nicht minder die angeblichen Reliquien jener Männer. Auch eine Himmelskönigin erscheint, in Bildern und Statuen von oft colossaler Größe. Im Allgemeinen ist der Cultus in immer mehr Ceremonie, Minutien und Pomp hineingewachsen. Wir finden zu all dem hier die Thürme und die Glocken wieder, sowie das Knieen zum Gebet, von specifisch katholischen Eigenheiten das monotone Beten, den Rosenkranz, dessen mechanische Aeußerlichkeit noch überboten ist durch das Gebetsrad, welches mit aufgehefteten Gebetszetteln gedreht wird oder, auf Häusern angebracht, sich selbst im Winde dreht, ferner das gesammte Klosterwesen in reichster Ausbildung nach männlicher wie weiblicher Seite, den Cölibat der Priester und die Tonsur, den Heiligenschein auf Bildern, endlich den Gebrauch von Blumen und Weihrauch beim Cultus; die durchgeführte hierarchische Gliederung noch ungerechnet, welche sich besonders in Tibet in reinster Consequenz zu einem Cäsareopapismus durchführen ließ, dessen Spitze, Dalai-Lama im östlichen, Bogdo-Lama im westlichen Tibet geheißen, als eine Incarnation Buddhas geglaubt, sich vom römischen Papste beinahe nur dadurch unterscheidet, daß dem tibetischen Lama glücklich gelungen ist zu erreichen, wonach die römischen Päpste immer nur erfolglos rangen: die völlige Aufzehrung des Staats durch die Kirche und der politischen Macht durch die geistliche.

Doch kehren wir zuletzt noch einmal zurück zum Buddhismus in seiner reinen, ursprünglichen Gestalt und zu seinem höchsten Begriffe, dem jener Nirwana, durch welche hier dem Menschen das innere Gottwerden und die höchste Seligkeit erreichbar sein soll. Wir haben diese Seligkeit erkannt als das Gefühl der vollkommenen Freiheit des Geistes von der Welt, ja von aller Realität, von allem Inhalte, und insofern als das Gefühl seiner Einheit mit dem göttlichen Urgrunde nur als Urgrunde, ohne alle weitere Aneignung göttlichen

Gehalts. Erlauben Sie mir, meine verehrten Freunde, an diesem Puncte noch einmal ausdrücklicher, als es bereits am Schlusse meines letzten Vortrages geschehen, an die einleitenden Betrachtungen unsrer ersten Zusammenkunft zu erinnern. Ich führte dort aus, wie wir im Aufsteigen von der sinnlichen Welt durch eine Reihe von Zwischenstufen endlich zu Gott und damit erst zur Religion gelangen; und nur wenn dieser aufsteigende Weg fortgesetzt wurde bis zur höchsten Spitze, bis zur einfachen Einheit des göttlichen Urwesens, nur dann finden wir in diesem Urwesen Das, was die Religion zur Religion macht. Gleichwohl aber wäre die Religion nur zur Hälfte verwirklicht, wenn sie ausschließlich jene höchste Spitze erfaßte; das höchste Urwesen rein an sich ist in Wahrheit inhaltlos, ein Ur-Nichts, wenn es nicht zugleich ergriffen wird als ein aus sich herausgehendes Wesen, welches die in ihm geborgenen Möglichkeiten eines beglückten Weltdaseins in schöpferischer Liebe aus sich herauszuschöpfen und zu realisiren sich gedrängt fühlt. Ist nun das Höchste des Buddhismus, der Inhalt seines Lebensziels, der Nirwana, in der That gleich jenem bloßen Urschooße, der Urpotenz oder Urmöglichkeit, wie unsre Philosophie sich gewöhnt hat, jenes einheitliche Urwesen in seinem reinen Ansichsein zu nennen: so können wir auf den Buddhismus, als den consequenten Brahmanismus, übertragen, was wir vom Brahmanismus sagten: er sei genau die halbvollendete Religion, weil er, unsrer Einleitung nach, nur den aufsteigenden Weg ganz vollendet, dagegen auch nicht im Mindesten sich zum Wiederherabsteigen neigt. Oder, um es in einer Wendung zu wiederholen, die sich uns gleichfalls am Schlusse meines letzten Vortrags bereits nahe legte: während die vollendete Religion, das Christenthum, in vielen Aussprüchen Jesu ihr innerstes Wesen offenbart, indem sie mit dem doppelten Antlitze auftritt, daß in der ersten Hälfte des Verses Verzichtleistung, Abtödtung, Weltflucht, Demüthigung gefordert ist, dafür aber die zweite Hälfte neues Leben, neuen Besitz, eine neue Welt und neue Erhöhung verheißt[17], so ist der Buddhismus überall nur als die Erfüllung jener ersten Hälfte anzusehen, der die zweite nicht nachfolgt und, dieser Religion gemäß, nicht nachfolgen soll. Buddhismus und Christenthum können so die zwei der Idee nach möglichen Hauptreligionen genannt werden, als die sie sich auch geschichtlich bekunden, indem sie allein unter allen Religionen im Kampfe um die Weltherrschaft bis heute den Platz behaupteten.

Im Buddhismus erscheint nach dieser seiner Beschaffenheit nothwendig Nirwana, das nur negativ erfaßte Göttliche, als unfähig jedes Wiederumlenkens zum Sein, als bloßes Ende, nicht als ein Anfang neuer Geburten, nicht als Urschooß von Productionen, von Thaten. Wenn das Göttliche, zu welchem aufgestiegen worden, zu jenem schöpferischen Herabreichen der gefüllten goldenen Eimer, zu jener schaffenden Liebe fähig sein soll, so muß es als Wollen gefaßt sein; denn nur das Wollen ist es, welches aus der Innerlichkeit und Höhe des reinen Geistes heraus- und hinabführt zur Erzeugung einer Gott entsprechenden Weltwirklichkeit. Wir werden demnach in der letzten der asiatisch-arischen Religionen, welche uns übrig ist, in der persischen, sofern dieselbe das Göttliche und seine geistige Aneignung in das Wollen setzt, den Gottesbegriff und die Religion soweit vollendet finden, daß wenigstens der Keim für die absteigende Seite, für die schöpferische Liebe, gelegt ist, wenn auch diese Bedeutung von der persischen Religion selbst jenem Wollen noch nicht zuerkannt wird. Immerhin aber zeigt sich auch hierdurch, wie durch manches Andre, daß Persien, wie geographisch und wie in seiner politischen Stellung im Alterthume, so auch seiner Cultur nach, aus dem Orientalischen zum Occidentalischen und zugleich aus dem asiatisch-Arischen zum Semitischen überleitet.

Die bezeichnete bedeutsame Stellung nimmt die persische

Religion ein, nachdem sie aus ihrem alt-arischen Charakter herübergeführt ist in die eigenthümlich parsistische Gestalt der Zoroaster-Religion. Der Parsismus geht parallel dem Brahmanismus; beide entspringen als eigenthümliche, spätere Neubildungen aus dem gemeinsamen arischen Fundamente, dieses letztere im Sinne der Vergeistigung überschreitend und zugleich im Sinne einer specifischen Stammesart ausbildend. Allein in dem persa-arischen Stamme ist die Umgestaltung bei Weitem jüngeren Datums: wohl nicht eher ist der Grund dazu gelegt worden, als in jenem sechsten Jahrhunderte, dessen merkwürdige Bedeutung für die Geschichte des Alterthums wir im Eingange dieses Vortrags uns vergegenwärtigten. Xenophon gedenkt als der Götter, welche unter dem ersten Cyrus um 560 in dem neu gegründeten Perserreiche verehrt wurden, nur des Zeus und des Helios, also der alt-arischen Götter des Himmels und der Sonne, neben einer unbenannten Mehrheit anderer; und auch Herodot, welcher im fünften Jahrhunderte seine Erkundigungen einzog und seine eignen Beobachtungen anstellte, kennt noch keine andre Religion der Perser als die alt-arische; von Zoroaster weiß er Nichts; von Veränderungen des Ursprünglichen kennt er nur eine sehr untergeordnete, welche durch die Nachbarschaft der semitischen Assyrer herbeigeführt war. Aber etwa 50 Jahre später nennt Platon den Namen Zoroasters, bezeichnet diesen als einen Sohn des Ormuzd, des guten Lichtgottes der zoroastrischen Religion, und erwähnt seine Religionslehre als wesentlichen Erziehungsgegenstand für die persischen Königssöhne. Andererseits nennt in den persischen Keilinschriften des Darius Hystaspis, gegen Ende des sechsten Jahrhunderts, dieser König sich einen König kraft des Willens des Auramazda, d. i. des Ormuzd, und preist diesen unablässig als den höchsten der Götter[18]. Erwägen wir diese Umstände gegen einander, so bleibt kaum etwas Anderes übrig, als den Ormuzd-Cultus im persischen Reiche unter Darius Hystaspis für eine neue, nur eben erst durch die Macht des Fürsten begünstigte Erscheinung zu halten, deren Wogen zu Herodots Zeiten noch nicht in die westlichen Theile des Reichs vorgedrungen waren, ja deren Einfluß den eigenen Sohn des Darius, Xerxes, so wenig beherrscht hat, daß dieser bei Herodot auf keine Weise als Ormuzddiener erscheint. Dagegen mußte unter den Nachfolgern des Xerxes die neue Religion mehr und mehr durchgedrungen sein, wenn Platon ihrer so, wie wir gehört haben, sollte gedenken können. Nehmen wir hinzu, daß sogleich die allgemeinsten Grundlagen der Zoroaster-Religion einen schroffen Gegensatz zu dem altarischen Glauben zeigen, den Gegensatz einer sittlich-geistigen zu einer phantastisch-naturalistischen Anschauungswelt, also in der kurzen Spanne Zeit von der alleinigen Herrschaft der einen bis zur Emporhebung der anderen Religion durch Darius nicht von einem allmählichen, organischen Uebergehen der einen in die andere die Rede sein kann: so gestaltet sich aus Allem naturgemäß die Annahme einer Religionsstiftung durch eine geschichtliche, die Zeit überragende Persönlichkeit, ob nun ihr Name Zoroaster, altpersisch Zarathustra, oder anders geheißen, deren geistesmächtige Einwirkung zunächst nur den König Darius Hystaspis, nach ihm und durch ihn aber allgemach das ganze Volk Irans dem neuen Glauben zuwandte. Und diese Annahme ergiebt sich hiernach als die naturgemäße und in jedem Betracht wahrscheinlichste ausdrücklich ohne Rücksicht auf die bekannte persische Ueberlieferung, nach welcher Zarathustra am Hofe eines Königs Vistaspa (neupersisch Guschtasp, griechisch Hystaspes) zu Baktra, dem jetzigen Balkh, zuerst aufgetreten sein soll. Wir können also die Frage nach der Möglichkeit, diesen Vistaspa mit dem Darius Hystaspis oder mit dessen Vater zu identificiren, gänzlich bei Seite lassen: nicht durch die Bejahung dieser Frage stützen wir jene Annahme, sondern diese sonst schon stark genug begründete Annahme würde uns, wollten wir darauf eingehen, ein Argument für die Bejahung jener Frage liefern[19].

Im Uebrigen muß leider zugestanden werden, daß von dem äußeren Leben des Begründers der Ormuzdlehre so gut wie Nichts bekannt ist. Denn daß er erst nach zehnjährigem Aufenthalte in der Wüste die Offenbarungen des Gottes empfangen, und daß er durch den bösen Geist, den Gott Ahriman, ohne Ablenkung von seiner gottgeweiheten Bahn versucht worden: dies sind Züge der Ueberlieferung, wie sie aus dem Wesen des religionsstifterischen Lebens für die sinnbildliche Vorstellung so naturgemäß hervorgehen, daß sie zum Typus der sagenhaften Ausdichtung eines solchen Lebens fast unerläßlich gehören. Wir halten von denselben, wo sie auch wiederkehren, nur den einfachen Sinn fest, daß nur in tiefer Versenkung des Geistes in sich selbst und nach langer einsamer Vorbereitung, nicht ohne schwere Kämpfe mit der gegengöttlichen Seite der Menschennatur, im Bewußtsein des Religionsstifters das Verständniß seiner Mission und der Entschluß reifen kann, ihr das Leben ungetheilt und jedes Opfers froh gewärtig zu weihen. Ebenso ist auch hier schon frühzeitig, wie wir aus jener platonischen Stelle wissen, die Gottessohnschaft vom Träger der göttlichen Botschaft ausgesagt worden; die spätere mythische Entwickelung bringt die jungfräuliche Mutter Dogdo hinzu, welche im Traume von einer in himmlischem Glanze leuchtenden Jünglingsgestalt den göttlichen Sohn empfing. Es versteht sich von selbst, daß auch das weitere Detail üblicher Wundererzählungen hier nicht fehlt. Aber um so mehr muß uns als historisch gelten, was heute schon erwähnt wurde: daß Zoroaster, wie Muhamed, wie Jesus, wie nicht unähnlich auch Buddha, die Verrichtung von Wundern verachtete, indem er dem äußerlichen Zeichenbegehren entgegen auf sein Buch verwies, auf seine Lehre, welche Wunders genug sei[20]. Also auch hier dieses erhabene Zeichen der Culturreligion, daß die Bekundung und der Besitz des Göttlichen vor Allem im Innenleben, im Geiste, geschehen wird: ja, dies ist auch hier, trotz der Herrschaft der

Willensform, der thatkräftigen Energie, noch ähnlich wie im östlicheren Asien in einer Weise der Fall, welche die versöhnende Verknüpfung mit der Weltwirklichkeit noch immer vermissen läßt.

Die Religionslehre des zoroastrischen Parsismus ist einfach darzustellen, wenn wir nicht eingehen wollen in ihre theologische Ausspinnung zu systematisirten Weltentstehungs- und Weltvollendungsphantasien und in die philosophischen Speculationen mancherlei Art, welche sich im Laufe der Zeit daran geknüpft haben. Der Zend-Avesta, die Sammlung der kanonischen Schriften des alten Persiens, nach alter Ueberlieferung Zoroasters Werk, aber in Wahrheit schon in seinen ältesten Stücken nicht von ihm selbst geschrieben[21], zeigt uns, wie alle „heilige Schriften" oder kanonische Büchersammlungen, in seinen Theilen, die sich durch Jahrhunderte hindurch allmählich aneinandergeschoben, den Entwickelungsproceß vom Einfachen und Großartigen, vom tief Religiösen und Innerlichen, zur künstlichen Reflexion, zur Sage und mythischen Dichtung, zu Veräußerlichung jeder Art.

Jenes Einfache, welches den eigentlichen Kern des Parsismus bildet, ist der bekannte Dualismus des Lichtgottes Ormuzd, in der älteren Form Ahuramazdao oder Auramazda, und des Dunkelgottes Ahriman, in älterer Form Angramainyus, ein ethischer Dualismus, mit dem Gegensatze des Guten und Bösen sich deckend. Wir finden hier den leuchtenden Himmelsgott der alten Arier als Gott des Lichtes oder des Feuers wieder, aber so, daß an Stelle des phantastischen und poetischen Empfindens eine sittliche Energie sich in die Vorstellung dieses Gottes hineingelegt, im Lichte und Feuer die Erscheinung der sittlich erglühenden Geisteskraft anschaut, welche nicht genießend den Geist bei sich selbst verweilen läßt, sondern hinaustreibt zur That. Leidet nun andrerseits dennoch dieser tapfre Geist des Parsismus noch an der hyperidealistischen Leere, Inhaltlosigkeit, die wir für die asiatischen Religionen bisher so charakteristisch fanden: so kann das tapfere, glühende Wollen hier nur außerhalb seiner selbst seinen Inhalt finden; es fordert einen äußeren Gegenstand, an dem es sich bethätigt. An sich selbst inhaltlos, reines Licht, pure Einheit des Geistes, kann es aber seinem Gegenstande nicht einmal Etwas mittheilen; es kann sich eben nur thatkräftig, tapfer, ihm gegenüber behaupten, ihn aus dem Wege räumen, also nur mit ihm als seinem Widerpart kämpfen, endlich ihn besiegen. So entsteht hier dem Lichtgotte gegenüber die Vorstellung des bösen Dunkelgottes, gefordert zu jenem, damit er Etwas habe, womit er kämpfen und was er besiegen könne. Kampf zwischen beiden, endlicher Sieg des Ormuzd, das ist zugleich das innerste Wesen, der eigentliche Sinn, aller Weltentstehungs- und Weltvollendungs-Ereignisse.

So erhaben fühlt sich der Zoroastrier in dieser Religion der Tapferkeit und Willensenergie über der alt-arischen, aus der er selbst sich zu jener emporgehoben, daß er sie tiefverachtend gleichsam mit dem Fuße hinter sich wegstößt als eine Religion bloßer Naturvergötterung, als eine Religion, welche dem Sinnlichen, dem Irdischen, dem Dunkelgotte, dient. Die alt-arischen Devas, Götter, werden ihm zu bösen Geistern, Dienern Ahrimans, welche von diesem Ursprunge Dews heißen[22]; und das arische Heimathland nennt er Turan, Dunkelland, dem er sein Iran als Land des Lichtes entgegensetzt. In der That ist die sittliche Reinheit und Hoheit des Parsismus im Vergleich zu den bisher betrachteten Religionen Asiens so entschieden, daß wir die Annäherung an occidentale Bildung wie ein erquickendes Wehen heimathlicher Luft empfinden. Besonders wenn wir uns vergegenwärtigen, daß aus den chinesischen und indischen Grundlagen die Anschauung von der Nichtigkeit des Daseins und von der Seligkeit eines inhaltlosen Hinbrütens als Consequenz erwuchs, so erfreut uns hier doppelt die positive Auffassung des Guten, welches hier allenthalben entschiedenes Sein, Thätigkeit, Kraftentfaltung ist, und die geweckte, durchleuchtete Sinnesart, welche, hiermit im Zusammenhange, den Cultus vornehmlich in die Lauterkeit der Gedanken, der Worte und der Handlungen, in die Bekämpfung des Neides, der Lüge, und der Bosheit setzt. Ja soweit geht hier die Regungslust, daß selbst der Schlaf als ein Uebel gilt, während dort, im östlicheren Asien, ein traumartiger Zustand als der göttlichste erschien. So gibt es hier auch keine Sühne, keine die Strafe abkaufende Opferung, welche das Böse ruhig bestehen läßt und nur die Sündenangst tilgt, sondern Vernichtung des Bösen ist die Parole: es gilt den Ahriman sammt seinen Dienern und seinen Werken ernstlich zunichte zu machen, das Böse auszubrennen mit dem Feuer des Ormuzd. Aber nicht der Böse und die Bösen sollen vernichtet werden, sondern nur das Böse. Ormuzd hat, gleich dem Jehovah des Propheten[23], nicht Wohlgefallen am Tode des Sünders, sondern daß er lebe und sich bekehre: ein Wort, welches im Neuen Testamente wohl auf den christlichen Gott übertragen ist, und dessen Sinn in den herrlichsten Gleichnissen Jesu bis zur Bevorzugung des Bekehrten vor dem von Anfang Gerechten sich steigert, aber ohne daß dadurch verhindert werden konnte, daß die christliche Kirche in ihrem Glauben an Unrettbarkeit und ewige Höllenpein der im irdischen Leben Unbekehrten tief unter das Niveau des Parsismus herabsank. Der Parsismus hält fest, daß der gute Gott das Leben will, und daß er die Macht hat, durch fortgesetzten Kampf das Böse allenthalben ins Gute umzuwandeln, so daß Alle gerettet, Ahriman und seine Dews selbst vom Lichte durchdrungen werden. In der neuen, seligen Welt ist dann Alles durchleuchtet, durchgeistigt: die verklärte Menschheit ist nur Eine Familie, und nur Eine Sprache wird gehört, in der sie den Ormuzd preisen. Der Siegesheld Sosiosch, ein auf wunderbare Weise erzeugter Sonnenheros, führt die Welt zu diesem letzten Siege.

Sind wir durch diese Einzelzüge in der Ausführung des

Unsterblichkeitsglaubens schon in die spätere Weiterentwicklung des einfachen Kerns der Zoroasterlehre eingetreten, so zeigt sich in Anderem wieder die Nachwirkung der alten Vergötterung der Elemente, jedoch in der verklärenden Beleuchtung des Ormuzdglaubens. Ich denke hier namentlich an die Lehre von den Frawasi oder Feruers, den geistartig gedachten inneren Wesenheiten aller Dinge, aus deren Personification göttlich verehrte Schutzgeister werden für Alles und Jedes, für Naturdinge und Menschen, ja auch für die Zeiträume, Tag, Monat, Jahr, und für abstracte Gedankendinge; z. B. ist es der Feruer „des reinen Gesetzes", welcher den Zoroaster begeistert hat. Auch die Geister der Verstorbenen sind Feruers. Unter eben diesen Feruers nun finden wir in ganz besonderem Vorrange, und recht eigentlich als Untergötter, diejenigen, welche in die von der alt-arischen Religion in den höchsten Götterrang gestellten Naturerscheinungen hineingeschaut wurden. So ist der Feruer des Feuers, Atar, vorzüglich geehrt; er heißt Sohn des Ormuzd oder der Hohepriester der Götter. Die gleichen Titel erhält auch Mithras, der Sonnengeist, der Mittler zwischen Ormuzd und der Welt, der noch viel entschiedener als Atar und mit weit größerer Verwendbarkeit für Mythologie, Cultus und Leben im Götterkreise selbst die Gottsohnes-Idee repräsentirt. Die mysteriösen Culte, mit welchen die jüngere persische Zeit den Mithras als das Ideal des gottgeeinten Menschen feierte, verbreiteten sich in den ersten Jahrhunderten nach Christus in raschem Vordringen weit über das Abendland; im dritten Jahrhunderte waren sie in jedem Theile des großen römischen Reiches zu finden. Das sittliche Ideal, das man in Mithras, dem Mittler, dem Sohne des himmlischen Lichtes, anschaute, bot sich so allenthalben dem Christenthume zur Anknüpfung seines tieferen und höheren Gehaltes dar, während andrerseits das Christenthum theils selbst noch mit heidnischen, mythologischen Formen entgegenkam, theils den vorgefundenen sich anpaßte.

Bekanntlich trugen die christlichen Hauptfeste auf den Sonnencult sich auf, und insbesondere die Feier der Geburt des Mithras, d. i. der Wiederkehr der Sonne nach dem kürzesten Tage, am 25. December, wurde zum Geburtsfeste Christi[24].

Hier, gegen das Ende ihrer Geschichte, finden wir die persische Religion in ihrer vermittelnden Function zwischen Orient und Occident; dagegen ist ihre Vermittlerrolle zwischen arischer und semitischer Eigenheit schon von Alters her wirksam. Die im Einzelnen schwer zu beantwortende Frage, welche noch heute die gründlichsten Sachkenner auf verschiedene, ja entgegengesetzte Weise entscheiden[25], die Frage, wie sich die auffallenden Aehnlichkeiten zwischen dem Zend-Avesta und dem 1. Buch Mosis erklären, in Bezug auf Schöpfung, Paradies, Sündenfall, ist jedesfalls im Allgemeinen dadurch zu erledigen, daß als naturgemäße Folge der Nachbarschaft der semitischen Assyrer und Babylonier, von welchen die Juden ausgingen, von frühester Zeit an ein Austausch zwischen arisch-persischen und semitischen Vorstellungen angenommen wird, wie ja auch später während der assyrischen und der babylonischen Gefangenschaft der Juden sich ein solcher Austausch notorisch fortgesetzt hat, den wir u. A. aus den veränderten und zwar parsistischen Anschauungen erkennen, welche die Juden aus dem Exil zurückbrachten. Im Einzelnen hätten wir dann für wahrscheinlich zu halten, daß in den Avesta, so spät er auch verfaßt sein möge, manche alt-arische und andre altpersische Vorstellungen, die längst vor Zoroaster volksthümlich waren, mit aufgenommen seien, welche sich auch in den älteren Stücken des Alten Testaments, in Folge eines sehr frühen Eindringens des Arischen ins babylonisch-Semitische, wiederfinden. Hierher mag das Paradies mit den zwei bedeutungsvollen Bäumen und deren himmlischen Wächtern und der Sündenfall durch Vermittelung der Schlange gehören, wofür die Keime bereits in den indischen Vedas bemerkt worden sind. Dagegen erscheinen die sechs Epochen der Schöpfung, welche der Avesta kennt, und auf welche er die Sechszahl der Geschöpfe — Himmel, Wasser, Erde, Pflanzen, Thiere, Menschen — vertheilt, als eine Nachbildung des altsemitischen und in den semitischen Vorstellungskreis allenthalben hineinpassenden Sechstagewerks. Wohl zweifellos persischen Ursprungs, hervorgegangen aus der ethischen Entgegensetzung des Ormuzd und Ahriman und ihrer dienenden Geister, sind die nachexilischen Lehren und Mythologeme des Judenthums, welche sich auf Teufel, Engel und Dämonen beziehen. Das alte Judenthum ist so entfernt von dem hier durchgeführten Dualismus eines Reichs des Guten und eines Reichs des Bösen, daß es den Einen Gott selbst zum Urheber des Bösen macht, indem er die Herzen der Menschen „verstocket", und daß es in der verführenden Schlange des Paradieses nur das „klügste" unter allen Thieren sieht, welches dem Menschen die von Gott vorenthaltenen, Gott gleich machenden Gaben ohne böse Absicht verräth.

Noch haben wir einiges Wenige hinzuzufügen in Bezug auf die äußeren Cultusmittel des Parsismus. Wir dürfen ja nicht glauben, daß es bei dem moralischen Cultus durch Reinheit in Gedanken, Worten und Thaten geblieben sein werde. Wie das göttlich Gute, die energische Geisteskraft und Lauterkeit des Ormuzd, sinnlich im Lichte und Feuer angeschaut ward, so konnte auch die sinnliche Darstellung der Reinigung des Menschen von dem Einflusse des Ahriman nicht fehlen. Daher die große Breite, welche im persischen Religionsleben die sorgsame Vermeidung von hundert und aber hundert vermeintlich unreinen Dingen und das fortwährende Bestreben äußerlicher Reinigung von den Folgen der Berührung mit solchen Dingen einnimmt. Die Veräußerlichung, das Formelwesen, die Herrschaft einer Priesterkaste, allerhand Aberglauben, sehen wir auch hier im Laufe der Zeit anwachsen. Zur Symbolisirung des Göttlichen dient vor Allem das Feuer: es brannte auf Altären, welche auf den Gipfeln der Berge errichtet waren, fortwährend erhalten; es war und ist Ziel der Wallfahrten, wo es mit den Naphtaquellen aus der Erde hervorbricht; es lodert im Brandopfer zum Himmel auf, durch Blumen, Früchte und wohlriechende Spezereien genährt. Diese Gebräuche sind noch in Uebung bei den über die asiatische Welt, wie die Juden über Europa, verstreuten Parsen oder Ghebern, Feueranbetern, welche nach der muhamedanischen Eroberung und Bekehrung des Mutterlandes im 7. Jahrhunderte den alten Glauben bewahrten, zuletzt durch die Flucht retteten, und in ihren Familien bis heute vererbten[26]. —

Wir sind am Schlusse, meine verehrten Freunde, des ersten großen Ganges, zu dem Sie mich durch einen Theil der menschlichen Culturentwickelung begleiten wollten, um das Werden der ächten Religion zu beobachten. Wir sind bis jetzt durchgedrungen bis zu dem Wendepuncte, an welchem die Religion in der abstract geistigen Höhe des ideell erfaßten Göttlichen doch bereits das Göttliche in einer Gestalt anschaut, in der es fähig sein würde, sich inhaltvoller und realer zu enthüllen, wenn nur dem guten Beginne die rechte Folge gegeben wäre. Diese Gestalt ist die der Willensenergie. Durch den Willen neigt sich die Gottheit, wie wir früher erkannten, aus ihrer rein geistigen Höhe herab zur Weltwirklichkeit. „Nehmt die Gottheit auf in euren W i l l e n" — sagt der Dichter — „und sie steigt von ihrem Weltenthron". Allein in der persischen Religion selbst, sahen wir, ist das göttliche Wollen noch ohne eigenen Inhalt und deshalb noch ohne dieses Herabneigen; die reine Geistigkeit, das reine Licht, bildet noch immer den letzten Zielpunct, und alles Streben besteht in der Reinigung, in der Befreiung vom Ungeistigen; das Ziel, die Reinheit v o m A n d e r e n, die Freiheit v o m A n d e r e n, zeigt sich eben dadurch immer noch als verwandt den übrigen bisher betrachteten Culturreligionen Asiens, daß es seinen Inhalt nur angeben kann durch die Verneinung des Anderen, was zu bekämpfen ist. Soll das Wollen des göttlichen Geistes in Wahrheit als inhaltvoll, als Ausgangspunct von Schöpfungen, als Geburtsschooß neuer Weltwirklichkeiten ergriffen werden, so bedarf es bei aller Geistigkeit der Gottesvorstellung einer größeren Liebe zum Wirklichen, zum realen Leben, zur Erde, zur Natur, als die asiatischen Culturreligionen bis jetzt uns zeigten. Diese realistische Ergänzung empfängt der Vollendungsproceß der Religion in der Menschheit durch die beiden Völkergruppen, deren Betrachtung uns noch übrig ist: durch die semitische und durch die der europäischen Arier.

Fünfter Vortrag.

Recapitulation. Der semitischen Völker erste Hälfte. Aethiopier. Aegypter. Libyer. Die Araber und der Islam.

Den philosophischen Betrachter der Menschengeschichte leitet in seinem Forschen der Glaube, daß die idealen Ziele des menschlichen Daseins im Laufe der Zeiten und im Wechsel der culturbewegenden Völker stufenweise ihrer vollkommenen Erfüllung sich annähern. Dieser Glaube hat uns auf unserm ersten großen Gange nicht betrogen. Nur durften wir nicht verlangen, den Fortschritt so makellos als einen stetigen zu finden, wie ihn etwa unter günstigen Bedingungen das Einzelleben Eines Individuums zeigt, das von seinen sinnlichen, thierähnlichen Anfängen aus die Stadien der Weiterentwickelung und alle zwischenliegenden Uebergänge ideegemäß in der Zeit einander folgen läßt. Wollen wir die Menschheit als Ein Ganzes anschauen und die Stetigkeit im Fortgange ihrer Entwickelung uns sichtbar machen, so müssen wir zuvor Alles in Abzug gebracht, von dem

Bilde, das sich uns stellen soll, Alles getilgt haben, was das Leben der Menschheit unterscheidet von dem Leben des Einzelwesens, zumal von dem Leben eines so begünstigten Einzelwesens, welches in jener vollkommen stetigen Weise sich ungestört darleben könnte. Wie weit diese nothwendigen Abzüge in unserm Falle gehen müssen, dies wollen wir uns jetzt einigermaßen deutlich machen, indem wir unter diesem Gesichtspuncte auf die bis jetzt zurückgelegte Hälfte der uns vorgezeichneten Bahn zurückblicken.

An den Anfang der Menschengeschichte fanden wir den Zustand der Uncultur, der Wildheit, gestellt, ein Ueberwiegen der sinnlich-selbstischen Begierde, der thierischen Leidenschaft, in dem Grade, daß die geistige Anlage sich nur wenig und nur im Dienste jenes niedrigsten Elementes der Menschennatur entfaltete. Die Religion, die hier allein möglich war, war die der Furcht: die Religion, welche allein der bösen, der gefürchteten Gottesmacht einen Cultus widmete, selbst da, wo sie zum Glauben an gute, schöpferische Gotteswesen sich erhob. Eine Rangfolge der verschiedenen Schattirungen ließ sich aufstellen auch in dieser Sphäre; sie bezeichnete indeß keine Aufeinanderfolge in der Zeit, sondern ein gleichzeitiges Nebeneinander der Zustände verschiedener Urvölker, indem diese durch ihr besonderes Naturell, im Zusammenhange mit Klima und Boden ihrer Wohnsitze und anderen Verhältnissen, mehr oder minder begünstigt dastehen. So folgten, vom tiefsten Culturstande aus, auf Saans, Pescherähs, Urcalifornier und Papuas zunächst die Indianer Südamerikas, dann einerseits die afrikanischen Neger, andrerseits die asiatischen Turanier, sofern sie die erste Stufe nicht überschritten haben, nebst den Eskimos, endlich die nordamerikanischen Rothhäute.

Wenn nun auch die Zustände der Wildheit für diese Völker selbst nicht ein Anfangsstadium, sondern im Wesentlichen ihre dauernde Beschaffenheit darstellen, so trifft doch hier für die

Menschheit im Ganzen das niederste Stadium mit dem zeitlich ersten zusammen; denn auch den frühesten Erscheinungen einer Halbcultur mußte jene Wildheit voraufgegangen sein. Ebenso dürfen wir von dem zweiten Hauptstadium, dem der Halbcultur oder Halbwildheit, annehmen, daß es für alle Völker, die sich überhaupt über das erste erhoben haben, auch in der Zeit das zweite gewesen, von keinem übersprungen worden ist: wenn auch diejenigen Völker, die bis zur eigentlichen Cultur fortgingen, nicht in geschichtlich bemerkbarer oder doch nicht in bemerkenswerther Weise diese Uebergangsphase dauernd festhielten und ausbildeten. Auch ebenso aber, wie die wilden Urvölker, soweit sie nicht ausstarben, meist bis auf unsre Tage ihre Eigenart behaupteten, finden wir die primitivsten und muthmaßlich frühesten Uebergänge zur Halbcultur, bei den asiatischen Malaien und den afrikanischen Halbwilden, noch forterhalten, ja hier und da sogar rückwärts entwickelt, während andere Völker erst sehr spät, ja lange nach dem Auftreten der höchsten Religionen anderwärts, der Halbcultur sich zugewendet haben. Dies Letztere gilt wahrscheinlich von den Eries der Südsee, von den Finnen und Lappen, sicher von den am längsten im Urstande zurückgebliebenen Mongolen Tschingiskhans, wohl zweifellos von den Inka's und den Azteken.

Die Erhebungen über die ursprüngliche Wildheit fanden wir muthmaßlich allenthalben im Gefolge der Wanderungen der Volksstämme des mittleren Asiens, und der Höhepunct der Halbcultur stellte sich dar in drei großen Reichsbildungen: im Inkareiche, im aztekischen, und in dem mongolischen Weltreiche. Deutlich offenbarte sich hier das wesentliche Element, wodurch die Halbcultur sich von der Wildheit scheidet: Gesetzesherrschaft, civilisirende Knechtung, Nachahmung des Göttlichen und Frieden mit Gott durch äußeres Thun; und eben hierdurch war zugleich die Erhebung gegeben über das sinnliche Einzelinteresse zu dem irdischen Gemeinschaftsinteresse, zur Reichsgründung und ein=

heitlichen Machtentfaltung, die im Mongolenthum noch in ihrer kahlen Leerheit den einzigen Inhalt ausmacht, im Inkathum verbunden ist mit einem energischen Eifer für gleichmäßige materielle Wohlfahrt, im Aztekenthum in der Sucht der Verneinung des irdischen Lebens zur Gewinnung des göttlichen ein Moment sich zugesellt, in welchem sich bereits ein unverstandenes Sehnen nach höherem, geistigen Inhalte regt.

Begünstigtere Stämme sahen wir weit früher, als die zuletzt genannten zur Halbcultur gelangten, zu jener geistigen Höhe sich emporschwingen, auf der wir den Beginn der eigentlichen Cultur, der Vollcultur, annahmen. Innerhalb der Völkergruppe, die wir hier zunächst antrafen, deckt sich die zeitliche Folge wesentlich mit der sachlichen. Unmittelbar an die Halbcultur grenzte der Sinismus, und Chinas Gründung scheint in der That zweifellos alle anderen bisher betrachteten Abzweigungen der mittelasiatischen Culturmenschheit an Alterthum zu überragen. Dem entgegen trat das persische Volk auch zeitlich zuletzt in den Gesichtswinkel ein, unter dem es uns bedeutsam wurde für den Fortschritt der Religionsentwickelung. Dazwischen liegt zeitlich wie sachlich der Brahmanismus der Inder, der sich im Buddhismus nur seiner eignen Principien wieder erinnerte; und auch das Alt-Arische, das dem Indischen und Persischen gleichmäßig zu Grunde lag, kann nicht in so hohes Alterthum zurückverfolgt werden, wie die chinesische Bildung.

Das Kennzeichen der Vollcultur im Allgemeinen war uns die Richtung des Blickes nach Innen: ein innerlicher, geistiger Besitz sollte hier das Göttliche nachahmen, aneignen, die Vereinigung Gottes und des Menschen stiften. Der Fortschritt bestand in wachsender Erfüllung des Geistes in diesem Sinne mit wirklichem Inhalte, entsprechend der Stufenfolge der drei Organe: des Verstandes, des phantastischen Empfindens, des Wollens. Aber auch das Wollen, worein zuletzt der Parsi die Göttlichkeit setzte, war in sich selbst noch leer;

es empfing seinen Gehalt nur durch den Gegensatz des Bösen, das bekämpft und überwunden werden sollte. Die Seligkeit, die reine Geistigkeit, die als Endziel verheißen wurde, war ein pures Licht, gestaltlos, inhaltlos, ein Leben ohne Objecte.

Ein weiterer Fortschritt müßte zu weiterer Erfüllung des im Geiste erfaßten Göttlichen mit wirklichem Inhalte führen. Mit anderen Worten: der göttliche Geist, der bisher nur ideell und deshalb unproductiv gefaßt worden, zu welchem die Religion bisher immer nur fliehen wollte, die Weltwirklichkeit hinter sich zurückstoßend, — der Geist, der in der Kampfesenergie des Persers schon umlenkte, schon als Wille den Keim enthielt zu vollerem Gehalte, — er muß als ein real erfüllter Wille dem Menschenbewußtsein aufgehen, als ein Wille, der sich herabneigt zur Weltwirklichkeit, der an wirkliche Objecte, an reales Leben und Dasein sich hingibt. Nicht der Himmel nur in seiner erhabenen Ruhe oder in seinem Lichtglanze wird dann das Göttliche einschließen: der volle Ausdruck des Göttlichen wird erst gefunden sein, wenn dem Ideellen das Reale beigesellt ist, wenn im Realen selbst, im Principe der Weltwirklichkeit, im Irdischen, ja im Sinnlichen, ein Göttliches ergriffen wird, das, irgendwie in engem Bunde mit jenem Himmelsgotte, mit diesem zusammen erst den Vollbegriff der Gottheit deckt. Bundesreligionen lassen Sie uns die Religionen nennen, welche durch die Tendenz zu solcher Vermählung von Himmel und Erde, von Gott und Welt, charakterisirt sind. Unser sachlich fortschreitender Gang bringt uns erst jetzt zu ihnen, obwohl sie von Uralters ihre eigne Entwickelung neben den bisher dargestellten Religionen gehabt haben. Aber die zeitliche Folge rechtfertigt uns dennoch auch hier: diese Entwickelung hat ihr Ende in den jüngsten religiösen Neubildungen der Vollcultur, vornehmlich in jenen, welche im Christenthume zur höchsten, Alles in sich verknüpfenden Einheit sich zusammenschlossen.

Den Charakter der Bundesreligion in dem soeben bezeichneten Sinne tragen vor Allem die Religionen aller semitischen Völker, welchen wir nach dem Vorgange einer Reihe namhafter Forscher[1] auch das ägyptische, und dann auch die Aethiopier, die Gründer des ältesten Staatswesens, von welchem die Geschichte Kunde hat, im gegenwärtigen Habesch oder Abyssinien, zuzählen dürfen. Sind wir hiermit im Rechte, so ist der südlichste Punct als Ausgangspunct der semitischen Wanderungen und Völkerscheidungen gegeben; denn das Alter der ägyptischen Cultur läßt keine Ableitung zu, es sei denn aus dem äthiopischen Staate, welcher in den Ueberlieferungen der Alten für älter gilt als selbst der oberägyptische, der doch schon geblüht haben soll, als Unterägypten noch unbewohnbarer Sumpf war[2]. Allein woher die culturtragende Bevölkerung in jenen Hochlanden von Habesch? Sie ist nicht ureingesessen; denn sie entspricht nicht der in Afrika urwüchsigen Negerrasse; ein negerartiges Urvolk wurde von den Einwandernden in Aegypten vorgefunden und als ein fremdartiges, niedrigeres, unterworfen[3]. Also eingewandert? Woher? Sollte sich auch hier ein Zusammenhang mit dem mittleren Asien finden? Wir haben bei einer früheren Gelegenheit ihn schon angedeutet. Erinnern wir uns, daß die aus Asien stammenden sogenannten Malaien ihre Ansiedelungen nicht allein bis Madagaskar und zu den Comoren in der Nähe der afrikanischen Küste erstreckt, sondern diese Küste selbst betreten hatten, daß die Völker der afrikanischen Ostküste, von den Galla's im Süden Aethiopiens an bis zu den Kaffern und Hottentotten der Südspitze, in Sprache und Eigenheiten, Sagenresten und Sitten, Zusammenhänge mit jenen Malaien und mit den diesen stammverwandten Bewohnern der Südsee zeigen, — so dürfen wir, was die spätere Zeit brachte, auch in früherer, ja in uralter Zeit für möglich halten, und schrecken nicht zurück vor der Vermuthung, daß die Inselbrücke des indischen Oceans, oder auch ein früherer Continent, dessen

Reste diese Inseln wären, das mongolische Mittelasien mit jenem Aethiopien verbindet, welches wir für den Ursitz der specifisch semitischen Völkerbewegung ansprechen[4].

Ohne uns hierbei aufzuhalten, entnehmen wir sogleich den wenigen vorhandenen Mittheilungen über den altäthiopischen Glauben, was uns hier den Charakter der Bundesreligion zeigt. Dies ist die einfache, unzweideutige Mittheilung Herodots, daß die alten Aethiopier nur zwei Götter verehrt haben, deren Bedeutung dem Griechen Veranlassung giebt, unter den Namen Zeus und Dionysos sie dem Verständnisse seiner Leser näher zu bringen[5]. Wir haben also hier einen Dualismus, aber einen Dualismus ganz andrer Art als der persische. Nicht der gute Gott ist dem bösen entgegengestellt und in die Ueberwindung des letzteren das höchste Ziel gesetzt, sondern ein Gott des Himmels und ein Gott der irdischen Naturkraft stehen sich ergänzend gegenüber, zu friedlichem Bunde bestimmt. Nicht lange, so werden wir diesen Bundesgedanken mythologisch durch das Bild einer Ehe ausgedrückt sehen zwischen dem Himmelsgotte und dem dann als weiblich gefaßten Erdprincipe.

Von Aethiopiern wäre nach unsrer Voraussetzung in uralter Zeit Aegypten besiedelt, die negerartige Urbevölkerung daselbst unterworfen, die spätere eigenthümliche Cultur dieses Landes der Räthsel begründet worden. Wie vor einem unermeßlichen Abgrunde, will uns ein Schwindel erfassen, wenn wir in die Zeitferne blicken, aus der wir hier die Denkmäler ältester Religion, Sitte und Geistesart noch heute mit Augen sehen, mit Händen tasten. Es ist mit Hilfe der regelmäßigen Ablagerungen des Nilschlammes berechnet worden, daß unter demselben lagernde Backsteine schon 8000 Jahre v. Chr. gebrannt sein müssen; und die seit 1850 unter der Leitung Mariette's eifrig betriebenen Ausgrabungen, über welche uns französische Berichte, von Männern wie Ernst Renan, de Rougé, Alfred Maury, bis auf die jüngste Zeit vorliegen, scheinen sicher zu stellen, daß wir die früheste uns bekannte Geschichts- und Culturperiode Aegyptens in die Jahre 5000—3000 v. Chr. zu legen haben[6]. Zu einer Zeit, wo die ganze übrige Erde für uns in nächtigem Dunkel begraben läge, erhellete so schon seit zwei Jahrtausenden und länger ein dämmernder Morgenschein die Ufer des Nil und zeigte uns ein arbeitsames Volk um Riesenbauten, Tempel, Pyramiden, Götterbilder, beschäftigt, die heute noch stehen. Werden wir undankbar darüber klagen, daß der Morgenschein kein heller Tag ist, daß wir mehr wie irgendwo hier nur tastend muthmaßen und an unaufgelösten Widersprüchen anstoßen?

Wir stehen in Schauern der Andacht vor den Geheimnissen der ältesten Religionsdenkmäler der Erde und suchen sie zu deuten. Ein colossales Götterbild, die große Sphinx, den Leib eines Löwen mit menschlicher Jungfrauengestalt mischend, unmittelbar aus dem Felsen gehauen, gegenüber dem Eingange eines Tempels von grandioser Einfachheit, am Fuße der großen Pyramide des Cheops, zieht vor Allem unsern Blick auf sich. Der Tempel ist noch ohne Ornament, ohne Sculptur, ohne Schrift, aus einer Zeit herber, strenger Verschlossenheit, gegen deren Art Alles schon üppig und raffinirt erscheint, was in Aegypten nach dem Anfange des dritten Jahrtausends v. Chr. auftritt. Auch die Religion jener Zeit muß erhaben-einfach gewesen sein, gewiß noch ohne jenes polytheistische Auseinandergehen, das wir immer erst in einer zweiten Phase der Entwickelung, nirgends in der frühesten finden. Das Götterbild der Sphinx deutet mit seiner Doppelgestalt auf eine Zweiheit hin, die in ihm zur Einheit verbunden, versöhnt, gleichsam vermählt ist. Die *Bundesreligion* kündet sich an. Aber wer sind die Verbundenen? Wir erfahren, daß die Sphinx den Hu oder *Horem-Hu* verkörpere, der später als *Horus*, von den Griechen Apollon genannt, immer heller hervortrat. Horus ist die *aufgehende Sonne*. Wie die Sonne des Morgens aus dem Schooße der Erde emporzutauchen scheint, um mit ihr einen innigen Bund zu schließen, in welchem das Irdische durch den himmlischen Lichtglanz erst zu seinem wahren Werthe erhoben dasteht: so bricht das jungfräuliche Menschenantlitz der Sphinx hervor aus dem Thierleibe, das menschlich Geistige vermählt sich mit dem sinnlich Irdischen, dieses verklärend, emporhebend zu sich; und ebenso tritt das gesammte Götterbild heraus aus dem Felsen, den die Menschenkunst zur symbolischen Gestalt umschuf. Die Symbolik der Vermischung von Thier- und Menschengestalt, oder auch von Mannes- und Frauenleib, oder der Vertauschung der Gewänder und der Sitten der beiden Geschlechter, wird uns von diesem ältesten Beispiele an allenthalben im Semitismus begegnen, und wird uns überall ein Zeugniß der Bundesreligion sein.

Aber die Bundesreligion fordert zu dem Bundesgotte, der hier Horus war, noch die gesonderte Fassung der in ihm verschmolzenen Gottheiten, des Himmelsgottes und des irdischen Naturgottes. Von Aethiopien her mußte zunächst jener Dualismus einwandern, den uns Herodot dort aufwies unter den Namen seines Zeus und seines Dionysos; Zeus, der Himmelsgott, ist in Aegypten frühzeitig zum Sonnengott geworden, wie wir schon immer die Symbolisirung des Himmelsprincipes, des ideellen Gottes, zwischen Himmel und Sonne oder Licht, Feuer, schwanken, oder vom Einen zum Andern übergehen sahen. Welcher Gott zu Ra, dem altägyptischen Sonnengotte hinzugekommen, um als Erdprincip sich mit ihm zu verbinden, vielleicht als Gattin zu vermählen, mit anderen Worten: wie der Dionysos der Aethiopier sich zunächst ägyptisch gestaltet, ist nur vermuthungsweise zu bestimmen. Wir lassen die Stelle leer, bis wir sie von der späteren ägyptischen Entwickelung besetzt finden. Von der ältesten Zeit lassen Sie mich noch hervorheben, daß uns die Idee der Gottessohnschaft, wie so häufig, in Anwendung auf die Könige begegnet; sie sind Söhne des Ra, oder erscheinen mit Horus in Eins gesetzt, ja selbst schlechthin „der große Gott“ oder „der gute Gott“ angeredet. Schon bei Lebzeiten feiert der König sich selbst in religiöser Weise; nach dem Tode wird er von seinen Nachfolgern und vom Volke angebetet; jeder König hat seinen besonderen Cult, seine besonderen Priester. Die colossalen Pyramiden sind Königsgräber; tief verborgen, schwer zugänglich, ruht darin die Mumie, damit die einst zur Auferstehung zurückkehrende Seele ihren Leib unversehrt wiederfinde. In ähnlicher Weise wird der Leib jedes Verstorbenen aufbewahrt; unzählige kleine Pyramiden schaaren sich zu unermeßlichen Todtenstädten zusammen; und jeder Familie gelten ihre Abgeschiedenen als Götter des Hauses, die ihren Cultus fordern[7].

Diese einfachen Grundlagen der ägyptischen Religion müssen uns als Ariadnefaden dienen, der uns durch das Labyrinth der immer mehr anwachsenden Göttermythe dieser Religion hindurchleite. Jene einfachen Hauptprincipien sind es, welche sich im Laufe der Zeit vermanchfachen, indem einzelne Seiten, Eigenschaften oder Beziehungen derselben, für sich festgehalten, zu besonderen Gottheiten werden. Dieser Proceß des fortschreitenden Polytheismus geht Hand in Hand mit fortschreitender Decentralisirung des Reichs und seiner Cultur, sowie fortschreitender Localisirung der entstandenen Vielgötter, indem jeder einem besonderen Orte, in welchem sich die von ihm vertretene Seite des anfänglich Einen zu einer besonderen Gottheit gestaltet hatte, als der hervorragendste Gott galt. Wir begnügen uns, in diesem Processe nur die Forterhaltung der alten Zweiheit des Himmels- und des Erdgottes zu beobachten, und dürfen in dieser Beziehung vermuthen, daß das Achtgöttersystem, welches Herodot als das älteste bezeichnet[8], durch eine viertheilige Auflösung eines jeden jener Hauptprincipien entstanden sei, ebenso wie dann das spätere Zwölfgöttersystem vielleicht einfach dadurch sich ergab, daß die entsprechend aufgelöste Bundesgottheit, also vier, wie Horus, die Verschmelzung beider Principien darstellende Gottheiten, in den obersten Rang mit aufgenommen wurde. Bemerkenswerth ist besonders, daß das irdische Naturprincip, anfangs vielleicht, wie das äthiopische, noch männlich gedacht[9], allmählich in die weibliche Gestalt übergeht, indem es in der Verselbständigung seiner einzelnen Seiten bald als Mutter, bald als Gattin, bald als Amme der aufgehenden Sonne oder der Sonne überhaupt auftritt. Anderseits lösen sich vom Himmelsprincipe Himmel, Sonne, göttliche Weisheit, kriegerisches Feuer als besondere Wirkungen oder Wirkungsquellen der Gottheit ab; und die Bundesgötter wachsen an, indem der Bund entweder auf die Gaben der Natur oder die der Cultur bezogen und auch hier eine ergänzende weibliche Seite hinzugefügt wird[10]. Frühzeitig schon mag überdies die Achtgötterzahl zusammengebracht worden sein mit den sieben Hauptgestirnen, Sonne, Mond und fünf Planeten, zu welchen die Erde in die achte Stelle trat, und so jedem Gotte zugleich eine astrale Bedeutung oder jedem dieser Gestirne der Name eines Gottes zugetheilt worden sein: wie eine entsprechende astronomische Verwendung für die Zwölfgötterzahl sich in den zwölf Abtheilungen, sogenannten „Häusern", des Thierkreises fand[11]. Zahllose Personificationen und Vergötterungen untergeordneten Rangs, welche auch hier nothwendig hinzukamen, dürfen wir unbeachtet lassen.

Von hervorragender Wichtigkeit dagegen ist die mythologische Ausführung, welche das Reich der Todten und der negativen Gewalt, das Reich der Finsterniß, erfährt. Die älteste Zeit kannte, wie es scheint, hier nur den Todtenwächter Anubis[12]. Ein jüngerer Mythus, wiewohl längst vor der sogenannten Hyksoszeit, in welcher das untere Aegypten unter fremden Königen, unter dem Drucke eingewanderter semitischer Völker, nur mit Mühe seine Eigenart in Cultus und Cultur bewahrte, — ein jüngerer Mythus also, der jedoch längst vor dieser Zeit, vor 2000 v. Chr. verbreitet war, läßt durch Set oder Seb, den die Griechen Typhon nennen, als das Princip der Finsterniß, die Sonne getödtet werden, jedesmal wenn sie zur Nacht in die Unterwelt hinabsinkt. Die getödtete Sonne, die Nachtsonne, ist dann Osiris, auch Ra des Amenthes, d. h. Ra in der Unterwelt, genannt, woraus den Griechen Rhadamanthys wurde. Seine Gattin Isis, von Haus aus mit Neith oder Hathor identisch, erweckt ihn durch ihr Klagen und Flehen, und sein Sohn Horus rächt ihn, indem er die Schlange der Dämmerung, Apap, Apophis, tödtet, d. h. indem die Sonne wieder aufgeht. Diese mythologisirte Geschichte der Sonne führte zunächst zu der besonderen Ausbildung des unterirdischen Götterpaares Osiris und Isis, und des Osiris als des Herrn im Todtenreiche und Todtenrichters. Hiermit hing eine speciellere Ausdichtung des Auferstehungsglaubens zusammen. Die Seele geht, wie die untergegangene Sonne, durch die Finsterniß der Unterwelt hindurch, sodann, wenn sie dazu würdig befunden, in die Sonne zurück, um in einer fernen Zukunft sich mit dem alten Leibe neu zu bekleiden. Das Todtengericht in der Unterwelt bestimmt als Strafen und Mittel der Buße die verschiedenen Arten und Zeitlängen der Seelenwanderung vor der Rückkehr zur Sonne. Aber auch den Gerechten bringen erst mancherlei Mühen und Reinigungen zur Seligkeit; den Gottlosesten dagegen, den Unverbesserlichen, erwartet ein zweiter Tod, der Tod der Seele. Diese Lehren und die genauen Vorschriften für die Reinhaltung der Seele auf der Wanderung und zu ihrer Bewahrung vor dem zweiten Tode bilden den wesentlichen Inhalt des sogenannten Todtenbuchs, eines wiederaufgefundenen Theiles oder Auszugs des heiligen Kanons der Aegypter, dessen Gesammtheit unter dem Titel „hermetische Bücher", d. h. Bücher, geoffenbart durch den Gott Thoth, den griechischen Hermes, im Alterthume als ein Schatz tiefer Weisheit weithin gerühmt war. Die Entstehung der ältesten Stücke darf bis in den Anfang des dritten Jahrtausends vor Chr. hinaufgerückt werden, während eine zusammenfassende Redaction zuerst unter dem Könige Psammitich nach 665 v. Chr. stattgefunden zu haben scheint, die jedoch ein späteres Nachwachsen nicht ausschloß[13].

Vom äußerlichen Cultus lassen Sie mich der Opfer gedenken, welche, anfänglich wohl nur Speis- und Sprengopfer, den abgeschiedenen Seelen dargebracht, im Laufe der Zeit über die unblutige, edlere Form verwildernd hinauswuchsen und bis zu Menschenopfern ausarteten. Aber eine noch spätere Zeit scheint die letzteren wieder mit Thieropfern vertauscht zu haben. Solche Erhebung zu humanerem Cultus pflegt in der Erinnerung der Völker zu einem Mythus ausgeprägt zu werden, in welchem die Gottheit selbst das Menschenopfer zurückweist. So erzählt schon das älteste brahmanische Stück der indischen Vedas, daß Sunasepha, ein Krieger, bisher kinderlos, den Sohn, der ihm würde geboren werden, dem Gotte Varuna als Opfer gelobte; der Sohn, nachdem er herangewachsen, warb einen Stellvertreter; dieser aber erreichte durch Gebet die Lossprechung, und Varuna nahm den Willen für die That. Die Parallelen hierzu in der hebräischen Mythologie, das Isaakopfer, und in der griechischen, die Verschonung Iphigeniens, sind bekannt. Für Aegypten mag uns die Erzählung Herodots als Parallele gelten, daß nach einer griechischen Sage einst Herakles, in Menschengestalt nach Aegypten kommend, dort habe geopfert werden sollen, aber plötzlich seine Kraft gebraucht und die Opferer erschlagen habe[14].

Ungern widerstehe ich weiterer Lockung zu Einzelheiten. Wir würden, näher eingehend auf die religiöse Symbolik, für gar Manches, was wir bei andern Semiten, auch den Juden, und bei den Griechen wiederfinden, das Urbild in Aegypten erkennen, wie für den Tempelstil, für den theologischen und astronomischen Gebrauch der Zwölfzahl, für die Cherubim und die Bundeslade. Die ursprüngliche Bedeutung der letzteren als Transportmittels für Götzenbilder erscheint zweifellos, wenn wir den vergoldeten, fahrbaren, kleinen Holztempel, in welchem nach Herodot das Bild des ägyptischen Kriegsgottes zu dessen Feste ankam, mit der Notiz Renans zusammenhalten, daß in der classischen Zeit Aegyptens, vor den Hyksos, in vielen Tempeln die Bundeslade mit den Cherubim abgebildet erscheine[15]. Wir werden bei der Betrachtung der altjüdischen Religion hieran erinnert werden.

Jetzt haben wir noch kurz die Weiterentwickelung des ägyptischen Glaubens zu zeichnen. Um 1700 v. Chr. waren die Hyksos, die fremden semitischen Hirtenkönige, vollständig verdrängt, und wir sehen Aegypten in der rüstigen Arbeit seiner politischen und religiösen Wiederherstellung. König Thetmosis oder Amasis ließ durch Bithys, den Oberpriester von Sais, eine Darstellung der ägyptischen Glaubenslehre abfassen und reinigte den Cultus von den Einflüssen der Fremden[16]. Dieser Reformation verdankte Aegypten wahrscheinlich eine neue einheitliche Zusammenfassung seines gänzlich in localisirte Culte auseinandergegangenen Glaubens und Religionslebens; denn wenn auch die Vermannchfaltigung der Götterwelt und damit im Zusammenhange die Localisirung in ihrem Laufe nicht mehr aufzuhalten war, so begegnen uns doch aus den nächsten Jahrhunderten nach der Hyksoszeit deutliche Spuren, daß über allen den so verselbständigten und verstreueten Sondergöttern die alte Bundeszweiheit wieder ihren obersten Rang behauptete. Sie ist dem Glauben aller Provinzen und Cultusorte des weiten Reichs in dieser Zeit gemeinsam, wenn auch nicht der Cultusübung gleichmäßig bevorzugt. Das alte Himmelsprincip tritt in solcher Geltung jetzt in der Gestalt des Amun oder Ammon auf, mit welchem Ra, der Sonnengott, mehr oder minder verschmolz, und als das weibliche Erdprincip steht ihm Neith zur Seite, seine Gattin und Mutter zugleich, sofern die Sonne und die Himmelshelle, aus der Erde scheinbar aufgestiegen, mit der Erde sich gattet[17]. Aber die Naturbedeutung dieser Principien verbindet sich allmählich mit einer geistig-sittlichen, einer Culturbedeutung, ja räumt dieser den Vorrang ein. Ein deutliches Zeichen hiervon ist die immer entschiedenere Verschmelzung des unterweltlichen, im Todtenreiche vorher allein waltenden Götterpaares Osiris und Isis mit jenem überirdischen Paare Amun-Ra und Neith, deren Mythus zuletzt völlig aufgeht, mit ihren Namen und mit ihrem Range als oberster und universaler Reichsgötter, in den des Osiris und der Isis, wie umgekehrt diese letzteren zugleich die oberweltliche Bedeutung des Himmels- oder Sonnen- und des Erdprincips in Natur- wie Culturbeziehung annehmen.

Zu Herodots Zeiten, in der Mitte des 5. Jahrh. v. Chr., sind Isis und Osiris die einzigen Götter, welche in ganz Aegypten gleichmäßige Geltung haben; alle anderen treten nur als Localgötter auf[18]. Die Vergeistigung des alten Naturcults aber durch die Osirisherrschaft zeigt sich in den folgenden Jahrhunderten vornehmlich darin, daß der alte Mythus vom Tode der Sonne durch Set-Thyphon, ihrer Wiederbelebung durch Isis und ihrer Auferstehung in Horus, zum Symbole ernsterer und tieferer Gedanken wird, deren Inhalt in entschieden vorherrschender Weise den Gebieten geistig-sittlicher Cultur entnommen ist. Osiris und Isis gelten dann als die Bringer des Ackerbaues, der Ehe, der Religion, der bürgerlichen Gesetze, der Zeitrechnung, der Heilkunde; Osiris überhaupt als die productive, männlich wirksame Idee des Guten, Isis als die solchem Wirken empfänglich entgegenkommende Seele, wie solches Zeugen und Empfangen auch in der hiermit verbunden bleibenden Naturbedeutung beider Götter unter sie vertheilt ist; Horus, beider Sohn, ist das Ideal der harmonischen Verbindung des in Beiden Getrennten, das sittlich-geistige Bundesideal, theils als Typus des in der Urzeit verlorenen, theils als Sinnbild des in einem zukünftigen Leben wiederzugewinnenden glücklichen Durchdrungenseins von Himmlischem und Irdischem, Geistigem und Leiblichem, welches in der Zwischenzeit, dem Tode des Osiris und der Klage der Isis entsprechend, mehr nur als ein vermißtes, vernichtetes Gut zu betrauern ist[19].

Manche andere Kennzeichen des Bundescharakters der ägyptischen Religion habe ich übergehen müssen. Sie vermißten sicher die Erwähnung des bekannten Thierdienstes, der sich jedesfalls aus der Thiersymbolik entwickelt hat, welche wohl zunächst nur zur Bezeichnung der sinnlichen oder Naturseite des Göttlichen angewendet wurde, dann aber weiter zu jenen Mischgestalten von Thier- und Menschenleib führte, in welchen sich die Bundesidee versinnlichte, und zuletzt auch der Versinnbildung des Geistigen diente. Das bekannteste und in Aegypten selbst angesehenste lebende Thiersymbol war der heilige Stier Apis, ein Symbol des Bundes zwischen Himmlischem und Irdischem, sofern er, nach Herodot[20], durch einen himmlischen Lichtstrahl in einer irdischen Kuh erzeugt ist, nach anderen Quellen in einer jungfräulichen Kuh durch den Gott Phtah, der die himmlische Weisheit bedeutet[21]. —

Es ist jedoch Zeit, von dem ersten Hauptzweige des Semitismus zu scheiden. Zu ihm gehören noch die Libyer Nordafrikas, deren Stämme in der Mehrzahl, nach Herodot[22], ausschließlich der göttlichen Bundeszweiheit des männlichen Sonnen- und des weiblichen Mondgottes dienten, und endlich die vor den Juden in Palästina eingewanderten Kanaanäer, zu denen wir bald zurückkehren. Ein großer semitischer Zug bevölkerte so von Aethiopien aus Aegypten, Libyen und in erster Schicht Palästina; darum hat auch die alte Völkertafel 1. Mos. 10 die vier: Cusch, Mizrajim, Puth und Kenaan, d. i. Aethiopien, Aegypten, Libyen und Kanaan, als Söhne Eines Vaters, und zwar in eben dieser Reihenfolge, zusammengestellt. Was hier Hamiten heißt, das nennen wir afrikanische oder

Westsemiten[23]. Der zweite, ostsemitische Zug ging, nach unsern Voraussetzungen, zunächst nach Arabien. Die Rückerinnerung der Juden hat in der hebräischen Paradiesessage diesem urzeitlichen glücklichen Aufenthalte in Arabien ein Denkmal gestiftet, das zugleich zur Anknüpfung philosophischer und theologischer Ideen diente[24]. Das nächste Stadium dieser Wanderung werden wir in Babylonien finden. Die hierfür bereits hellere Rückerinnerung der Juden hat in der Sage vom Thurmbau und von der Völkerzerstreuung einen Ausdruck für die Thatsache gefunden, daß Babylonien der Ausgangspunct für ein weiteres Auseinandergehen einzelner semitischer Abzweigungen wurde; diese wendeten sich nach Syrien und Kleinasien, mit besonderem Erfolge für die Religionsentwickelung, deren emporführender Träger nur Einer jener Stämme, der jüdische, wurde, nach Palästina.

Ueber die älteste Religion der Araber dürfen wir kurz sein[25]. Sie zweigt sich nach unsrer Annahme über die semitischen Wanderungen unmittelbar aus der äthiopischen ab, und hiermit stimmt zusammen, daß nach Herodot die Araber ausschließlich zwei Götter verehrten, welche einander ergänzend gegenüberstehen und auch in ihrer nähern Bestimmung die einfachsten Züge der Bundesreligion zeigen. Es sind dies der männliche Gott Urotal und der weibliche Alilat oder Alitta. Der Name des ersteren bedeutet das Feuer oder das Licht Gottes, die Sonne, der des zweiten wahrscheinlich „die Göttin" schlechthin; diese „Göttin" wird von Herodot gleichgesetzt dem weiblichen Erd- oder Naturprincipe andrer semitischer Stämme, nach anderen Berichten und Anzeichen wurde zugleich als ihre himmlische Verkörperung der Mond angesehen. Ueberhaupt entwickelt sich in Arabien die semitische Religionsweise vorwiegend zum Zabismus, d. h. zur Vergöttlichung der Gestirne, wozu die Nothwendigkeit weiter Wüstenwanderungen einlud. Die weitere Fortbildung brachte auch hier

Vermanchfachung und Localisirung der Götter. Zunächst boten sich hierzu neben Sonne und Mond, welche als die alten alleinigen Götter allen Stämmen die gemeinsamen Hauptgötter blieben, die Planeten dar: noch bewahren unsre Planetennamen, nach der Uebersetzung in die griechisch-römische Mythologie, die alte Götterbedeutung, und die europäischen Namen der Wochentage die alte arabische Vertheilung der Gestirngötter auf diese Tage. Auf die Tage der Sonne und des Mondes folgt der des Mars (franz. mardi) als des ungünstigen Gestirns einer furchtbaren, zerstörenden Göttermacht; Mercur, der ägyptische Thoth, der Lehrer der Schrift, tritt vermittelnd in die Mitte der Siebenzahl (mercredi); das glückliche Gestirn des Jupiter folgt für den Donnerstag, jeudi, dies Jovis; der Freitag, vendredi, dies Veneris, gehört der Planetengöttin Venus, dem Gestirn der Liebe, der „Lautenschlägerin des Himmels", und der unheilvolle Saturn, der ägyptische Set-Typhon, schließt die Reihe (engl. saturday der Sonnabend). Und immer weiter ergreift der arabische Götterglaube die astrale Welt; Canopus, Sirius, die Hyaden und Plejaden treten noch besonders in hohen Rang, theils Glück verheißend, theils Verderben kündend. Der Unsterblichkeitsglaube bringt die göttliche Verehrung der abgeschiedenen Seelen hinzu, welche erst lange Zeit alle hundert Jahre zum Grabe des Verstorbenen, endlich aber zur Sonne zurückkehren.

Ein besonders merkwürdiges Element der altarabischen Religion, dem wir indessen von hier an, wenn auch minder hervortretend, bei allen semitischen Völkern begegnen werden, sind die heiligen Bäume und Steine. Sie treten hier an die Stelle der heiligen Thiere Aegyptens, wiewohl wir symbolische Thierbilder untergeordnet auch hier antreffen. Die Vereinigung des Himmelsprincips mit dem Erdprincipe wird angeschaut in der Einwohnung eines Gottes in einem besonders situirten und ins Auge fallenden Baume oder Felsen, dann in Steinen und Steinsäulen, die ausdrücklich in diesem Sinne aufgerichtet werden und durch Ornamentirung und Formung endlich in Götterbilder übergehen, deren Muhamed in Mekka allein 360, von welchen jeder Tag des Jahres das seinige hatte, zerstört haben soll. Aber den heiligsten dieser Steine, das altarabische Centralheiligthum, die Kaaba, mußte Muhamed schonender Anknüpfung wegen in seine Religion herübernehmen, und dieser Stein ist noch heute, eingemauert in eine Ecke des Tempels zu Mekka, das vornehmste Ziel der muhamedanischen Wallfahrten und ein geduldiger Mittelpunct mühseligster Ceremonien[26]. Die Vererbung dieses Baum- und Steincultus außerhalb Arabiens läßt sich bis in das Judenthum verfolgen[27], dessen früheste Gestalt überhaupt, wie mein nächster Vortrag zeigen soll, sich wenig über die Religionen der semitischen Nachbarstämme erhebt. Daß aber in jenem Baum- und Steincult nicht bloß Fetischismus, sondern in der That ein Ausdruck der Bundesidee zu erkennen ist, das zeigen uns die arabischen Mythen von menschlichen Heroen oder Göttersöhnen und Göttertöchtern, welche, im Leben als Ideale der Bundesidee gefeiert, als Verkörperungen des arabischen Gottmenschheitideals, zuletzt in Steine verwandelt sein sollten und so zu Gegenständen des Cultus wurden, wie Isaf und Naila, Wadd und Suva; umgekehrt heißen bisweilen auch heilige Steine oder Bäume von sich aus Gottessöhne, Gottestöchter.

Von Cultushandlungen erwähne ich nur als Züge, die allenthalben im Semitismus wiederkehren und mit einander verbunden auftreten, die blutigen Menschenopfer neben üppigen Festen der Freude. Das alte Arabien macht darin keine Ausnahme. Die Idee der Bundesreligion selbst bringt die Gefahr mit sich, bei der Einsetzung des irdischen Naturelements in göttlichen Rang zu tief ins Sinnliche hinabzugehen, und dann wieder eine Ausgleichung durch um so peinvollere Opfer zu suchen. Babylonien, Assyrien, Phönizien werden uns zeigen, wie der Semitismus in einzelnen seiner Stämme nur zu sehr dieser Gefahr erlegen ist. Aber andrerseits schließt die Bundesidee eine Tendenz ein zum Auseinanderhalten des Natürlichen und des Geistigen, des Irdischen und Himmlischen, die hier umsomehr in getrennter Zweiheit fixirt werden müssen, je mehr ihr Bund, eine Vermählung des Getrennten, ausdrücklich zum begehrenswerthen Ziel, zum Ideale des Strebens erklärt ist und in diesem Sinne gefeiert wird. Solches Auseinanderhalten wägt jene Gefahren durch den Vortheil auf, daß das Geistige, das Ueberirdische, sich vollständiger als anderwärts vom Natürlichen, Sinnlichen, reinigen kann. Wenn innerhalb der Bundesreligion die hierzu nöthigen Intelligenzbedingungen eintreten, sehen wir deshalb gerade hier den Begriff des Himmelsgottes sich entschiedener und sicherer, wie irgendwo, freimachen vom Sinnlichen, von Naturgewändern, von der Weise blinder Kraft und lebloser Ruhe, und die Gestalt des rein geistigen und zugleich von ethischem Willensgehalte erfüllten Bewußtseins für die Gottheit gewinnen. Dann mußte alsbald auch erkannt werden, daß nur diese geistig-sittliche Wesenheit Gott zu heißen verdient, während die Natur nur als Abgeleitetes, Abhängiges hinzukommt. So konnte gerade der Dualismus der Bundesreligion bei einem dazu begabten Volke sich zu einem reinen, ethischen Monotheismus läutern. Dies ist zuerst geschehen bei den Juden, in einem langsamen, das heidnisch-Semitische nur schrittweis abstreifenden Entwickelungsgange, geraume Zeit später bei den Arabern, bei welchen wir das Resultat solcher monotheistischer Fortbildung, den Islam, eine der vollendeten Frucht menschheitlicher Religionsentwickelung nachgefolgte Spätblüthe, noch heute in der Kürze betrachten wollen.

Schon vor Muhamed gab es in Arabien Bekenner eines schlichten Monotheismus[28], der verbunden war mit der Lehre von der Schöpfung aus Nichts und mit dem Glauben an

Auferstehung. Auch der Gottesname Allah, dessen Stamm, ursprünglich Stärke, Macht bedeutend, in den altarabischen Gottesnamen Urot-Al und Al-Ilat ebenfalls die Bezeichnung des Göttlichen vertritt, und im hebräischen El, Eloah, Elohim im gleichen Sinne wiederkehrt, ist bereits vor Muhamed in den Dienst des arabischen Monotheismus getreten. Wie diese höchste Religionsform des vorislamischen Arabiens, nach dem für sie gebräuchlichen Namen „Religion Ibrahims", d. h. Abrahams, zu schließen, sich unter jüdischem Einflusse entwickelt haben dürfte, so ist der Islam zugestandenermaßen an Judenthum und Christenthum angelehnt, und will die Fortbildung, die Reinigung und Erhöhung dessen sein, was durch die Reihe der unter dem Namen „Propheten" von den Muhamedanern aufgezählten Adam, Noah, Abraham, Moses und Jesus hindurch zuletzt an Muhamed als den einzig vollkommenen Propheten, den Propheten schlechthin, übergegangen.

Muhameds geschichtliche Persönlichkeit, sein Leben und die ersten Geschicke seiner Religion haben ein besonderes Interesse dadurch, daß sie die Vorgänge und geschichtlichen Bedingungen einer Religionsstiftung, sowie die nächsten sich anknüpfenden Folgen: Sagenbildung, Entstehung eines Kanons, Entstellung des Ursprünglichen, Vergötterung hervorragender Helden des neuen Glaubens, — in größerer historischer Helle zeigen, so daß die von hier aus zu ziehenden Analogieschlüsse für die Beurtheilung dunklerer, entlegenerer, aber innerlich verwandter Erscheinungen zu wesentlicher Unterstützung gereichen.

Muhamed, richtiger Muhammad, war als der Sohn mittelloser Aeltern im April 571 n. Chr. zu Mekka geboren. Sein physisches und psychisches Naturell zeigt die Doppelseitigkeit excentrischer sinnlicher Leidenschaft und einer ebenso excentrischen nervösen Erregbarkeit durch Anschauungen und innere Erlebnisse vom Uebersinnlichen. Er ist — so zu reden — eine hysterisch-religiöse Natur[29]: nach der einen Seite entlud sich dieses Naturell in epileptischen Zufällen, nach der andern in religiösen Verzückungen, Ekstasen, und Visionen von himmlischen Erscheinungen[29]. Verband sich hiermit ein tapferer, leidenschaftlich zu Thaten drängender und fanatisch erglühender Wille, so mußte dem gereiften Manne endlich der Entschluß entstehen, das innerlich Geschaute nach Außen zu tragen, nachdem es am Studium des Mosaismus und des Christenthums sich ihm gereinigt und geklärt hatte. In tiefem Schmerze über den Mangel religiöser Einheit seiner Nation, lebhaft ergriffen von der Wahrheit des Monotheismus, mit einem Herzen voll Mitgefühl und Humanität, verläßt er sein kaufmännisches Gewerbe und sammelt eine kleine Gemeinde von Verwandten und Freunden um seine Predigt, bis er es wagen kann, öffentlich im Tempel der Kaaba zu lehren. Die guten Anfänge werden jedoch bald innerlich wie äußerlich gefährdet. Nach dem Tode seiner Gattin Chadidja kommen die Schattenseiten in Muhameds Charakter zu einer übergreifenden Geltung, und die Anfeindungen, schon vorher von seinen speciellen Stammgenossen, den Koreischiten, ausgegangen, wachsen an Macht und Erfolg. In Medinah zeigt sich ein empfänglicherer Boden; die Gemeinde siedelt dorthin über, zuletzt auch Muhamed mit seinen nächsten Freunden, durch die bekannte Flucht, Hedjrah, vom Jahre 622. Jetzt proclamirt er den Krieg gegen die Ungläubigen als Gottes Gebot und erobert im Jahre 630 Mekka, wo er die Götzenbilder zertrümmert und die Kaaba der neuen Religion weiht. Als Herr von Arabien, residirend in Medinah, starb er daselbst im Juni 632.

Die Urkunde seiner Religionsverkündigung, der Koran, enthält seine eigenen verstreuten, bald kürzeren, bald längeren Mittheilungen, wie sie, von seinem Nachfolger in der zugleich geistlichen und weltlichen Herrschaft, dem ersten Khalifen Abubekr, gesammelt und zwei Jahre nach Muhameds Tode in Ein Buch vereinigt, endlich von dem dritten Khalifen, Othman, im J. 650 abschließend redigirt wurden. Dieses heilige Buch des Islam, dessen Urschrift nach späterem orthodoxen Glauben von Anbeginn im siebenten Himmel vorhanden gewesen, gilt natürlich, wie sein Verfasser, als unbedingtes Organ göttlicher Offenbarung. Es bestimmt den Glauben, es regelt das religiöse, sowie das sociale und politische Leben. Abweichend aber von den heiligen Büchern andrer Religionen steht es, der Zeit seiner Abfassung und kanonischen Abschließung gemäß, noch außerhalb des mythischen Processes, der auch hier die Person des Religionsstifters nachmals mit seinem Netze umspann. Der Koran ist in Folge dessen arm an biographischer, reicher nur an lehrhafter Gleichniß-Erzählung, überwiegend erfüllt mit Lehre und Mahnung, religiöser Betrachtung und Vorschrift, zu deren mythischer Ausmalung und symbolischer Unterstützung zu älteren Ueberlieferungen, vornehmlich jüdischen und christlichen, zurückgegriffen werden mußte. Die Gottessohnschaft, sowie die Verrichtung von Wundern, hören wir Muhamed sogar ausdrücklich von sich ablehnen [50], und für die trotzdem gar bald auch ihn üppig umwuchernde Wundersage bietet der Koran keine weiteren Anknüpfungspuncte als Berufungen Muhameds auf Verkehr mit Engeln und auf Offenbarungen durch Visionen.

Die Religionslehre des Islam ist auf der einen Seite durch eine sinnlich glühende Phantasie, auf der andern durch abstracten Verstand und nüchternes Gesetzeswesen bestimmt: Gegensätze, die sich hier ebenso zu verschmelzen suchen, wie in den heidnisch-semitischen Bundesreligionen die entgegengesetzten Gottheiten des Himmels und der Erde ihrer harmonischen Vereinigung zustreben. Nüchtern, verstandesmäßig thront Allah, der Eine, Unendliche, als Schöpfer und Regirer über der Welt, und trägt in seinem Bewußtsein in ewiger Vorausbestimmung die Schicksale, welche in der Creatur mit unabänderlicher Nothwendigkeit sich vollziehen müssen. Aber ihm zur Seite stellt die schauungslustige und Manchfaltigkeit liebende Phantasie eine reiche Anzahl von Engeln und Dämonen; auch Satan, unter dem Namen Iblis, fehlt nicht. Die peinlichste Gesetzesstrenge schreibt für alle irdischen Verrichtungen, vorzüglich aber für die religiösen Handlungen, Gebet, Fasten, Almosen, Wallfahrt, Reinigungen, Opfer, genau das Detail vor, vergißt auch die Kleidung und die Haltung des Körpers nicht, und überbietet sich in Auferlegung von Entsagungen, Ceremonien, quälenden und strapazzirenden Gebräuchen; die Phantasie hält sich schadlos im frohen Glauben an ein Paradies freier, üppiger Sinnlichkeit und schwelgender Liebe, in welches die Verstorbenen über jene Brücke eingehen, die, feiner als ein Haar, schärfer als ein Schwert, in den höllischen Abgrund nur die stürzen läßt, in welchen das Gottfeindliche überwiegt; aber auch diese werden endlich gerettet, wenn sie nur Ein Atom des wahren Glaubens in sich tragen. Wenn ein Bund zwischen den entgegengesetzten Factoren des Daseins leicht mäßigend, humanisirend wirkt, und auch deshalb die Bundesreligionen uns Hoffnung geben, auf ihrem Wege zuletzt das höchste Religionsziel zu erreichen, so finden wir auch hierfür Zeugniß genug im Islam. Denn mag diese Religion einerseits durch die unbeschränkteste Gestattung der Polygamie uns abstoßen, so wägt sie dies auf durch Milde und Menschenfreundlichkeit in ihren Vorschriften über die Behandlung der Sclaven, in ihrer Sorge für die Armen, und in mancherlei billiger und sicherstellender Rücksichtnahme auf die Frauen. Damit indessen auch hier das schroffe Nebeneinander des Widersprechendsten nicht fehle, gedenken wir der fanatischen Leidenschaft des Kriegs gegen die Ungläubigen, der dem strengen Moslem als Religionspflicht gilt.

Lassen Sie mich nicht verweilen bei den Verunstaltungen, Veräußerlichungen, abergläubischen Ausspinnungen, welche auch hier dem Sinne des Stifters entgegen im Fortgange der Geschichte seiner Religion je länger je mehr sich in den Vordergrund drängten und das Alte, Aechte überkleideten. Besonders gehören hierher der Heiligencult, die Reliquienverehrung, Mönchs- und Klosterwesen, grausame Bußgebräuche[31]. Dieser Proceß der Entartung geht Hand in Hand mit der Ausbreitung des Islam über verschiedene und häufig sehr tiefstehende Völker, Hand in Hand in Folge dessen zugleich mit einem immer noch fortschreitenden Zerfalle in Secten, der in manchen Theilen des muhamedanischen Religionsgebietes schon jetzt den Anblick einer völligen Auflösung darbietet. Die älteste und hauptsächlichste Spaltung, welche dieses Gebiet noch heute in zwei Haupttheile trennt, nahm ihren Anfang mit der Ermordung Alis, des vierten Khalifen, im Jahre 660, und mit dem hierdurch herbeigeführten Uebergange des Khalifats an die dem Islam von Haus aus feindlich gesinnte Dynastie der Omeijaden. Die Anhänger Alis, Abtrünnige, Schiiten, genannt, hielten auch ferner dessen Nachkommen für die einzig berechtigten Khalifen. Die Kluft erweiterte sich durch dogmatische Spaltungen. Die Schiiten verwerfen den Fatalismus zu Gunsten der menschlichen Willensfreiheit; sie behaupten die vollkommene Sündlosigkeit der Propheten und vergöttern diese nebst den Khalifen in einer Weise, die vielfach an bekannte Gottessohnschaftsmythen erinnert; sie verwerfen die Sunna, d. i. eine Sammlung von Erinnerungen an Muhamed, von Sagen und Lehren, angeblich auf ächter Tradition ruhend, abschließend redigirt um die Mitte des 9. Jahrhunderts. Diese Sunna gilt den Gegnern der Schiiten, den Sunniten, neben dem Koran als kanonisch. Schiiten sind die Moslemen Persiens und des östlicheren Asiens; die westlicheren sind Sunniten, so die Muhamedaner des türkischen Reichs und Afrikas. Viele Beduinenstämme bekennen noch heute die Sonnenreligion ihrer vorislamischen Väter oder die Religion Ibrahims.

Wir folgen in unsrer nächsten Zusammenkunft der östlichen Abzweigung des semitischen Stamms von Arabien weiter nach Babylonien, Assyrien, Syrien, zuletzt nach Palästina, wo die ursemitische religiöse Bundesidee im Judenthume endlich gleichsam das Strombett fand, in welchem eine stete und sichere Fortbewegung im Sinne dieser Idee an das ersehnte letzte Ziel heranführte.

Sechster Vortrag.

Der semitischen Völker andere Hälfte. Babylonier. Assyrer. Phönizier. Kanaanäer. Juden.

Vom äthiopischen Hochlande aus, dem gemeinsamen Stammsitze aller semitischen Völker, trennten sich die beiden großen Zweige, von welchen der erste namentlich über Aegypten sich ausbreitete, während der andere zuerst Arabien bevölkerte. Das nächste Stadium auf der Wanderung dieses zweiten, des ostsemitischen Zweigs, ist das Land zwischen Euphrat und Tigris, das Land Sinear oder Mesopotamien, nach seiner uralten Metropole und als der Ausgangspunct einer großen politischen Reichsgründung Babylonien genannt. Das jüdische Volk, das von hier aus sich abschied, dessen unmittelbare Vorzeit also die der ungetrennten Einheit mit anderen semitischen Stämmen im babylonischen Reiche ist, hatte von dieser Zeit nothwendig bereits hellere Erinnerungen in seine Sagen verarbeitet als von der Zeit des früheren, arabischen Aufenthalts. Dieser letztere hatte nur einige Züge geliefert zu der im Uebrigen mythologisch zurechtgemachten Geographie des Gartens Eden [1], und seine wirkliche Geschichte ward aufgelöst in eine religiös bedeutsame Allegorie vom Paradiese der ersten Menschen und ihrer Austreibung aus demselben. Die nächste geographische Angabe der Bibel über die Wohnsitze der Nachkommen Adams — nachdem Kains Spur im unbestimmten Osten verloren gegangen — führt uns an den Euphrat und Tigris; denn an den Quellen des Euphrat, auf dem Gebirge Ararat, entsteigt Noah mit den Seinen der Arche, und die Stadt **Babel**, **Babylon**, ist es, von welcher aus die Noachiten, nachdem ihre Sprachen verwirrt worden, sich in alle Länder der Erde zerstreuten. Wir erkennen hierin die Erinnerung daran, daß Babylonien in der That der Zerstreuungspunct wurde für die nach dem Ausscheiden der Arabier noch ungetrennt gebliebenen ostsemitischen Stämme. Erst durch die Trennung entfernten sich ihre Sprachen von einander, doch niemals weiter als bis zur Verschiedenheit von Mundarten; viel weiter und tiefer war die Kluft, die sich im Laufe der Zeiten zwischen ihren Religionen öffnete. Ja es scheint, als seien religiöse Scheidungen die Ursache der Zerstreuung gewesen. Ist es doch der Bau eines Tempels, bei welchem die hebräische Sage das gegenseitige Nichtverstehen und die Spaltung beginnen läßt. Der Thurm, dessen Spitze gen Himmel reichen sollte, wird auf Keilinschriften Nebukadnezars als das unterbrochene Werk eines Königs der grauen Vorzeit erwähnt, und dem entsprechend beschrieben, wie Herodot den Tempel des Gottes Bel beschreibt, den er selbst in Babylon sah, und dessen Trümmer noch heute vorhanden sind[2]. Acht Thürme erhoben sich pyramidal über einander; ein gewundener Aufstieg führte an der Außenseite empor bis zum Plateau, auf dem eine Capelle mit einem goldenen Tische und einem kostbaren Ruhebett dem geheimen Gottesdienste bestimmt war, den eine heilige Jungfrau als die Vermählte des Sonnengottes **Bel** verwaltete. Die Inschrift Nebukadnezars nennt diesen Tempel den der sieben Lichter der Erde. Wir haben also anzunehmen, daß die Achtzahl der Thürme nicht zufällig war, sondern jene astronomische

Achtzahl hier wiederkehrt, die wir bereits in Aegypten, sodann bei den Arabern gewannen, wenn den vergötterten sieben Hauptgestirnen die Erde als das achte Glied des Ganzen hinzugefügt ward. Lösen wir dieses Göttersystem auf nach dem Dualismus der Bundesreligion, der hier, mit dem Sterndienst verbunden, genau die altarabische Religion wiederholt[3], so erhalten wir auf der einen Seite Bel als das Himmels- und Sonnenprincip, den männlichen Herrscher und Zeuger, als Herr der himmlischen Heerschaaren umgeben von den Planetengöttern und untergeordneten Gestirnwesen, auf der anderen als das irdische Naturprincip, astral zugleich im Monde angeschaut, die Göttin **Mylitta** oder **Beltis**, auch **Thalatth** (wohl gleich dem arabischen Namen Alilat) geheißen[4]. Die Mythologie der Bundesreligion vervollständigt sich durch die Repräsentationen des Bundesideales selbst, d. h. jener auch hier ersehnten Vermählung des Himmlischen und Irdischen. Repräsentant dieses Ideals war jedesfalls **Thammuz**, der Sommergott, dessen Tod nach der Sommersonnenwende mit lauter Wehklage betrauert ward, wie der des Osiris in Aegypten, und auch, wie dieser, zugleich empfunden ward als Symbol des irdischen Verlustes jenes Ideals vollendeter Harmonie, das nur ein künftiges Leben wiederbringen wird[5]. Deutlicher noch zeigt sich die Culturbeziehung in dem Gottmenschen **Dannes**, der, zweiköpfig und zur Hälfte in Fischgestalt einst aus dem persischen Meere emporgetaucht, der babylonischen Sage als Lehrer des Ackerbaus, des Häuserbaus, des Staatslebens, aller Wissenschaften und Künste, und als Ueberbringer der heiligen, kanonischen Schriften galt[6]. Und so zeigt sich der Bundesgedanke noch mehrfach: in dem Glauben an die Einkehr göttlicher Kräfte in Bäume und Steine, wie bei den Arabern; in der häufigen mythologischen Verwendung von Mischgestalten, mannweiblichen oder thiermenschlichen; in der Schöpfungssage, nach welcher die Welt im Zusammenwirken des Sonnengottes und der im Chaos waltenden göttlichen Allmutter entsteht; endlich in Eigenthümlichkeiten des Cultus, welche darauf hinweisen, daß die Verbindung der Geschlechter als Symbol des höchsten Götterbundes gefeiert wurde[7].

Die weitere Entwickelung der babylonischen Religion fällt mit der der assyrischen zusammen. Denn das Reich Assur, das sich nach der Bibel von dem babylonischen Nimrodreiche abzweigte[8], die benachbarten Gebiete nach Nordosten zu bedeckend, nimmt bald das babylonische Gebiet in sich auf, das sich erst spät wieder losriß und dann seinerseits, unter Nebukadnezar, das assyrische verschlang. Eigenthümlich assyrisch erscheinen nur andere Namen für dieselben Göttergestalten, die wir als babylonische kennen lernten, und Einzelheiten der symbolischen Bildnerei und des Cultusgebrauchs; die gemeinschaftliche Weiterentwickelung dagegen zeigt hier, wie so häufig, eine fortschreitende Vermanchfachung des ursprünglich Einfachen und die damit verbundene Localisirung der entstandenen Vielgötter. Nur Einen Zug lassen Sie mich hervorheben, der vom assyrisch-babylonischen Reiche aus auf die kleineren semitischen Stämme sich übertrug, welche gleich den Juden ihren Weg von da nach Westen nahmen und vorwiegend das Küstenland des mittelländischen Meeres im Norden Palästinas besiedelten. Ich meine die systematisch durchgeführte Durchschneidung der ursprünglichen Götterzweiheit mit dem Gegensatze des guten und des bösen Princips, den wir in Persien herrschend fanden, und der in Assyrien vielleicht in Folge der Nachbarschaft und des Eindringens des Perso-Arischen in das Semitische zum wesentlichen Gliede dieser semitischen Religion ward. Indessen war der Grund dazu schon in der Unterscheidung günstiger und ungünstiger Gestirne gelegt, die sich von Arabien her auch dem babylonischen Zabismus einverleibt hatte. Jetzt, in Assyrien, sehen wir den Sonnengott sich spalten in den fruchtbringenden, productiven, licht- und segenspendenden auf der einen, den furchtbaren, versengenden, zerstörenden, kriegerischen auf der andern Seite, und die weibliche Naturgottheit sich verdoppeln im gleichen Sinne; während das feindliche, negative Götterpaar durch blutige Opfer und Selbstpeinigungen gesühnt werden muß, gelten dem positiven, dem freudebringenden, ausschweifende Feste der Lust[9].

Von Mesopotamien aus westwärts bis an das Mittelmeer vorgedrungene und zugleich die durchwanderten Strecken besetzende semitische Stämme sind es, welche das Alterthum unter dem gemeinsamen Namen Syrer zusammenzufassen pflegt. Es sind ihrer nicht wenige; die Zersplitterung, die Vereinzelung ging seit der babylonischen Trennung unaufhaltsam weiter. Den gleichen Proceß scheinen andre Semitenzweige durchlebt zu haben, welche sich mehr nordwärts, nach Kleinasien wendeten, bis an den Pontus und den Kaukasus vordrangen, und westwärts nicht allein bis Troja, sondern noch über das Meer bis Samothrake und Thracien die wesentlichsten Elemente ihres Glaubens und Cultus trugen[10]. Die Grundzüge des heidnischen Semitismus blieben jedoch allenthalben sich gleich; wir würden daher, wollten wir all den kleinen abgesonderten Stämmen nachgehen — den jüdischen natürlich ausgenommen —, im Wesentlichen immer das Gleiche nur unter verschiedenen Namen finden[11]. Begnügen wir uns deshalb an dem bekanntesten und berühmtesten Culturträger unter diesen heidnisch-syrischen Stämmen, dem unmittelbaren Nachbar des jüdischen, dem Volke der Phönizier, welche ihrerseits wieder ihre Absenker in Philistäa, auf Cypern, auf Kreta, auf Sicilien und Sardinien[12] und im nördlichen Afrika pflanzten.

Die Wanderlust, die ihr folgende Zersplitterung, die Gründung einzelner unabhängiger Städte unter besonderen Königen, verursacht bei den Phöniziern eine beschleunigte Localisirung ihrer Religion. Jeder hervorragende Ort verehrt die Stammesgottheiten unter besonderen Namen, und das Bewußtsein, daß es dennoch überall dieselben sind, scheint erloschen. Für uns ist dieses Bewußtsein leicht zu gewinnen. Denn wir erkennen allenthalben die semitische Bundeszweiheit wieder, und zwar mit der in Assyrien begonnenen Durchkreuzung und Zerschneidung durch den Gegensatz des positiven und des negativen Elements. Halten wir uns an die bekanntesten Benennungen, so ist zunächst das Himmelsprincip vertreten auf positiver Seite durch Baal, d. h. Herr, den Sonnengott, den Bel Babylons, auf negativer durch Moloch, d. h. König, den verzehrenden Feuergott. Baal hat Altäre auf Berghöhen; das ist der Höhencult, dem auch das jüdische Volk mit vielen seiner Könige so oft und so dauernd gefröhnt hat. Auch Steinsäulen sind dem Baal heilig, die sich später zu Bildsäulen verfeinerten oder mit Tempeln überbaut wurden: so die Säulen von Gold und Edelsteinen in dem prunkvollen Tempel zu Baalbek und das den phönizischen Mustern nachgebildete Säulenpaar Jakin und Boas im Tempel Salomos. Moloch empfängt seine grauenvollen Brandopfer von lebenden Kindern, oder auch Jünglingen und Männern, Königen und Königssöhnen, in abgelegenen Thälern. Das weibliche Erdprincip ist vertreten auf positiver Seite, also correspondirend dem Baal, durch Aschera, die fruchtbringende Erdmutter und zugleich Mondgöttin, die Wiederholung der assyrischen Derketo, der babylonischen Mylitta, der arabischen Alilat, der ägyptischen Neith-Isis; auf negativer Seite steht neben ihr die stolze Himmelskönigin Astarte, auch Aschthoreth oder Aschtharoth, das weibliche Pendant Molochs. Aschera, die Frühlings- und Liebesgöttin, ward auf Hügeln und in Hainen verehrt in fröhlichen und sinnlichen Culten; ihre Priesterinnen wohnten in den sogenannten „Töchterhäusern", deren das Alte Testament als heidnischer Greuel gedenkt [13], neben den Tempeln. Astarte erhält Menschenopfer wie Moloch; ihre Priester verstümmeln und geißeln sich in ihrem Dienste und machen sich zum Symbole der Bundesidee, indem sie durch Entmannung und durch Frauenkleider ihr Sein und Erscheinen dem weiblichen annähern.

Von besonderem Interesse muß uns die Gestalt sein, welche bei den Phöniziern die Bundesgottheit annimmt, die das Himmels- und das Erdprincip verknüpfende Gestalt des Sonnensohns, zugleich der mythologische Typus des erstrebten Culturideals, in specifisch phönizischer Ausprägung. Was wir im babylonischen Thammuz, schon im ägyptischen Horus fanden, dasselbe ist zu Tyrus Melkarth, der sogenannte phönizische Herakles, zu Byblos aber Adonis, dessen Fest später bei den Griechen so heimisch und wegen seiner poetischen und ergreifenden Züge so beliebt wurde[14]. Der Mythus ist auch hier zunächst an das Gehen und Kommen der Sonne geknüpft; die schwindende Sonne des Winters ist der getödtete, die wiederkommende Sonne des Frühlings der wiederauflebende Melkarth oder Adonis. Sein Tod wird durch ein Klagefest mit Zerreißen der Kleider und Selbstgeißelung begangen; seine Auferstehung mit wilden Orgien der Lust. Aber wie Thammuz, wie Horus, so wird auch der heroische Melkarth und der schöne Jüngling Adonis zugleich als eine gottmenschliche Idealgestalt verehrt, in welcher die religiöse Phantasie das ersehnte Ziel der das Himmlische und Irdische verknüpfenden Lebensharmonie, das Bundesideal, anschaut, den Verlust, die Unerreichbarkeit dieses Ideals im Menschenleben immer von Neuem betrauert, seine Ankunft, seine Annäherung, sein hoffnunggebendes Wirken in der sehnenden Menschenseele immer wieder mit Frohlocken begrüßt[15].

Der Bund ist gesucht, aber nicht geschlossen: mit diesen Worten glauben wir die heidnisch-semitischen Religionen im Allgemeinen charakterisiren zu können, und auch vom Islam, in welchem die Gegensätze noch unversöhnt genug auseinanderklafften, gilt das Entsprechende. Das Band zwischen Himmel und Erde scheint bisweilen in fester und edler Weise geknüpft;

doch es zerreißt wieder, wie besonders die kleineren von Babylonien ausgegangenen Stämme zeigen, durch ein Uebermaß der Ansprüche auf der sinnlichen Seite, und zerreißt immer von Neuem, nachdem es irgendwie zu beglückender Lust geknüpft ist; die Lust hat keinen soliden Grund; sie ist ein Rausch der Leidenschaft. Der Bund kann erst wahrhaft geschlossen werden, wenn das himmlische Princip als geistig-sittliches viel entschiedener zum herrschenden Factor wird, so daß dem irdischen Naturelement nur noch dankbar der Stoff der Lebensgüter zu entnehmen ist, welche mit frommem und keuschem Sinne und mit Vertiefung des Geistes in göttliches Denken und Empfinden genossen und erarbeitet sein wollen. Diese Reinigung und Erhöhung der Bundesidee wird dann nicht mehr die Vergöttlichung des Erdenelements zulassen; sie wird den dann alleinigen Himmelsgott von der verunreinigenden und herabziehenden Allegorie einer Vermählung mit der Naturgöttin wieder befreien. Bei solcher Ausschließlichkeit und Strenge wird hier viel eher der Himmelsgott an Zügen von Furchtbarkeit und tyrannischer Herrschaft leiden. Wenn er diese aber allmählich verliert, wenn er fortschreitend vom grausamen Tyrannen zum harten und strengen Gesetzgeber, endlich zum freundlich-milden Vatergotte wird: so sind hierin die Stadien derjenigen Entwickelung zurückgelegt, welche durch rechte Fortbildung der semitischen Bundesidee zur vollendeten Religion führen mußte. Es ist die Entwickelung, die wir nunmehr in der Religionsgeschichte des jüdischen Volks in ihren Hauptzügen verfolgen wollen, die Entwickelung, welche ein Prophet dieses Volks, der auf die verlassenen niederen Stufen bereits von höherem Orte herabsehen durfte, in der herrlichen Gleichnißerzählung schilderte: „Jehovah ging vorüber, und ein großer und starker Wind, Berge zerreißend und Felsen zerschmetternd, vor Jehovah her; nicht in dem Winde war Jehovah. Und nach dem Winde ein Erdbeben; nicht in dem Erdbeben war

Jehovah. Und nach dem Erdbeben Feuer; nicht in dem Feuer war Jehovah. Und nach dem Feuer der Ton eines leisen Wehens." In diesem war Gott und aus ihm sprach Gottes Stimme zum Propheten[16].

In der Geschichte des Auszugs Abrahams aus Mesopotamien ist uns die Abzweigung des jüdischen Stamms aus der großen babylonischen Einheit erzählt. Vorher sind die Juden Babylonier und ihre Religion ist die babylonische. Von Abrahams Vater Therah heißt es ausdrücklich, daß er „anderen Göttern", nicht dem Jehovah diente (Josua 24, 2), und die zurückbleibenden Verwandten und Stammgenossen hatten Götzenbilder, wie Rahel sie dem Laban stahl und mit sich fortnahm, Jakob aber unter einer Eiche bei Sichem vergrub (1. Mosis 35). Auch Lot erscheint neben Abraham als Heide: er wird nur um Abrahams willen als Gerechter verschont; er gibt nach Art der Babylonier seine Töchter preis; die Versteinerung seines Weibes erinnert an arabische Steinmythen[17]: so ist wahrscheinlich Lots Trennung von Abraham eine neue kleine Stammesscheidung, wie die größere babylonische im tiefsten Grunde religiös motivirt.

Indessen ist Abrahams Stamm zunächst nur durch jene Zurückdrängung des sinnlichen Elements ausgezeichnet, durch jene Erhebung des geistigen Himmelsgottes zum wahrhaften, alleinigen Herrn. Dieser „Herr", an die Stelle des babylonischen Bel tretend, hat auch in der ältesten jüdischen Religionsform den furchtbaren Charakter des phönizischen Baal-Moloch, theilt dessen nahe Beziehung zum Feuer als dem verzehrenden Elemente, bewahrt den babylonischen Zusammenhang mit den untergeordneten Gestirngöttern, mit welchen in Eins zusammengefaßt die Gottheit der Juden noch lange Zeit die pluralische Bezeichnung Elohim duldete und die bekannten pluralischen Wendungen zuließ, wie 1. Mosis 1, 26: „Lasset uns Menschen machen, ein Bild, das uns gleich sei", und daselbst 3, 22: „siehe, Adam ist worden, wie Einer von uns“; — Reste des früheren Polytheismus, welche dann auch in den späteren gereinigten, mosaischen Monotheismus harmlos übergingen.

Der eigentliche Name des ältesten jüdischen Gottes, des unmittelbaren Nachkommen des babylonischen Bel, war El-Schaddai, d. h. der starke Treffer, Vernichter. Mit diesem Namen tritt er urkundlich bei feierlichen Acten auf, bei Bundschlüssen mit den Erzvätern, bei segnenden Verheißungen, und im 2. Buch Mosis 6, 2 f. spricht Elohim zu Mose: „Ich bin Jehovah; ich erschien dem Abraham, Isaak und Jakob im El-Schaddai und der Name Jehovah war ihnen unbekannt.“ Dem entsprechend wird der Name Jehovah in der ersten Verkündigung an Moses, 2. Mosis 3, 14 ff., als ein neuer eingesetzt und als ein fremder durch einen etymologischen Erklärungsversuch aus dem Worte ehjéh „ich werde sein“ dem hebräischen Denken angenähert. Wir gewinnen hierdurch zugleich die bestimmte Zeitgrenze des Glaubens an El-Schaddai und seines Cultus: El-Schaddai ist der Gott der Erzväter, der vormosaische Gott der Juden; der bei weitem reinere, geistigere, und der alten molochistischen Furchtbarkeit entkleidete Jehovah ist der Gott des Moses, dessen Religionsverkündigung und politische Auffassung der jüdischen Nation zur Wiedergewinnung der palästinensischen Heimath eine große, epochemachende That also auch im religiös-reformatorischen Sinne war, eine That religiöser Vertiefung, Vergeistigung, Versittlichung, durch welche das mosaische Judenthum über das vormosaische etwa eben so hoch erhoben wurde, wie der Parsismus durch Zordaster über die alt-arische Religion, oder wie das Christenthum durch den protestantischen Humanismus über die Barbareien und den Aberglauben des Mittelalters. Es ist nöthig, daß die bezeichnete Verwandtschaft der jüdischen Erzväter-Religion, des Schaddai-Cults, mit dem heidnischen Semitismus, soweit es unsre Zeit gestattet, urkundlich belegt werde.

Zunächst weist der Name El-Schaddai auf entsprechende Gottheiten jener Kanaanäer hin, welche, dem westsemetischen Zweige angehörig, von den Juden in Palästina vorgefunden wurden. Unter diesen Kanaanäern begegnen wir dem Gotte El, d. h., wie das arabische Allah, Stärke, Kraft, je bei den verschiedenen Stämmen durch einen Beinamen von dem El der anderen unterschieden[18], wie dies ebenso unter den syrischen Stämmen durch Beinamen des Baal zu geschehen pflegte. Am bekanntesten ist El-Eljon, d. h. der hohe, erhabene Gott, zu welchem jener königliche Priester Melchisedek betete, der sich dem Abraham sogleich im Anfange seines Einzugs huldigend unterwarf. El-Schaddai, der Gott Abrahams, ist eben auch ein solcher Stammesgott El mit einem unterscheidenden Beinamen, dessen Bedeutung wir bereits kennen gelernt. Mit diesem Namen stimmt überein die Bezeichnung Pachad, Furcht, welche für denselben Gott mehrmals gebraucht ist[19].

Aber nicht nur der Name enthüllt uns das Wesen dieses Gottes. Wir lesen dasselbe deutlich genug, wie aus einer von späterer Schrift überdeckten alten Urkunde, aus den Büchern des Alten Testaments noch vielfach, wenn wir im Auge behalten, daß diese Bücher im Dienste des Mosaismus, des späteren, edleren Jehovahglaubens geschrieben waren, also möglichst bedeckten oder zurückdrängten, was an die frühere, rohere Religion erinnern konnte. Haben trotz solchen Bemühens sichtliche Spuren eines molochartigen altjüdischen Cultus in diese Bücher sich eingegraben, so müssen wir denselben doppelte Beachtung schenken. Und wenn selbst nach Moses noch die Religion und Gottesanschauung der Juden Härten, Barbarismen zeigt, welche dem geistigeren und humaneren Jehovahglauben schroff entgegenstehen, so dürfen wir annehmen, daß dies Reste waren der noch nicht vom Jehovismus überwundenen alten Volksreligion, welche durch die That des Einen Moses sich nicht sogleich bannen und tilgen ließ. Wir erkennen dann, daß die Schilderung der jehovahgläubigen Erzväterzeit, wie wir sie im ersten der nach Moses benannten Bücher lesen, wenig mehr denn ein ideales Gedicht ist, zusammengewoben aus älteren und neueren Stücken, aus allgemeinen Zügen geschichtlicher Erinnerung, aus den Sagen des Volks und aus sinnigen Allegorieen, aufgestellt als das zur Nacheiferung lockende Musterbild einer goldenen Zeit fester Frömmigkeit, welche niemals war. Wir finden dann ferner begreiflich, daß die Erzählungen aus der Richterzeit, der Zeit, in welcher der Jehovahglaube noch neu war, noch am stärksten an heidnischen Semitismus und an einen grausamen, molochartigen Gott gemahnen: ich erinnere nur an die Opferung der Tochter des jehovahgläubigen Jephtha; und wir erstaunen nicht mehr darüber, daß, nach einigen Erfolgen des Jehovismus durch die Prophetenschulen unter den ersten Königen, schon Salomo völlig wieder in phönizische Culte zurückfällt, daß Jerobeam im Zehnstämmereich den Baalsdienst zur Staatsreligion erhob und keiner seiner Nachfolger zum ächten Jehovahdienste zurücklenkte, daß im Zweistämmereich Juda eigentlich nur die zwei Könige Hiskia und Josia auf kurze Zeit den Jehovahcult zur Wirklichkeit machten, während alle übrige Zeit erfüllt war mit einem Religionsleben in phönizisch-babylonischen Culten in aller ihrer üppigen Sinnlichkeit und grausamen Furchtbarkeit. Vor Allem waren in dieser Zeit die dem Moloch gebrachten Kindesopfer im Schwange, und auch Könige ließen ihre Söhne, wie es heißt, „durchs Feuer gehen“. Von Josia wird ausdrücklich berichtet (2. Kön. 23, 22), daß er zum ersten Male wieder — erst wenige Jahrzehnte vor dem Untergange Juda's, des letzten Ueberrestes des alten Reichs — das ächte jüdische Passah habe feiern lassen, wie dasselbe seit der Richterzeit weder in Israel noch in Juda war begangen worden.

Wir werden insbesondere den sogenannten „Abfall“ des jüdischen Volks zum Molochcult nur verstehen, wenn wir ihn als Rückfall auffassen zu der Religion des furchtbaren Gottes der Erzväter, des El-Schaddai. Ein Volk, in welchem von Haus aus nur ein humaner Jehovahcult heimisch gewesen und mit dessen Natur Wahn und Greuel des Molochismus nicht von vornherein verwachsen waren, würde niemals zur cultischen Verbrennung lebender Kinder übergegangen sein. Auch unterstützt uns ein merkwürdiges Wort des Propheten Hesekiel (20, 18 ff.), worin er die Juden an den einstigen Götzendienst in der Wüste während des Auszugs aus Aegypten erinnert und schon diesen Götzendienst ausdrücklich als einen Rückfall zu den Götzen der Väter bezeichnet. Zu diesem früheren, heidnischen Culte der Juden rechnet der Prophet (Vers 25 f. 30 f.) auch die Darbringung aller Erstgeburt, auch der menschlichen, die Tödtung derselben zum Opfer für Jehovah, also einen klaren, entschiedenen Molochdienst, der sogar als eine Anordnung Jehovahs selbst erscheint, welche derselbe später zurückgenommen. Erst Moses hat ausdrücklich angeordnet, daß die menschliche Erstgeburt abgelöst werde; es heißt 2. Mosis 13, 12 f.: „Du sollst aussondern dem Jehovah Alles, was die Mutter bricht, und die Erstgeburt unter dem Vieh, das ein Männlein ist; die Erstgeburt vom Esel sollst du lösen mit einem Schaf; wenn du sie nicht lösest, brich ihr das Genick; aber alle Erstgeburt vom Menschen sollst du lösen."

Von hier aus fällt ein scharf erhellendes Licht auf die Erzählung vom Isaakopfer Abrahams. Wir erkennen darin die mythisch verhüllte Erzählung von der Ablösung des molochistischen Kindesopfers, welches El-Schaddai noch forderte, durch das Thieropfer, welches der Jehovahglaube an die Stelle setzte. Die Tendenz des Dichters verlegte diese Veränderung in die ideale Erzväterzeit hinauf und beschrieb sie als Aufhebung eines ächten Gottesgebots; aber bedeutsam genug hat er den Gott, der das blutige Opfer forderte, Elohim genannt, den Gott aber, der das Thieropfer dafür eintreten ließ, Jehovah[20].

Wir haben schon früher in diesem Sinne diese Erzählung angeführt als Parallele der Erzählung vom Opfer Agamemnons bei den Griechen, vom Opfer Sunasephas bei den Indern, von der Opferung des Herakles-Heruer bei den Aegyptern. Ich kann mich hierbei der Bemerkung nicht erwehren, daß ich es räthselhaft finde, wie christliche Theologen es über ihr Herz bringen, jene Erzählung als buchstäbliche Wahrheit zu nehmen und Abraham dafür zu loben, daß er Gott gehorcht und sein Opfermesser auf die Brust seines Sohnes gezückt habe. Welcher Christ würde nicht, wenn ihm ein solches Opfer als Gottesgebot entgegenkäme, mit Entrüstung und Abscheu von einem solchen Gotte sich abwenden und fest überzeugt sein, daß dies der wahre Gott nicht sein könne? Und wäre wohl jene grausame Probe, jenes schaudervolle, frivole Spiel mit dem Vaterherzen, des Gottes würdig, den wir Christen glauben? Aber manche unsrer Zeitgenossen lassen lieber ihren christlichen Gott sich trüben und verunreinigen, als daß sie nur einen Buchstaben der Bibel, wenn auch nur des Alten Testamentes, für Mythus nehmen wollen. Ist nicht hier die mythische Deutung religiöser als die buchstäbliche? Die buchstäbliche nöthigt uns zu einem barbarischen Gottesglauben; die mythische sagt uns, daß der Erzähler lehren wollen, Jehovah sei nicht dieser barbarische Gott, wie einst Elohim oder El-Schaddai.

Wir suchen uns das Bild dieses Gottes der Erzväter und seines Dienstes aus den vorhandenen Spuren noch weiter zu vervollständigen. Daß die sinnliche Erscheinung dieses Gottes vorwiegend im Feuer gesehen ward, ist bereits angedeutet. Wenn er den Erzvätern erschienen ist, so „fährt er auf“ einer Flamme gleich[21]; er heißt „ein verzehrendes Feuer“; er straft durch Feuer, er spricht aus Feuer. Noch der Jehovah des Moses erscheint im feurigen Busche, und in Donner, Blitz und erschütterndem Aufruhr aller Elemente der Natur auf Sinai, ganz entgegen dem linden Wehen, in welchem später Elias allein den wahren Gott erkannte. Der Gott des Moses ist darum nur seinen Erwählten nahbar; dem Volke verbietet er, auch nur das Ende des Berges Sinai zu berühren, und „wer den Berg berühret, soll getödtet werden; keine Hand soll ihn berühren, sondern gesteinigt oder erschossen soll werden, es sei Mensch oder Vieh, es darf nicht leben" (2. Mos. 19, 12 f.). Auch eine Beziehung zur Sonne hat sich noch bei Jehovah erhalten, wo dieser zu Moses spricht 4. Mos. 25, 4: „nimm alle Obersten des Volkes und henke sie auf für Jehovah vor der Sonne, auf daß sich wende die Zorngluth Jehovahs von Israel."

Eng zusammenhängend mit der Erscheinung des alten Judengottes im Feuer und in der Sonne ist seine Beziehung zu den übrigen Gestirnen; er ist noch in ähnlichem Sinne, wie der babylonische Bel, Herr der Heerschaaren, Gott Zebaoth, d. i. der Gestirne als seiner Untergötter, zu welchen er sagt: „lasset uns Menschen machen" und „Adam ist worden wie Einer von uns", sowie im Zorn über den Bau zu Babel (Gen. 11, 7): „lasset uns niedersteigen und die Sprachen verwirren." Diese Gestirngötter sind jedesfalls die Gottessöhne, von welchen ein alter hebräischer Mythus erzählt, daß sie mit Menschentöchtern ein frevles Geschlecht von Riesen und Gewaltigen erzeugten, das die Verderbniß der Menschen einleitete und dadurch die große Fluth heraufbeschwor (1. Mos. 6). Allgemach werden die Gestirngötter durch den fortschreitenden Monotheismus zu Gottesboten, Engeln, herabgesetzt, deren Herkunft aus der Anschauung des Sternenhimmels aber niemals sich gänzlich verwischt hat[22].

Wenn wir aufmerksam suchen, entdecken wir auch den altjüdischen Sonnensohn oder Bundesgott, der hier an der Stelle des phönizischen Melkarth-Adonis, des babylonischen Thammuz gestanden hat, welche der Grieche im Herakles wiederfand. Er ist erhalten, wenn auch verunstaltet und herabgedrückt, im Simson, dem jüdischen Herakles. Die zwölf Arbeiten des entsprechenden griechischen Mythus gehen bekanntlich auf Beziehungen und Wirkungen der Sonne im Verhältniß zur Erde zurück und verdanken ihre Zwölfzahl dem Sonnenjahre; so ist auch in den Kraftstreichen Simsons noch hier und da der alte Sonnenmythus, ins Epische und Anekdotenhafte umgesetzt, sichtbar: in den Füchsen, welche die Ernte verbrennen, in den an seinem Körper wie am Feuer schmelzenden Banden; sein Name Schimschon heißt überdies auf deutsch „die kleine Sonne", und in Delilah, die ihn schwächt durch Abschneiden seines Hauptbaars, erkennen wir die Nacht oder die winterliche Jahreszeit, welche die Kraft der Sonne gleichsam durch Abschneiden ihrer Strahlen mindert[23]. Am merkwürdigsten aber, von der Anekdote nur mangelhaft verwendet, inmitten ihrer Fabeleien unverstanden, steht das Räthsel Simsons da, welches wir für ein altes Wort der Sonnenreligion ansprechen, das gleich einem erratischen Felsgestein wohlerhalten aus dem Alluvium hervorragt: „Speise ging aus vom Fresser und Süßigkeit vom Starken". Wir verstehen dieses Wort, wenn wir uns erinnern, daß im Sonnenprincipe sowohl die verzehrende Seite, Moloch, als die fruchtbringende, Baal, von den semitischen Religionen Vorderasiens erschaut waren. Endlich muß wesentlich scheinen, daß Simson der unfruchtbaren Mutter von einem Engel Gottes als ein Gottgeweihter und ein Erlöser Israels angekündigt wird, also auch die Culturbedeutung des Sonnensohns und Bundesideals nicht fehlt, durch welche im Semitismus allenthalben und so auch hier die Form geschaffen ist, an welche zuletzt die Gottessohnschaftsidee des Christenthums anknüpfte. Hat doch Simson nach der Erzählung (Richt. 15, 18) sich einen „Knecht Jehovahs" genannt mit demselben Worte, welches später in den Gebrauch der messianischen oder doch messianisch verstandenen Prophetie kam[24], und ist doch aus der Geburtssage des Simson manche Wendung sichtlich entlehnt worden für die evangelischen Erzählungen der Geburt Jesu. So gewinnen wir die semitischen Bundesherren und Sonnensöhne als Glieder einer Kette, an welche sich in ebenmäßiger Fortentwickelung die jüdische Messiasidee und endlich die christliche Vorstellung vom eingeborenen Sohne Gottes anreiht.

Wir würden jedoch zu lange in der vormosaischen Zeit verweilen, wollten wir alle Spuren hier berücksichtigen, welche den heidnischen Charakter der ältesten Judenreligion sichtbar machen. Ich übergehe deshalb die vorhandenen Hinweise auf den Gebrauch von Götzenbildern, zu dessen Annahme die mitgetheilte Aeußerung Hesekiels bereits hindrängte, und der wohl der erste Anlaß war für den Bau der Bundeslade mit ihrem Deckel, dem Gnadenstuhle, auf welchem zwei Cherubim einander so zugekehrt waren, daß sie einem Götterbilde zwischen sich einen würdigen Platz bereiteten, welcher denn auch im Mosaismus noch als die Stätte der Erscheinung Jehovahs galt. Ich übergehe ebenso die vorkommenden Fälle von Aufrichtung heiliger Steine, wie in Arabien, und die Spuren vom babylonischen Keuschheitsopfer[25]. Es ist dagegen vor Allem wichtig, zu sehen, wie, trotz der vom heidnischen Semitismus abweichenden Alleinherrschaft des männlichen Gottes, die Bundesidee, die Versöhnung mit der irdischen Welt und ihren Zielen, im Judenthume zum Austrag kommt.

Das den Bund Vermittelnde ist hier auf Seiten Gottes die Verheißung, auf Seiten des Menschen die Treue im Gehorsam, in der unterwürfigen Erfüllung der Bedingungen, an welche die Erfüllung der göttlichen Verheißungen geknüpft ist. Indessen erscheint die Erwerbung der Güte Gottes durch solchen Bundesschluß nicht als Gottes Willen von Haus aus entsprechend, vielmehr als Gott wider Willen abgenöthigt durch den Lauf der Dinge; mit anderen Worten: der Bundesschluß ist ein Compromiß, in welchem die Gottheit nachträglich in Kauf nimmt, was sie vorher ablehnte, weil es nicht mehr zu ändern scheint. Und dies gilt nicht nur in Bezug auf die menschliche Sünde, wegen deren erst Vertilgung der Menschheit verhängt, dann aber, wie im Bunde mit Noah, ein Compromiß jener Art geschlossen wird, sondern es gilt auch im Sinne des Götterneides, welchen das hebräische Alterthum ebenso wie das heidnische kennt. Zwei Bäume, welche in ihren Früchten göttliche Eigenschaften bergen, der Baum der Erkenntniß des Guten und Bösen und der Baum der Unsterblichkeit, stehen im Paradiese; Gott verbietet den Genuß vom ersten Baume unter Androhung sofortiges Todes nach dem Essen seiner Frucht; aber die Schlange, das Klügste unter den Thieren, verräth Eva, daß diese Drohung nicht zutreffen werde, vielmehr vermittle jene Frucht ein gottgleiches Erkennen des Guten und Bösen. Sie hatte Recht; denn Adam lebte von da an noch über 900 Jahre, und Gott selbst erklärt: „siehe, Adam ist worden wie Einer von uns, zu wissen Böses und Gutes.“ Jetzt war nur der Eine Göttervorzug noch übrig, die Unsterblichkeit; von ihrer Frucht zu essen, war nicht verboten; aber Elohim fährt nach den eben mitgetheilten Worten also fort: „nun aber, damit er nicht etwa auch breche vom Baume des Lebens und esse und lebe ewiglich“, soll er aus dem Garten Eden getrieben werden. Vorher ging die Verfluchung zu schwerer Arbeit und schmerzvoller Geburt. So erklärt der Mythus den Tod und die Uebel des Lebens aus dem Götterneide, der nicht alle Göttervorzüge an den Menschen wollte kommen lassen. Wir dürfen aber auch nicht annehmen, daß die Gottesvorstellung reiner und sittlicher gehalten sei, wo ausdrücklicher die Sünde, der Ungehorsam, die Gegnerschaft des Menschen gegen Gott, als Ursache des göttlichen Zorns oder eines endlichen Compromisses erscheint; denn was da Sünde heißt, ist eben auch nur die Nichtunterwerfung unter einen schlechthin gebietenden Herrscherwillen, welcher willkürliche und zumeist durch sein Machtbedürfniß allein, nicht durch die Idee des Guten, eingegebene Forderungen stellt, oder es ist die nationale Gegnerschaft Fremder gegen das jüdische Volk und seine Machtentfaltung. Ja, Gott erscheint in solchen Fällen oft geradezu als bewußter und absichtsvoller Urheber der Sünde, indem er, wie es heißt, die Herzen „verstockt", z. B. das des Pharao vor den Landplagen, um dann um so furchtbarer zu züchtigen und um so sicherer sein Ziel zu erreichen. Einen eigentlich sittlichen Inhalt empfing die jüdische Gottesidee erst durch Moses, durch ihre Erhebung vom El-Schaddai zu Jehovah: obwohl dies nicht verhindern konnte, daß Züge der alten Anschauung, wie wir soeben auch an der Paradiesessage gesehen, in die neue mit herüber genommen wurden

Entschieden im Charakter der Bundesreligion ist es nun aber, daß das Ziel all jener Compromisse immer die Weltwirklichkeit, das wirkliche Leben, das irdische Leben ist, ja über dessen sinnliche und gesellige Gebiete der Blick anfänglich kaum irgend hinausreicht. Große Nachkommenschaft, langes Leben, Besitz des Landes, Niederwerfung der Feinde, Ausbreitung und Ruhm der Nation: das sind die Güter, welche durch jene Unterwerfung unter die Gott gleichsam dafür zu zahlenden Bedingungen erkauft, durch den Vertragsbruch verscherzt werden. Daß von Haus aus die jüdische Religion an kein Leben nach dem Tode dachte, geht schon daraus hervor, daß sie den Verlust der Unsterblichkeit mit dem Verluste des irdischen Paradieses verknüpfte, durchaus nur Strafe, nur Leiden, nur Verlust, ohne den Trost eines Jenseits, darin erblickend. Das Interesse des Judenthums ist wesentlich irdisch: auf Familie und nationale Größe gerichtet. Eine besondere Seligkeit bei Gott wird allerdings einigen hervorragend Frommen durch Entrückung mitten aus dem Leben zu Theil, wie dem Henoch und dem Elia; doch die Ausnahmestellung bestätigt hier die Regel des Gegentheils. Allmählich gewinnt die Vorstellung Raum, daß die Geister der Verstorbenen unter der Erde ein schattenhaftes Dasein fortsetzen, aus dem sie von Beschwörern citirt werden können, ja die citirten Geister werden Götter genannt[26]; hieran schloß sich später die Vorstellung einer besonderen Unterwelt, des Scheol, in welchem die Schatten hausten. Aber dieses jenseitige Leben, wenn wir es so nennen dürfen, bleibt ein werthloses und steht außerhalb aller praktisch ins Auge gefaßter Lebensziele, bis die nachexilische Zeit in dieser wie in anderen Beziehungen einen bedeutenden Umschwung brachte.

Als Folge des ursprünglichsten Unterschieds des Judenthums von andern semitischen Religionen fiel uns bereits auf, daß nirgends eine Spur jenes weiblichen Naturprincips oder überhaupt einer zweiten Hauptgottheit begegnet, wie solche anderwärts zur mythologischen Darstellung der Bundesidee diente. Hier ist es die gottgeschaffene Erde in ihrer einfachen Wirklichkeit, mit welcher Gott den Bund schließt; eben dadurch war der Monotheismus entschieden und war seine Entwickelungsfähigkeit zu reiner, sittlicher Geistigkeit gegeben. Aber einen Ueberrest des heidnisch Semitischen dürfen wir darin finden, daß nach genauer Auslegung der Schöpfungserzählung, mit welcher die heiligen Schriften der Juden beginnen, ein Natur- oder Stoffprincip in Gestalt eines Chaos, einer dunklen Meerfluth, unerschaffen, gleich ewig, dem Schöpfergotte gegenübergestellt ward. Nicht eigentlich schaffend sehen wir demnach die Gottheit walten, sondern sie theilt zunächst und sondert das im Chaos Gemischte, veranlaßt sodann durch ihr Wort das selbständige Hervorgehen des Lebendigen; von Gott unmittelbar ist außer jenen Scheidungen nur die Gestalt und der Lebensgeist des Menschen abgeleitet. Den ersten Vers „Im Anfang schuf Gott Himmel und Erde“ müssen wir als Ueberschrift fassen; denn erst im 7. Verse folgt die Schöpfung des Himmels, im 8. seine Benennung, im 9. und 10. Schöpfung und Benennung der Erde nach. Demgemäß kann im 2. Verse „Die Erde war Wüste und Leere“ nur bedeuten, daß an Stelle der nachmaligen Erde im Anfange sich das Chaos befand, über welchem der

Geist Gottes brütend schwebte[27]. Genau ebenso läßt ein babylonischer und ein phönizischer Schöpfungsmythus[28] die Gottheit, dort als Sonne, hier als Lufthauch, über dem dunkeln Chaos walten; in dem babylonischen kehrt auch das Scheiden des Gemischten und der Befehl an die anderen Götter wieder, Menschen zu bilden, dessen Spur wir in dem „Lasset uns Menschen machen, ein Bild, das uns gleich sei" in der hebräischen Erzählung erkannt haben.

Wurden die zuletzt mitgetheilten, sicher schon vormosaischen Anschauungen ebenso wie andere von Moses unverändert aus der Schaddai-Zeit herübergenommen, so steigt durch unsre Ansicht von der Beschaffenheit der Erzväterreligion dennoch Ansehen und Werth dieses Mannes aufs Höchste, dessen Gestalt unverrückbar und unzerstörlich der Menschengeschichte eingepflanzt ist als die Gestalt eines ihrer mächtigsten, willensgewaltigsten und vom göttlichen Geiste erfülltesten Religionsverkünder und Volkshelden. Sein Verdienst, sage ich, steigt aufs Höchste, wenn wir den El-Schaddai der Erzväter vergleichen mit dem Jehovah, als dessen Prophet Moses erstand. Denn wir dürfen nicht daran zweifeln, daß die Verkündigung der Einheit Gottes und seiner geistigen Reinheit, seiner Unvermischtheit mit allem Naturartigen, seiner Unbildbarkeit, das Verbot der Götzenbildnerei, die Abschaffung des Opfers der menschlichen Erstgeburt, zu deß Gedenken vielleicht in Wahrheit das Passahfest gegründet ward, und manches humane Gebot, manches Gesetz der Wohlthätigkeit, Keuschheit, Gastfreundschaft, ja selbst der Feindesliebe[29], geschichtliche Thaten des Moses sind, als einer geschichtlichen Persönlichkeit, die längere Zeit nach den ägyptischen Hyksos, etwa um 1500 v. Chr., den Auszug der Israeliten aus Aegypten leitete, wo diese, gleich anderen semitischen Stämmen, in der Hyksoszeit ein Uebergewicht besessen hatten, das sie nach Wiederherstellung der ägyptischen Reichseinheit verloren.

Wir können jedoch nach allem Bisherigen nicht erwarten, daß auch nur der Gottesbegriff des Moses an sich, der zunächst aus dem El-Schaddai hervorgegangene Jehovah, die beschränkenden und ans Heidnische gemahnenden Züge jenes älteren Gottes mehr als nur im Keime und innersten Kerne abgestreift zeige. Vielmehr ist auch der Gott des Moses noch wesentlich der eifernde, d. h. nach dem Urtexte der eifersüchtige (קַנָּא), der starke, der feurige, der ja auch im Feuer sinnlich erschien; wer ihn sieht, muß sterben; er verhängt furchtbare Landplagen über die Aegypter und befiehlt gegen eben diese den Juden Hinterlist und Diebstahl; er ist nicht allwissend, denn er bedarf eines Zeichens an den Häusern, um zu sehen, daß da Juden wohnen (2. Mos. 12, 13), und er ist nur Nationalgott, neben welchem die Götter anderer Völker zwar herabgesetzt, aber doch als Götter angesehen werden. So hat auch die Gesetzgebung neben den vorhin gerühmten Vorzügen manches Barbarische behalten: viel Todesstrafe, selbst gegen Thiere; die grausame, wilde Form der Todesstrafe durch Steinigung; das „Auge um Auge, Zahn um Zahn"; Zulassung der Sclaverei und der Mißhandlung der Sclaven, weil der Sclave „das Geld" des Herrn sei[30].

Allein vergessen wir nicht, daß selbst die Fortschritte, welche Moses gethan, so weit seiner Zeit voraus waren, daß sie trotz all seiner Energie noch Jahrhunderte lang unpopulär blieben, ja, wie wir gesehen haben, die mosaische Religion im Grunde nur ausnahmsweise und vorübergehend unter einigen ihr geneigten Königen sich realisirt hat, bis die nationale Vernichtung und Wegführung des Volks in die assyrische und babylonische Gefangenschaft eine ernste Vertiefung und Zusammenraffung begründete, als deren Folge wir es anzusehen haben, daß endlich nach der Rückkehr aus dem Exil die Jehovahreligion das Volk wirklich beherrscht und durchdringt und sich auch noch weiter, als selbst bei Moses, von der ursprünglichen Rauhigkeit und Beschränktheit entfernt hat.

In ähnlicher Weise wie Moses, sein Werk fortsetzend, die Vergeistigung und Humanisirung im Jehovahcult weiterführend, stehen indessen schon in alter Zeit die Propheten hoch über ihrer Zeitgenossenschaft, und mühen sich ab, in energischem, geisterfülltem Eindringen auf Volk und Fürsten das enge Bett, das der Jehovahglaube sich gegraben, zu erweitern und zu vertiefen. Wir sehen und hören sie in unausgesetztem Zorneseifer gegen die mit dem Heidenthum sympathisirende Zeitgenossenschaft und in enthusiastischem Schauen und Verkünden der Herrlichkeit Jehovahs, der sich ihnen von dem feuereifrigen Mosesgotte mehr und mehr in gleichem Sinne entfernt, wie dieser von dem El=Schaddai sich entfernt hatte, und so dem Gotte der universalen schöpferischen Liebe, dem Gotte des Christenthums, immer näher kommt. Schon um das Jahr 900 war es, als Elias den wahren Gott nicht mehr im Sturm, im Erdbeben und Feuer, wie noch Moses, sondern im sanften Säuseln des Windes gegenwärtig fand. Im Anfange des 8. Jahrhunderts ruft Jehovah aus dem Munde Hoseas (Hos. 6, 6): „Frömmigkeit liebe ich, nicht Opfer, und Gotteserkenntniß mehr denn Brandopfer" —, ein Wort, das wir von Jesus besonders gern angewendet und der äußerlichen, werkgerechten Frömmigkeit der Pharisäer entgegen gehalten sehen[31]. Dieselbe Betonung des innerlichen Gottesdienstes begegnet uns um 700 bei Micha (6, 6 ff.), wenn er also spricht: „Womit soll ich treten vor Jehovah, mich beugen vor dem Gott der Höhe? Soll ich vor ihn treten mit Brandopfern, mit jährigen Kälbern? Wird Jehovah Gefallen haben an Tausenden von Widdern, an Myriaden Strömen Oels? Soll ich meinen Erstgeborenen geben zu meinem Schuldopfer, meine Leibesfrucht zum Sündopfer meiner Seele? Er hat dir kund gethan, o Mensch, was gut ist; und was fordert Jehovah von dir, als Recht zu üben, Frömmigkeit zu lieben und demüthig zu wandeln mit deinem Gotte?" So tritt immer mehr die Religion der Gottesliebe an die Stelle des äußerlichen Gesetzeswesens, wie sich am deutlichsten ausspricht in dem Gebote, das in der Mitte des 7. Jahrh. zuerst auftritt (5. Mos. 6, 4 f.), und zuletzt einer der wesentlichsten Anknüpfungspuncte wurde für die Religion Jesu (Marc. 12, 30): „Liebe Jehovah, deinen Gott, mit deinem ganzen Herzen und mit deiner ganzen Seele und mit deinem ganzen Vermögen.“ Dieser geistig-sittliche, mit Liebe verehrte Gott verläßt denn auch immer mehr die nationalen Schranken und wird als der schlechthin alleinige erkannt, als der Eine wahre Gott, dem zuletzt alle Völker dienen werden. Und ebenso wird er mehr und mehr erkannt als der Alleinewige und Allgewaltige, der nicht das Chaos mehr neben sich hat als den gleich ewigen Weltstoff, von dem er bedingt ist, sondern der die Erde, mit dem etwa im Anfange des 7. Jahrhunderts entstandenen Buche Hiob[32] zu reden, über dem Nichts aufhängt, in Wahrheit Gründer, Schöpfer der Welt. — Von den Neuerungen der nachexilischen Zeit erwähne ich kurz, neben der Ausbildung des Satans- und Engelglaubens nach dem Vorgange der Perser, nur noch die Verbreitung der Lehre von einer Auferstehung aus dem Scheol und Neubeleibung nach dem Tode mit Vergeltung des Guten und des Bösen.

So entstand allmählich hier das System von Religionslehren, welches dann durch Vermittelung des Christenthums in das unserer Kirche überging. In Folge dessen konnten die heiligen Bücher der Juden zum Kanon der christlichen Religion hinzugeschlagen werden, und konnte sich auf sie der Glaube an göttliche Eingebung übertragen, zu dem der Christ doch zunächst nur dem Neuen Testament gegenüber Anlaß gehabt hätte. So ist es gekommen, daß die rechte geschichtliche Erkenntniß des Alten Bundes unter uns ebenso sehr und ebenso lange gehindert wurde, wie die des Neuen, und daß eine unbefangene Geschichtsforschung und Geschichtserzählung auf dem Boden des Judenthums an den von Kind auf uns angewöhnten Neigungen und liebgewordenen Phantasiebildern nicht geringere Anstöße zu überwinden hat, als eine gleiche unbefangene Erforschung und Mittheilung der Urgeschichte des Christenthums.

Ich schließe die Betrachtung der Religion der Juden, von Besprechung der Cultuseinzelheiten, als Festen und Festgebräuchen, Opfern und Fasten u. dgl. absehend, mit einigen kurzen Bemerkungen über den Messiasglauben, um auch in diesem Betracht den zum Christenthume überleitenden Fäden nachzugehen.

Wir Alle wissen, daß die jüdischen Zeitgenossen Jesu ihm die Erwartung entgegenbrachten, es werde ein Gesalbter des Herrn, hebräisch Maschiach, daher in lateinischer Form Messias genannt, aus Davids Stamme erstehen, um den israelitischen Gottesstaat in alter Herrlichkeit und Macht wiederherzustellen. Daß dieser erwartete Messias auch als Gottessohn bezeichnet wurde, sehen wir deutlich in den Anreden Verschiedener an Jesus, worin sie ihm ihren Glauben an seine Messiaswürde kundgeben; wir gedenken besonders der Worte des Petrus: „wahrlich Du bist Christos (d. i. im Griechischen der Gesalbte, Messias), des lebendigen Gottes Sohn!" Wir erkennen in diesen Bezeichnungen zunächst die Formen wieder, unter welchen wir allenthalben, in den semitischen Religionen schon von der ältesten ägyptischen Zeit an, die hervorragendsten Träger des göttlichen Willens auf Erden, die Ideale der Volksreligion, die Verwirklicher des Bundes mit Gott, verherrlicht sahen. Zunächst galten als solche Auserkorene und Göttersöhne die Könige. So heißen denn auch im Alten Testament Könige, dann aber auch Propheten, ja als bevorzugtes Volk Gottes das ganze Volk Israel „der Gesalbte Jehovahs" (Habak. 3, 13), und Könige, Richter, und wiederum das ganze Israel, heißen ebenso „Sohn Gottes", ja an einer Psalmstelle werden Richter und Fürsten sogar schlechtweg „Götter" genannt, und zu Moses sagt Jehovah in Aegypten: „Ich habe dich als Gott über Pharao gesetzt", und „Aaron soll dein Mund, du wirst sein Gott sein"[33]. Auch Simson, der Sonnensohn, also nach heidnischer Vorstellung Gottessohn, war der unfruchtbaren Mutter durch den Engel Jehovahs als ein Geweiheter Gottes verkündigt, der eben als solcher zum Erretter Israels bestimmt war. Es hat also nichts Auffälliges, wenn jene Bezeichnungen auch auf den König einer schöneren Zukunft übertragen werden, von dem man die Wiedererrichtung des Davidischen Reichs erhoffte. Dieses Reich der Zukunft aber, und mit ihm das Bild seines in prophetischer Phantasie erschauten Begründers, wird in der wachsenden Vergeistigung des Judenthums immer idealer, immer geistiger, immer religiöser gefaßt, so daß es möglich wurde, zuletzt Den als den wahrhaften Messias anzuerkennen, in welchem in rein religiösem und sittlichem Sinne das alte Ideal der Gottessohnschaft und der Bundesschluß zwischen Gott und Mensch sich endlich vollkommen verwirklichte.

Eine Verfolgung der Geschichte des Judenthums über den Zeitpunct hinaus, in welchem es seine geschichtliche Mission erfüllte, indem es in Jesu von Nazaret die Vollendung der Religion aus seinem eignen Schooße gebar, würde für unsere Aufgabe zu weit führen: wie wir uns auch enthalten mußten, den schon vor Christus beginnenden Zerfall in Secten und die gleichzeitige manchfache Vermischung mit fremden Culturelementen in unsere Betrachtung zu ziehen. Wir würden hierbei gesehen haben, wie diese Entwickelungswege des Judenthums auf eine Reihe hervorragender Erscheinungen führten, in den edleren Gestalten des Pharisäismus, im Essäismus, in Philo, im Täufer Johannes, an welche sich in stetigem Weiterschreiten bis zum Höhenziel die Persönlichkeit und Lehre Jesu von Nazaret unmittelbar anschließt[34].

Aber eine verwandte Annäherung ans Christenthum vollzieht sich gleichzeitig von einer ganz anderen Seite her: auch die arische Religionsentwickelung, die wir jetzt lange Zeit aus dem Gesicht verloren haben, mündet zuletzt in das Christenthum ein und gibt ihr Eigenes an das Christenthum ab. Die Religion Jesu ergibt sich so als die letzte, höchste Einheit, in welche all das in der vorchristlichen Geschichte gegensätzlich Getrennte endlich zusammenströmt. Diese Bewegung auf arischer Seite, in den Religionen der arischen Völker Europas, zu beobachten, und den eigenthümlichen Werth dieser Religionen uns vor Augen zu stellen, ist unsre nächste Aufgabe.

Siebenter Vortrag.

Die europäischen Arier. Kelten. Germanen. Slaven. Italer. Griechen.

Die Betrachtung der semitischen Religionen hat uns von der äußersten Zeitferne, welche der Blick des Geschichtsforschers überhaupt noch zu erreichen vermag, durch eine stetige Entwickelungsreihe hindurch zuletzt bis zur Wiege des Christenthums geführt. Wir hätten die christliche Religion, die wir bereits in ihren Hauptzügen entstehen sahen, sogleich an die spätesten Ergebnisse der jüdischen Religionsgeschichte anschließen können. Allein schon die frühesten Gestaltungen des Christenthums zeigen die Einwirkungen eines anderen Factors neben dem hauptsächlichsten, dem jüdischen: nicht nur die höchste Frucht des Semitismus, auch die geläuterte Substanz der arischen Bildung, wie sie am reinsten im griechisch-römischen Classicismus sich darstellte, geht in das Christenthum als dessen früheste Nahrung ein, wie sich schon äußerlich dadurch kundgibt, daß die ältesten Urkunden des Christenthums von Juden, aber in griechischer Sprache verfaßt sind, und daß in der Provinz, von welcher das Evangelium ausging, in dem Galiläa, welches das „Galiläa der Heiden“ hieß, die jüdische Bevölkerung stark mit heidnischer durchsetzt war, worunter auch die Griechen nicht fehlten[1]. Judenthum und Griechenthum, das sind von zwei entgegengesetzten Seiten her die letzten Staffeln der Menschheit, die auf die Höhe der vollendeten Religion führen: Judenthum und Griechenthum sind in Wahrheit in Gemeinschaft das Alte Testament[2], und von den ersten Keimen einer christlichen Kirche an bis in unsre Tage geht der Streit über die rechte Mischung, in der sich das orientalisch-jüdische und das classisch-griechische Element verbinden müssen, um die neue, höhere Einheit der christlichen Glaubens- und Lebensgestaltung rein und voll, ohne jede innere Disharmonie, aus sich hervorgehen zu sehen.

Um die höchste, ins Christenthum übergehende Frucht des Semitismus zu gewinnen, mußten wir die semitische Entwickelung der vorchristlichen Zeit in allen ihren Stadien durchlaufen; auch den griechisch-römischen Classicismus finden wir erst am letzten Ende einer Bahn, deren Anfang uns von Neuem in eine weit entlegene Vorzeit zurückversetzt. Wir haben, um die höchste Frucht der arischen Entwickelung in ihren geschichtlichen Zusammenhang einzureihen, uns jenes Mutterlandes unsrer Ahnen wieder zu erinnern, wahrscheinlich im Osten des caspischen Meeres der asiatischen Mitte zu gelegen, welches in der ersten Hälfte unsers großen gemeinsamen Ganges uns nach seiner ursprünglichsten Culturgestalt bekannt wurde. Wir lernten damals nur diejenigen arischen Völker kennen, deren älteste Cultur noch am ähnlichsten war der des Mutterlandes, weil sie zuletzt von allen sich abgezweigt und zu anderen Wohnsitzen gewendet hatten, die Inder und Perser; jetzt führt uns unser Zusammenhang zu anderen, welche, diesen entgegen, am frühesten den Ursitz verließen[3], und deren Eigenart deshalb, wie wir sie geschichtlich vorfinden, schon sehr weit von der alt-arischen sich entfernt hat: wie sie auch örtlich vom Urlande am weitesten sich entfernten. Es sind dies zunächst die Kelten, die ersten arischen, überhaupt die ersten culturtragenden Einwanderer in Europa, die bis Frankreich und Britannien vordrangen und hier, mit den ureingesessenen Bevölkerungen sich mischend, in erster Schicht die nationalen Eigenthümlichkeiten der Bildung bestimmten.

Im Allgemeinen charakterisirt sich das Ariertbum Europas durch einen entschieden realistischen Sinn im Unterschiede von dem asiatischen, ja selbst im Vergleiche mit den bereits der Weltwirklichkeit in versöhnenderer Weise zugewendeten semitischen Bundesreligionen. Eben dies ist der Grund für uns, die europäischen Arier hier einzufügen; denn eben durch diesen ihren Realismus ist ihr eigenthümliches Verdienst bedingt, daß sie mehr noch als die Semiten, welchen vor Allem die Vollendung des Gottesbegriffs im Sinne des Bundes mit der Welt zufiel, das Recht des Menschen und seiner irdischen Lebensbeziehungen an den Religionsproceß herangebracht und der vollendeten Religion einverleibt haben. Das arische Menschenideal ergänzte sich mit dem semitischen Gotte der heiligen Liebe zum vollkommenen Religionsideale, dem des vollendeten Gottmenschen, im Christenthume.

Im Uebrigen mußte ihr realistischer Charakter die Religionsanschauungen der europäischen Arier in gewissen Hauptzügen den semitischen annähern. So finden wir sogleich bei den Kelten die Hauptzweiheit des Allvaters, des Sonnengottes, und der Allmutter, der Mondgöttin, wieder, welche Himmel und Erde, ideelles und reales Princip, vertreten, und durch ihr Zusammenwirken die rechte Gestaltung der Weltwirklichkeit verursachen. Neben ihnen tritt hauptsächlich eine Gottheit in den Vordergrund, welche die Römer in ihrem Mercur wiederfanden, eine Gottheit des Handels und überhaupt des Culturverkehrs, deren Bevorzugung im Cultus vor allen andern ausdrücklich bezeugt ist und so zum Erkennungszeichen der hier herrschenden Bevorzugung irdischer Interessen wird. Daß aber auch hier der mit dem irdischen Leben versöhnende Götterbund zwar gesucht, aber nicht gefunden ist, dies lehrt uns die unheimlich hervortretende Macht eines bösen Princips, das der Kelte für den ursprünglichen Entstehungsquell der Welt ansah, und aus dem er auch seine eigene Herkunft ableitete: nicht ohne naive Selbsterkenntniß; denn das Wesen der Kelten, wie sie von den Römern seit Julius Cäsar vorgefunden wurden, war allerdings vom Uebel; sie erschienen als ein heruntergekommenes Volk, das sogar bis zur Menschenfresserei gesunken war. Neben Thieropfern wurden auch Brandopfer von lebenden Menschen gebracht; die nach langer Seelenwanderung erhoffte Seligkeit in sinnlichen Genüssen, Gesang und Tanz, erinnert mehr an wilde Urvölker als an die Stufen höherer Cultur; ebenso hat der Cultus in Eichenhainen, an tischartig übereinanderliegenden Steinblöcken, in Felsenhöhlen, und die Heilighaltung von allerlei Naturgegenständen etwas ziemlich Primitives. In höherer, aristokratischer Bildungsschicht wurde indeß anscheinend eine geistvollere Weisheit gepflegt, deren Hüter die Druiden waren, eine hierarchisch gegliederte Priesterkaste unter einem Oberdruiden, mit großer Macht ausgestattet, die sie sich durch Zauberei und Wahrsagerei zu erhalten suchten. Ihre dritte Classe, nach der ersten, welche die theologischen Denker, und nach der zweiten, welche die agirenden Priester, Zauberer und Wahrsager bildeten, bestand aus den Barden, den Predigern und Sängern, von deren Liedern englische Gelehrte Sammlungen veranstaltet haben, zuerst im vorigen Jahrhunderte unter dem mythischen Namen eines Dichters Ossian, die jedoch nicht höher als etwa bis ins 6. christliche Jahrhundert hinaufführen. Die keltische Religion ging durch die römische Herrschaft zu Grunde, soweit sie nicht in poetisch verarbeiteten Sagen, in Volksmährchen und im Volksaberglauben versteckt fortlebt[4].

Vermuthlich zunächst nach den Kelten hat der germanische Stamm den Ursitz der Arier verlassen, um sich zuerst im skandinavischen Norden neue Wohnstätten zu gründen, von wo er sich südwärts ausbreitete, die Kelten aus dem gegenwärtigen Deutschland verdrängend. Die altgermanische Religion kennen wir vorzüglich aus der Edda, und hier wieder ist es das älteste Stück, die Völuspa, welches als die Hauptquelle der Mythologie dient. Die ältere oder Sämundische Edda, nach ihrem Sammler Sämund geheißen, im Anfange des 12. Jahrh. unsrer Zeitrechnung zusammengestellt, enthält Lieder, welche im 6. Jahrh. in Norwegen verfaßt, im 9. Jahrh. nach Island gebracht sein sollen durch heidnische Germanen, welche von Norwegen aus dorthin übersiedelten. Die nordische Form der germanischen Religion, welche wir aus dieser Quelle entnehmen, stimmt nach dem, was wir über die specifisch deutsche wissen, in allem Wesentlichen mit dieser überein[5].

Den alt-arischen Gott des leuchtenden Himmels erkennen wir hier im Wodan, nordisch Odhin wieder, der im Himmel und zugleich in der Sonne waltend angeschaut wird. In der Edda heißt er auch Allfadhir, Allvater; er gilt als allwissend, als Verleiher der Poesie und der Buchstabenschrift; aber kriegerische Attribute verrathen ihn zugleich als einen Gott der gewaltigen That, wie die asiatisch-arischen Entwickelungen ihn nicht kannten; nur der persische Lichtgott näherte sich dieser Auffassung an. Ihm steht zur Seite Frikka, die Erde, seine Gattin, die Göttin der Ehe. So läge denn auch hier die Bundeszweiheit vor. Die schon hiermit bezeugte realistische Wendung im Vergleiche zu dem verflüchtigenden Idealismus der asiatischen Arier offenbart sich deutlicher noch darin, daß die wesentlichsten der übrigen Göttergestalten ausdrücklich als Söhne und Töchter jenes ersten Paares, also die Verbindung des Himmels- und Erdprincipes darstellend, auftreten. Auch die speciellen Bedeutungen dieser Gottheiten stimmen hiermit zusammen; sie bestätigen überdies, was von dem eigenthümlichen, besonderen Werthe und Verdienste der eurapäisch-arischen Religionen bemerkt wurde: daß es sich ihnen hauptsächlich handelt um die Verherrlichung, Vergöttlichung der specifisch-menschlichen Lebensgüter. Darum tritt die ursprüngliche Naturbedeutung zurück; sie drängt sich am meisten noch auf im Donar, nordisch Thorr, dem Gewittergotte und streitbaren Beschützer der Erde; dagegen ist die Beziehung auf menschliche Culturgüter anderwärts entschieden vortretend. So in Zio, nordisch Tyr, in welchem sich der Name des alt-arischen Dyaus bewahrte, dem Kriegsgott; in Fro, dem Gotte des Friedens und des häuslichen Glücks, und seiner Schwester Frouwa, nordisch Freya, der Verleiherin der Anmuth und des Liebreizes, welche in dieser Bedeutung ihre ältere Eigenschaft als Mondgöttin vergeistigt zeigt, und ihren Namen als „unsre liebe Frau“ später der christlichen Madonna leihen mußte, in deren germanische Verehrung und Vorstellung die wesentlichsten Züge der Frouwa übergingen. Ihre Tochter Hnoß ist Göttin der Schönheit. Paltar, nordisch Baldr oder Baldur, auch einer der Söhne Wodans, ursprünglich die Sommersonne, die vom Dorne der Finsterniß oder des Winters getödtet wird[6], ist der Urheber von Recht und Gesetz; sein Sohn Forasizzo der Vorsitzer im Gericht, der Händelschlichter. Lassen Sie diese Beispiele uns genügen, um den angegebenen Charakter der Religion unsrer Väter in der Zwischenzeit zwischen ihrer Abtrennung vom gemeinsam Arischen und ihrer Christianisirung zu belegen.

Den eigentlichen Göttern, den Asen, zur Seite steht ihr Widersacher Lohho, nordisch Loki, d. i. die Feuerlohe, ein tückischer und listiger Dämon, dessen Klugheit doch gelegentlich auch den Göttern dienstbar wird. Er zeugte die Hel oder

Hellia, woraus unser Wort „Hölle" entstand, die unerbittliche Göttin der Unterwelt, welche in dieser die gewöhnlichen Verstorbenen empfängt, während die im Kampf gefallenen Helden in Walhalla göttlicher Seligkeit genießen. Daneben kennt die Edda einen Giftstrom der Pein für die Bösen.

Der Raum zwischen Götter- und Menschenwelt ist angefüllt mit Gestalten von Dämonen und Heroen, Riesen und Zwergen. Auch die Könige sind Söhne Wodans[7], und den Urvätern der einzelnen Volksstämme verleiht die Sage einen Stammbaum, der gleichfalls in den Götterhimmel zurückleitet.

Der Cultus, in Hainen gefeiert, gruppirt sich in Deutschland um heilige Bäume und Steinsäulen, im Norden auch um Götterbilder; Holztempel tauchen erst in jüngerer Zeit auf. Opfer wurden gebracht von Thieren und leider auch Menschen; die Hauptfeste sind durch die vier Wendepuncte des Sonnenjahrs bestimmt; manche unsrer deutschen Volkssitten und Festgebräuche setzen in christlicher Hülle und mit christlicher Deutung einen altgermanischen Ritus fort[8].

Die phantastische, groteske Weltentstehungspoesie der Edda müssen wir außerhalb unseres Bereichs stellen; sie enthält zuviel von bewußter, allegorischer Dichtung, um im eigentlichen Sinne als Element germanischer Religion zu gelten. Dagegen verdient eine kurze Erwähnung der Glaube an den einstigen Untergang der ganzen Götter- und Menschenwelt durch den zeitweiligen Sieg der bösen Mächte, ein Ereigniß, dessen Schilderung vorzüglich geeignet war, all die düsteren Glutfarben und unheimlich-erhabenen Schreckgestalten der nordischen Phantasie auf Eine große dramatische Weltscene zu sammeln und in alle ihre Wirkungskraft zu setzen, deren poetischen Reizen wir uns nicht verschließen, wenn wir auch nicht so engherzig sein werden, um aus deutschem Patriotismus uns zu verhehlen, daß wir uns weit, weit heimischer in dem Götterhimmel Griechenlands fühlen, als in Asgard und Walhalla. Unsre Altvordern haben es in dieser Selbstkritik uns zuvorgethan; denn sie bestimmten ja eben ihre Götterwelt dem Untergange und hofften auf eine neue, weit schönere.

Ehe wir jedoch das arische Ideal des menschlich-Edlen und menschlich-Schönen auf classischem Boden sich vollenden sehen, haben wir kurz noch der Slaven zu gedenken und der ihnen nahe verwandten Letten, genauer: der großen Zahl einander nahe verwandter arischer Stämme, welche sich vom Mutterlande aus den Germanen nachschoben, den Mittelraum zwischen den Sitzen der letzteren und dem Mutterlande ausfüllten und im Wesentlichen noch ausfüllen. Das Einzige, was uns hier von den alten Religionen dieser Stämme interessiren kann, ist dies, zu sehen, auf welche Weise auch in ihnen die bekannten Gegensätze des Lebens nach Versöhnung und nach Verknüpfung ringen. Auch hier begegnet uns der lichte Himmels- und Sonnengott auf der Einen im Bunde mit der Allmutter oder Erdgöttin auf der andern Seite; aber hervortretender ist doch noch der Gegensatz des Bösen und des Guten, der hier zur Unterscheidung der lichten Götter, Bel- oder Bilo-Bogi, und der schwarzen Götter, Czernobogi, geführt hat. Die Letzteren beherrschen die Unterwelt, waltend im Dunkel und im Frost, entgegen dem Sonnengotte. Viele Personificationen einzelner Naturerscheinungen und Lebensgüter, daneben Genien und Dämonen untergeordneten Ranges, erfüllen beide Reiche, das der Ober- und das der Unterwelt. Den realistisch-humanistischen Charakter Europas mögen wir auch hier darin finden, daß, wo die ursprüngliche Naturbedeutung verlassen ist, die ächt menschlichen, irdischen Lebensgüter es sind, welche durch Gottheiten ausgedrückt werden. Der Unsterblichkeitsglaube ist mehr Gespensterglaube geblieben, als zu Seligkeitshoffnungen ausgebildet. Der Cultus, in Hainen und auf Bergen begangen, kennt Thier- und Menschenopfer, Tempel und Götzenbilder[9].

Muthmaßlich die jüngste nun unter den arischen Einwanderungen in Europa, vielleicht aber schon zwischen der keltischen und der germanischen erfolgt, ist die sogenannte pelasgische, d. h. die Einwanderung desjenigen Volksstamms, der sich, nach längerem gemeinsamen Zuge, zwischen Griechenland und Italien, in Epirus, trennte, um die beiden Halbinseln, die sich hier in das Mittelmeer strecken, und die Inselgebiete der Nachbarschaft, dann auch colonisirend die Küstenstriche der Nachbarländer, zum Schauplatze jener Geistescultur und Gesittung zu machen, welche nächst der jüdisch-christlichen unzweifelhaft den größten und segensreichsten Einfluß auf die Menschheit geübt hat. In religiöser Hinsicht arbeitet sich im Griechenthum besonders das Idealbild des Einzelmenschen aus, der christlichen Gottessohnschaftsidee zuwachsend, im Römerthum die Reichsidee, den Boden bereitend dem christlichen Ideale des Himmels- oder Gottesreiches auf Erden.

Betrachten wir zuerst näher die italische Abzweigung, so sehen wir von ihr die alt-arische Göttervorstellung in ähnlicher Weise weiter entwickelt, wie wir es in Rücksicht der allgemeinen und Hauptelemente bisher bei allen europäischen Ariern gefunden haben[10]. Indessen fehlt das böse, negative Princip so gut wie ganz; an seiner Stelle steht nur der Herrscher im Reiche der Todten, der Unterweltsgott Orcus oder Dispater; — zum Zeichen, daß es hier besser gelungen, des menschlichen Leidens Herr zu werden und an den Gütern der Natur und Cultur den Glauben an die Macht der positiv waltenden Gottheit zu nähren. Dieses positiv Göttliche ist vor Allem auch hier nach Art der Bundeszweiheit geschieden: der alt-arische leuchtende Himmelsgott hat ergänzend das weibliche Erdprincip zur Seite, und die Vermanchfachung seines Wesens zu einer Mehrheit männlicher Gottheiten führt in derselben Weise weiter zu Vermanchfachungen auch des anderen, des weiblichen Princips, jedoch ohne daß immer im Einzelnen bestimmte Paarungen beider Seiten entstünden. Zunächst hat sich der alt-arische Dyaus im Diovis oder Jovis auch dem Namen nach erhalten; in der Zusammensetzung Jupiter kommt nur, wie bereits im indischen Divaspati, der Vatername hinzu. Die alte Bedeutung des leuchtenden Himmels bewahrt sich noch in mancher lateinischen Redewendung; aber das im italisch-arischen Stamme überwiegende Staatsinteresse drängt den ursprünglichen Natursinn zurück und gestaltet den Gott als Jupiter optimus maximus zum Herrscher und Schutzgott im römischen Staatswesen. Wie die alte Einheit sich zu einer Mehrheit auseinandergibt, ist nirgends deutlicher als hier. Wie schon der Unterweltsgott Dispater durch diesen Namen sich als ursprünglich identisch erweist mit Jupiter, so ist auch der Sonnengott Janus oder Dianus im Namen noch Eins mit dem Himmelsgotte. Sein Doppelgesicht erinnert an die Doppelbedeutung der Sonne als fruchtbringender, segnender und als sengender, zerstörender, die wir bei den Semiten so oft mythologisch und religiös verwendet fanden, und so wird auch diese Doppelseitigkeit mit herübergenommen und ausgebeutet, als der Janus aus der Naturbedeutung zur Culturbedeutung sich emporhebt. Da wird der freundliche Sonnengott zum Friedensgotte, der verderbliche, glühende Pfeile aussendende zum Gotte des Kriegs. Ein andrer Kriegsgott, Mars, Mavors, entwickelt sich aus einem Gotte der den Winter besiegenden Frühlingssonne, der, bei einem vor den Ariern in Italien seßhaften Volksstamme einheimisch, in die römische Religion überging. Auf der weiblichen Seite bezeichnet das Allgemeine des Erdprincips die alte italisch-arische Dia. Dea oder Bona Dea, die „Gute Göttin", die sich durch ihren ersten Namen als das Feminin zum urarischen Himmelsgotte bezeugt. Aber dasselbe gilt von den Namen Dione oder Juno und Diana. Von diesen ist die erste speciell die weibliche Ergänzung zum römischen Jupiter geworden; ursprünglich die Himmelshelle, wird sie zur Himmelskönigin und zur Beschützerin der Ehe und

Familie, wie Jupiter Beschützer des Staates war. Diana steht im gleichen Verhältnisse zu Janus, Dianus, im Monde waltend, der auch hier, wie fast überall, als Weib der Sonne gilt. Venus tritt hinzu als Vertreterin der vegetabilischen und animalischen Fortpflanzung, und Vesta, ursprünglich die Erdwärme, wird zur Gottheit des heimischen Herds. Auch Vulcan, Mercur, Minerva, Neptun scheinen vor Berührung mit der speciell griechischen Mythologie ausgebildet, und auch ihrerseits aus Naturbedeutungen zu Repräsentationen bestimmter Seiten des Culturlebens entwickelt. Besonders reich ist die römische Religion an untergeordneten Genien, der Natur, des Hauses, des Staatslebens; auch die Ahnengeister treten in diesen Rang. Daneben wuchert die vergöttlichende Personificirung einzelner Lebenserscheinungen, Tugenden, Handlungen, Zustände aller Art, bis zum Endlosen, und geht in willkürlich sich vermehrende Allegorie über: so bezeichnete Vervactor das erste Pflügen, Reparator das zweite, Insitor das Säen, Obarator das Unterpflügen; jeder kleine Fortschritt des sich entwickelnden Säuglings erhielt seinen besonderen göttlichen Genius, und ein anderer war es, der den Knaben zur Schule führte, ein anderer, der ihn wieder nach Hause geleitete[11]. Stärker kann jener europäisch-arische Realismus nicht belegt werden, der die irdisch-menschlichen Lebensinteressen und Lebensgüter ans Himmlische heranführen wollte. Der Cultus zeigt nichts besonders Charakteristisches; wir finden die üblichen Elemente desselben; das Menschenopfer nur im höheren Alterthume, und auch da nur vereinzelt, in Zeiten schwerer nationaler Bedrängniß. Von den manchfaltigen, durch besondere Verrichtungen ebenso, wie durch die Götter, welchen sie dienten, unterschiedenen Priesterclassen nenne ich nur die Pontifices, d. h. Brückenbauer, welche ursprünglich das Aufschlagen und Abbrechen der Tiberbrücke versorgten, später allmählich zu Oberaufsehern über alle Priester wurden, so daß zuletzt der Kaiser sich Pontifex maximus des römischen Reichs nennen konnte. Die christliche Kirche an die Stelle des Reichs setzend trat endlich der römische Papst die Erbschaft dieses Titels an.

Seit dem Ende des 7. Jahrh. vor Chr. sehen wir durch Vermittelung der griechischen Colonien im südlichen Italien specifisch griechische Elemente, wie sie sich seit der Abtrennung des hellenischen Stammes aus der pelasgischen Einheit entwickelt hatten, in die italische Religion eingehen; die Geschichte der letzteren läßt sich von der der griechischen nicht länger scheiden, zu welcher wir uns nunmehr zu wenden haben[12].

Wenn die Religion der arischen Italer im Wesentlichen uns die Form zeigte, welche die Religion der arischen Urzeit in dem pelasgischen Stamme vor seiner weiteren Zertheilung angenommen hat, so bildet diese Form für die griechische Entwickelung nur den Ausgangspunct, die Grundlage, von welcher aus hier die Zersplitterung, die Localisirung und die Vermanchfaltigung der Mythen, sich fortsetzt. Diese Grundlage war charakterisirt durch das Princip der Entgegensetzung des Männlichen und des Weiblichen als des Himmlischen und des Irdischen, worin wir überall ein Zeichen sahen, daß über das einseitig ideelle Himmelsprincip hinausgestrebt, durch seinen Bund mit einem ergänzenden, realeren Zweiten eine Versöhnung der Religion mit der Weltwirklichkeit gesucht ward. Indessen durften wir nicht überall die mythologisch als Gatten verbundenen Gottheiten für die Vertreter der zumeist entgegengesetzten, zur Ergänzung bestimmten Principien ansprechen. So ist von Haus aus auch in Griechenland dem Zeus gegenüber, in welchem sich der leuchtende Himmelsgott Dyaus für den Griechen wiederholt, die Mutter Erde, Demeter, das weiblich Entgegengesetzte; mythologische Ehen aber werden auf beiden Seiten geschlossen, indem dem Zeus ursprünglich Dione, die Himmelshelle, später Hera, die warme, dunstreiche Himmelsluft, der Demeter aber Poseidon, der Wassergott, beigegeben wirt. Zeus und Hera, Demeter und Poseidon sind so, einander entgegenstehend wie die Himmelselemente Licht und Luft den Erdelementen Erde und Wasser, die vom Alt-Arischen her den äolischen Stämmen gemeinsam gebliebenen obersten Götterpaare geworden, — jenen Stämmen, welche in der der pelasgischen Zeit zunächst folgenden Periode vorläufig allein die Wanderung von Norden nach Süden und den Proceß der Zersplitterung fortsetzten. Aber nicht minder gemeinsam äolisch und von besonders charakteristischer Bedeutung ist Herakles, der hier den Bund jener Gegensätze zunächst insofern ausdrückt, als er zeigt, was die Sonne der Erde und dem Wasser abgewinnt. Auf diesen Sinn nämlich lassen seine bekannten zwölf Arbeiten sich insgesammt zurückführen; die weiter ausgedichtete Fabel freilich, deren Erzähler allgemach den ursprünglichen Sinn nicht mehr verstanden, hat hier, wie überall, über diesen Sinn hinausgegriffen und mit freier poetischer Schöpferlaune sich des Stoffes bemächtigt. Herakles ist für Griechenland dasselbe, was die Sonnensöhne und Sonnenheroen in anderen, besonders semitischen Mythologien sind; eben deshalb fand ihn der Grieche so leicht in diesen semitischen Gestalten wieder: er ist für die äolische Zeit das Ideal des Bundes, zu welchem die Himmelskraft mit der irdischen Natur sich zusammenschließt, die culturhemmenden Mächte der letzteren überwältigend. Es entspricht ganz einer so frühen Stufe der Entwickelung, daß diese Idealgestalt, nur soeben erst aus physischen Verhältnissen herausgeschaut, auch noch wesentlich im Gebiete physischer Wirkungen festgehalten wurde. So konnte das Göttliche, das Gottmenschliche dieser Gestalt immer nur das niedrige Ideal der bloßen Kraft repräsentiren, der es noch an eigentlichem Inhalt, zumal an geistigem, gänzlich gebricht. Es war ein andrer Zweig des griechischen Volks, der das Idealbild des griechischen Gottmenschen in edlerem und geistigerem Sinne, gleichfalls aus einem Sonnenmythus, Gestalt gewinnen ließ.

Die erwähnten Gottheiten sind bei Weitem nicht die einzigen, die aus dem Reichthume alt-arischer Naturvergötterungen von den äolischen Stämmen mitgeführt wurden; aber es sind die gemeinsam bleibenden; andere gingen in den Proceß der Localisirung ein, den wir auch hier im ausgedehntesten Maße beobachten; selbst jene gemeinsamen hatten einen bevorzugten Cultus in einzelnen Gegenden, deren eigenthümliche Naturphänomene, klimatische und meteorologische Verhältnisse, auf die entsprechenden Naturgottheiten in besonderer, einziger Weise hinführten. Diesen Natursinn bewahrt auf dieser Stufe die griechische Götterwelt noch durchaus; selbst die später zu höchster geistiger Bedeutung gelangten Gottheiten, wie Pallas Athene, ursprünglich die heitere, wassergeborene Luft, nach Anderen der Blitz[13], machen hiervon keine Ausnahme. Der Cultus, der Niedrigkeit dieser Stufe angemessen, kennt Menschenopfer neben Thieropfern.

Wir kehren jetzt zu hellenischen Stämmen zurück, welche bisher nicht nach Süden gefolgt waren, sondern von Epirus aus, wo sich die Italer abgelöst hatten, und schon vorher, thessalische und macedonische Gebiete bevölkerten, später sich auch in Hellas, Euböa, und selbst im Peloponnes anzusiedeln begannen. Es sind dies die jetzt noch ungetrennten Ionier und Dorer: die eigentlichen Erzeuger und Träger der griechischen Mythologie, die uns aus den homerischen Gedichten und der hesiodischen Theogonie bekannt ist, wenn auch gewisse vermenschlichende Züge dieser Götterwelt erst später, unter anderen Einflüssen, die wir sogleich näher kennen lernen, hinzugekommen sind. Bedeutsam genug macht der Mythus den hauptsächlichen alten Wohnsitz dieses Stammes, das Land an den Abhängen des Olymp, zur Geburtsstätte der Musen, und der Olymp selbst geht von hier aus als Wohnsitz der Götter in die hellenische Vorstellungswelt ein. In diesem Stamme nun ist es, wo wir durch Vermittelung der Poesie die alte Naturbedeutung der Götter in eine geistigere übergehen sehen:

besonders deutlich in der Ausbildung der Apollongestalt, welche im dorisch-ionischen Cultusleben recht eigentlich heimisch ist, und hier bereits Züge annimmt, die in weiterer Festigung und Vertiefung zuletzt das höchste Idealbild griechischen Lebens, den griechischen Gottmenschen, vorzugsweise im Apollon anzuschauen gestatteten. In seiner Naturbedeutung ist Apollon, aus dem alten Lichtgotte Phoibos entstanden, die Sonne in ihren verschiedenartigsten Wirkungen: wie sie friedlich ihre Herden, die Wolken, vor sich hertreibt oder um sich sammelt; wie sie Gewitter herbeiführt; wie sie durch ihre Glut Krankheiten erzeugt und durch ihre linde Wärme gesund macht. Neben ihm steht die Schwester Artemis, die frühere Phoibe, das Dämmerlicht, dann der Mond. Beide sind Kinder der Leto, des nächtlichen Dunkels. Diese neidet der Frühlingserde Niobe ihren Kindersegen, ihren reichen Blumenschmuck; die Kinder Letos vernichten ihn durch ihre Pfeile, durch die Strahlen ihres Lichts. Die Lichtbedeutung aber geht durch eine allenthalben begegnende, auch uns Modernen geläufige Symbolisirung in den geistigen Sinn über namentlich nach den zwei Seiten der Weisheit und Schönheit: das Licht erleuchtet, schafft Erkenntniß — und das Licht erfreut und verherrlicht durch seinen Glanz. Nach der einen Seite wird Apollon zum delphischen Orakelgotte, nach der andern zum Führer der Musen, welche ihrerseits selbst aus Quellnymphen zu Genien des Gesangs und der Dichtung erhoben wurden. Diese, die tönenden Künste, sind es, oder richtiger, die durch dieselben sich Ausdruck gebende Idealwelt der Phantasie und eines beseligten Gefühls ist es, was von dieser Seite her zunächst im Apollon vergöttlicht, in Eine Göttergestalt zusammengeschaut wird. Nebenmythen, wie von Prometheus, Epimetheus und Pandora, und andere, schließen sich an, gleichfalls aus dem alten Natursinne in die Symbolisirung geistiger Zustände und höherer Lebensbeziehungen übertretend. Die Orakel hüten und künden das heilige Recht: das

Gemeinsame der Religion wahrend, doch der Freiheit und Vermanchfachung den weitesten Spielraum lassend.

Die begonnene Vergeistigung der alten Götter wird in ganz eigenthümlicher Weise fortgesetzt von den Achäern, einem griechischen Stamme, der, schon frühzeitig von den Aeolern abgetrennt, auf vielen Inseln und in einigen Theilen von Hellas herrschend wurde. Hier wird ein neues Element menschlicher Lebensgestaltung in den Götterhimmel hinaufgerückt, das des Staatslebens, der politischen Organisation. Die von den Doro-Joniern begründete homerische Theologie rundet sich ab und krystallisirt sich zum Götterstaate; die einzelnen Göttergestalten vermenschlichen sich an der Hand der epischen Dichtung zu heldenhaften, überkräftigen, dabei ewig jungen und seligen Persönlichkeiten mit menschenartigem Wollen, Sorgen, Führen und Walten. Zeus thront über allen anderen in patriarchalischer Königswürde; sechs männliche und sechs weibliche Gottheiten, Zeus selbst unter ihnen, bilden unter seinem Vorsitz den berathenden Ausschuß der Olympier, theilweis noch die alte Naturbedeutung bewahrend, theilweis erhoben zu geistigen und ethischen Werthen. Eine weitere Götterversammlung, an der außer niederen Göttern auch Nymphen, Genien der Flüsse und andre Halbgötter theilnehmen, ist das dritte Glied dieser himmlischen Staatsverfassung; Boten und Diener aller Art dürfen nicht fehlen. Eine gesonderte Herrschaft, eine Art von Suzerainität, über das Meer und über einen niederen Götterstaat des Wasserreichs führt Poseidon, über die Unterwelt und ihre Bevölkerung Hades, der schon in der Zeit pelasgischer Einheit im dunkeln Reiche waltete und von daher als Orcus bei dem italisch-arischen Zweige uns begegnet ist. Der Unsterblichkeitsglaube führt aber noch nicht viel weiter als bis zu dem Schattenleben der Unterwelt; nur einzelne, bevorzugte Heroen werden in die elysischen Gefilde der Seligkeit entrückt. Der Cultus geht von Holz- zu Steintempeln über; die Götterbildnerei macht schüchterne Anfänge, die aber noch weit hinter der weltlichen Kunst zurückbleiben; Mischgestalten von Thier und Mensch weisen auf semitische Muster. Die Feste, noch wesentlich an die Natur angelehnt und ihre Gaben verherrlichend, nehmen einigermaßen dramatische Formen an; das Menschenopfer weicht dem Thieropfer: in der Rettung Iphigeniens errichtet der Mythus diesem großen Schritte der Humanität ein unvergängliches Denkmal[14], dem unser Dichter die würdigste Inschrift gab:

Der mißversteht die Himmlischen, der sie
Blutgierig wähnt; er dichtet ihnen nur
Die eignen, grausamen Begierden an.

So treten wir endlich in die eigentlich hellenische Periode ein, welche eingeleitet ist durch die Wanderung der Dorer, die sich von den Joniern scheiden, über Hellas und am Ende des 12. Jahrhunderts auch über den Peloponnes sich ausbreiten. Wenn wir uns hin und wieder übel berührt finden möchten von der, wie es scheint, herabsetzenden und den poetischen Schmetterlingsstaub grausam hinwegwehenden Deutung griechischer Mythen auf gemeine Naturvorgänge: so müssen wir, früher Gesagtes zurückrufend, vor Allem bedenken, daß nicht der äußere Vorgang oder Gegenstand als solcher vergöttert ward, sondern ein Göttliches vielmehr in das Innere der Naturdinge hineingeschaut und herausempfunden wurde als das darin geheimnißvoll, geistartig Waltende, seelisch Belebende. Aber noch tröstender ist in diesem Betracht bei den Griechen, daß ihre Götter, wie wir sie in unsre Phantasie aufgenommen haben als Idealbilder des menschlich Edeln, der Würde und Anmuth, der sorgenden Güte, der harmlosen Seligkeit, der Schönheit und Liebe, der Weisheit und Macht, — daß diese Götter solche geistige, ideelle Bedeutung in der That gewonnen haben in der Periode griechischen Lebens, die uns allein geschichtlich näher bekannt ist, und an die wir allein zu denken pflegen, wenn wir von Griechenthum hören und reden. Die Götter der eigentlichen Hellenenzeit haben nur wenig von ihrem alten Natursinn behalten; ihre Mythen sind weit über diesen Sinn hinausgewachsen zu ethisch- und metaphysisch-allegorischen Dichtungen oder zu Erzählungen lediglich poetischen Werthes; ihre, menschlicher Kunst entsprossenen, Abbilder sind bleibende Typen menschlichen Geistesadels, menschlicher Seelenhoheit, menschlichen Liebreizes. Poesie, bildende Kunst, Philosophie sind in reinem, edel menschlichem und freiem Streben nach dem Vollendeten miteingetreten in den Fortbildungsproceß der Religion, und haben auf dem alten Stamme die Frucht gezeitigt, welche Griechenland, welche überhaupt das Arierthum Europas für die Vollendung der Religion zu tragen bestimmt war: die Hineinbildung des specifisch Menschlichen in seiner reinen, freien, edeln Selbstdarstellung nach allen seinen Seiten, ja auch nach der sinnlichen, in die Sphäre des Göttlichen, so daß sich zeigte, der Mensch sei durch seine Anlagen von selbst göttlicher Natur, und der Gottmensch, der Bund zwischen Gott und Mensch, entwickele sich aus dem natürlichen Menschen durch eine freie Entfaltung des Höchsten in ihm, so zwar, daß dieses auch das Niederste mit in sich aufnimmt, das Körperliche durchgeistigt, dem Sinnlichen Maß setzt. Das Räthsel des rechten Bundes mit Gott, das schon die älteste ägyptische Sphinx aufgegeben hatte, ward in Griechenland beantwortet durch das Menschenideal; und diese Bedeutung gewinnen mehr und mehr die griechischen Götter in der eigentlich hellenischen Zeit, Repräsentationen zu sein der verschiedenen Seiten, Richtungen, Eigenschaften des Menschenideals, hier in seiner männlichen, dort in seiner weiblichen, hier in jugendlicher, dort in reiferer Gestalt. Das höchste, das volle Menschenideal ist zwar auf griechischem Boden nicht erschaut, noch weniger gelebt worden; Apollo und Aphrodite, Zeus und Pallas Athene zeigen wohl in ihrer höchsten Verfeinerung die geistige Durchdringung und Verklärung des Sinnlichen, aber nicht die seelenvolle Innigkeit, die warme, lebendige Erfüllung des Gemüths mit heiliger Gottesliebe, die in alle Beziehungen des Lebens sich ergießt und aus allen Formen der Erscheinung spricht; — dieses volle Menschenideal, das volle Gottmenschliche, konnte erst in der Seele des Menschen erstehen, und im Leben wie in der Kunst sich darbilden, als eine lebenswärmere Gottheit, der Vater der Liebe, von der semitischen Menschheit her an die freien, edelmenschlichen Formen des Griechenthums seinen Gehalt hingab. Aber eben hierin erkennen wir die Bestimmung des Griechenthums: in der Freiheit der Entfaltung edler menschlicher Naturanlagen, welchen die Religion anderer Völker nur allzu gern grausam verstümmelnd, bedrückend, wahnvoll ablenkend entgegenstand, den ächten Weg des Göttlichen zu zeigen; in dieser Freiheit humaner Entwickelung nicht, wie es anderwärts geschah, ein Hemmniß der Religion, ein von ihrem Feinde, dem begehrlichen Naturmenschen, gegen diese errichtetes Bollwerk, sondern einen wesentlichen Bestandtheil, ja gleichsam das Strombett des ächten Religionslebens selbst aufzuweisen.

Es ist dabei dem griechischen Bewußtsein nicht entgangen, daß die freie Entwickelung des Göttlichen aus der Menschennatur gegen die niederen, sinnlichen und selbstischen Elemente dieser Natur einen Kampf zu bestehen hat, und daß immer von Neuem einzelne Siege des Bösen auch den Besten zur Tilgung der Flecken seiner Seele auffordern. Schuldbewußtsein und Sühnebedürfniß in diesem Sinne waren es vor Allem, welche dem griechischen Cultus eines seiner bedeutsamsten Glieder einfügten, den Mysteriendienst, der zugleich, je länger je mehr, zum Träger einer Fortbildung der Religion zum Monotheismus wurde, mit weitergreifendem Erfolg, als auch sonst von Einzelnen, von Philosophen und Dichtern, ein einfacher, geistig-sittlicher Gottesglaube verkündigt worden war.

Die geheimen Feiern, Mysterien, zuerst zwischen den Jahren 900 und 700 entstanden, sind Jedem zugänglich gewesen, der sich den Satzungen der Aufnahme und Einweihung unterwarf und gewissen sittlichen Bedingungen genügte. Ihr Inhalt war ein religiös-sittlicher und ein theologischer. Durch symbolische Aufführungen und durch erklärende Worte sollte zunächst und zumeist eine tief erbauende und beseligende Wirkung in der Seele des Theilnehmenden erreicht werden, durch die ihm das drückende Gefühl seiner sittlichen Unreinheit schwand und die Lust am Idealmenschlichen, an der das Sinnliche verklärenden Geisteswelt, sich erneuete. Ein Proceß der Neugeburt gleichsam sollte sich an ihm vollziehen, dessen Hauptwendepuncte bezeichnet sind durch die Tödtung oder Abwaschung des sinnlichen Elements und durch das neue, fröhliche Aufleben im Geiste. Dieser sittliche Proceß aber ist zu ähnlich dem physischen Lebensgange, der im leiblichen Tode, nach dem Unsterblichkeitsglauben, zu einer Befreiung des Geistes führt, als daß nicht die Mysterien auf die Verbindung beider Processe mit einander hätten kommen müssen. Der Glaube an selige Wohnsitze, an seliges Geistesleben nach dem Tode, war im Laufe der Zeit immer allgemeiner geworden, und wurde es durch die Mysterien noch mehr. Die sittliche Reinigung von der Sinnlichkeit und die geistige Erhöhung des Lebens galt dann als eine Vorbereitung des Jenseits im Diesseits, und das sittliche Ziel der Geistesherrschaft und Geistesfreiheit fiel mit dem jenseitigen Lebensziele in Eins. Neben diesem religiös-sittlichen Inhalte der Mysterien gingen nun aber gewisse theologische Belehrungen einher, in welchen, wie bemerkt, die mythologische Religion, und zwar selbst wieder in der Form der Mythendichtung und symbolischer Schaustellung, der sich die eigentliche Lehre anschloß, in einen monotheistischen Gottesglauben übergeführt ward. Im Bewußtsein der wahren Entstehung der Mythologie wurde dabei auf den alten Natursinn der Götter zurückgegangen und unmittelbar aus diesem der Uebergang zu gewinnen gesucht zur Einheit des Göttlichen.

Besonders zwei Göttergestalten sind es, an welche der

Mysteriencult in dieser Weise anknüpft: **Demeter**, die wir unter den ältesten allgemein-griechischen Göttern fanden, und **Dionysos**, bekannter unter dem Namen **Bakchos**, **Bacchus**, eine Gottheit, die erst in der achäischen Zeit, und da noch sehr beiläufig, hervortritt. Demeter war aus ihrer Naturbedeutung als Göttin der Erde, Erdmutter, zunächst in die unmittelbar damit zusammenhängende Culturbedeutung der Göttin des Ackerbaus, der Feldfrucht, und der auf der Pflege des Ackerbaus beruhenden humanen Lebensordnung, übergegangen. Dionysos, seinem alt-arischen Ursprunge nach Regengott, Gott der befruchtenden Wässer, der vegetabilischen Lebensbedingungen, und insofern der Vegetation selbst, wird durch einen ähnlichen Uebergang zum Gotte der höchsten, verfeinertsten, gleichsam vergeistigtsten Culturpflanze, des Weins. Es ist die in der Form von Speise und Trank, von Brod und **Wein**, dem Culturleben angeeignete Natur, in diesem Sinne die vergeistigte, humanisirte Natur, welche hiernach in dem Götterpaare Demeter und Dionysos gefeiert wird, und Brod und Wein werden zu mystischen Symbolen, zu Gegenständen eines Mysteriencults, indem sie zunächst in diesem Sinne als Erhöhungen des Natürlichen, als vergeistigte Natur, erscheinen: das Natürliche, das Sinnliche zu vergeistigen, zu veredeln, das war ja der Grundgedanke des griechischen Menschenideals. Dabei „**Himmel und Erde als männlich und weiblich in ihrem Verhältniß zu einander und im Wechsel der Erscheinungen als Vorbild des menschlichen Lebens**“ zu fassen: dies war der Sinn der Erkennungsformel der Geweihten — ὕε, κύε, d. i. „regne, gebäre!“ — bei den großen Eleusinien[15]; und das Ideal jenes himmlisch-irdischen, gottmenschlichen Bundes selbst ist als ein zukünftiges, zu dem im diesseitigen Leben der Keim gelegt ist, in dem **Iakchoskinde** angeschaut, dem Nachbilde des ägyptischen Horus-Harpokrates, dem Vorbilde der symbolischen Verwendung des Christkindes, gezeugt von Zeus und Demeter oder Persephone. Die fernere symbolische Anknüpfung für die religiös-sittliche Erbauung, im Sinne der sittlichen Reinigung, der Neugeburt, und des Ausblicks in ein selig geistiges Leben nach dem Tode, ergab sich zumeist durch die Analogien von Tod und Leben, von Absterben und Wiedergeburt, welche das Leben der Getreidepflanze wie das der Weinpflanze darbietet. Das Samenkorn stirbt gleichsam, wenn es in die Erde gelegt wird, es aufersteht ein neuer, gesegneter Halm; der Weinstock stirbt anscheinend ab, er liegt im Winter unansehnlich, zerrissen, wie ein todtes Holz; das Frühjahr sieht ihn wieder keimen, grünen, und ein neuer Herbst bringt neuen Wein, von Licht und Geist durchdrungenen, Herz und Geist belebenden Trank. Das ist das Bild der Auferstehung eines höheren Lebens aus dem Tode, aus der Verneinung des niederen, des sinnlichen Lebens.

Wie aber konnte hiervon eine theologische Belehrung den Anlaß gewinnen, die Einheit des Göttlichen zu verkünden? Wir finden die Antwort darauf besonders in den Mysterien des Dionysos gegeben. Der abgetödtete, zerrissene Weinstock des Winters ist doch derselbe, der im Frühjahr wieder auflebt; der Unterschied, der Gegensatz ist nur scheinbar; so überhaupt der Unterschied, der Gegensatz, zwischen der Natur des Winters und der des Sommers; und dann übertragen auf das universale, physische und geistige, göttliche und menschliche Leben: das geistige Himmelsprincip und das sinnliche Naturprincip sind doch im Grunde Eines und dasselbe Wesen, das nur verschiedene Phasen seiner Erscheinung durchläuft, indem das Sinnliche durch seinen Tod zur Geburtsstätte des Geistigen wird. So sind also auch Tod und Leben, Diesseits und Jenseits nicht in Wahrheit einander entgegengesetzt, sondern es sind nur verschiedene Erscheinungen, verschiedene Entwickelungsstadien des Einen. Werden aber alle die hier auf eine Einheit zurückgeführten Unterschiede durch Göttergestalten symbolisirt, so ist eben diese Zurückführung auf Einheit, mythologisch ausgesprochen, nichts Anderes als Einheit all dieser Göttergestalten. Das Eine Göttliche heißt dann Zeus, sofern es das geistige oder Himmelsprincip, es heißt Demeter oder Persephone, sofern es das mütterliche, sinnliche Naturprincip ist; dasselbe Eine Göttliche als Winter und als Tod ist Hades, als Wiederaufleben, als siegende Sonne Apollon; oder das Eine Göttliche ist in allen diesen Formen Eins mit Dionysos, der in eben diesen Formen die verschiedenen Stadien seines Lebens durchläuft, die verschiedenen Seiten seines Wesens ausprägt. Mit gleichem Rechte aber konnte gesagt werden, alle diese Götterformen seien der Eine Zeus, der in verschiedene Gestaltungen sich kleidet, indem er sowohl Erde als Himmel, sowohl Tod als Leben, sowohl Winter als Sommer, sowohl Nacht als Tag, sowohl Natur als Geist wird, und in der einen Form sterbend, in der andern auflebend, zum höchsten Ideale eines friedlichen, harmonischen Bundes der Gegensätze, einer geistig verklärten Natur, eines edeln Menschendaseins, sich hindurchkämpft. —

Wenn das Heidenthum der ganzen Erde zu der Erkenntniß durchdränge, daß die Vielgötter allenthalben nur die einzelnen Seiten und Erscheinungsphasen des Einen Gottes darstellen, so würde das Heidenthum an seinem Ende angelangt sein; es würde sich durch diese Erkenntniß von selbst auflösen und sich aufgeben an die monotheistische Religion, welcher dann ihrerseits die Aufgabe bliebe, mit einem im Sinne des versöhnenden Bundes mit Erde und Menschheit vollendeten Gottesbegriffe entgegenzukommen. Ganz in dieser Weise sehen wir in den letzten Jahrhunderten vor Christus und in den ersten nach Christus eine Auflösung des Heidenthums sich vollziehen[16], indem fast alle namhafteren Religionsformen der Erde, zuerst im Alexanderreiche, sodann in noch größerer Allgemeinheit im Römerreiche, zusammenströmen, unter Einem Staatsverbande zusammengehalten werden, und, von Einem gebildeten, denkenden Bewußtsein vergleichend aufgenommen, immer mehr erkannt wurden als im tiefsten Grunde einander verwandt, ja vielfältig wesensgleich, oder verschiedene Seiten der Einen Wahrheit bezeichnend, und jede in ihren Vielgöttern das Eine Göttliche nur aus verschiedenen Gesichtspuncten verschieden gestaltend. Der auf diesem Wege durch Göttermengerei entstehende Monotheismus des gebildeten classischen Bewußtseins führt das von der ganzen Erde zusammengebrachte und so aufgelöste Heidenthum im römischen Reiche endlich dem Christenthume zu, in welchem die monotheistische Religion, von der semitischen Seite her, ihre soeben ausgesprochene Aufgabe löste: den vollendeten Gott des Liebesbundes, den Gott der Versöhnung, entgegenzubringen. Bis auf den vollendenden Gehalt, der von hier aus auch das Menschenideal erst zu seiner höchsten Höhe führen konnte, hat das Menschenideal, der dem Göttlichen zuwachsende, das Sinnliche ins Sittliche und Geistige verklärende, Gottmensch oder Gottessohn, Gestalt gewonnen im Hellenenthum; das die Menschheit in der Durchdringung durch das Eine Göttliche einende Reich, das durch den volleren Gottesgehalt zum Gottes- und Himmelreiche ward, ist entgegengebracht vom Römerthume; im Schooße des Judenthums aber war vornehmlich jene Erkenntniß Gottes selbst vorbereitet, durch welche allein die Formen der Sohnschaft und des Reichs ihren religiösen Vollgehalt zu erwarten hatten. Der die Welt durch seine Liebe schaffende, mit ihr durchdringende und in Liebe zu sich emporziehende, geistig-sittliche Vatergott; der Gottessohn oder das Gotteskind, das ist der vom Geiste dieses Gottes durchaus belebte, und durch diesen Geist der Liebe den Bund zwischen Gott und Welt, Geist und Natur, an sich selbst darstellende Mensch; und das Himmelreich, die im gleichen Sinne gottdurchdrungene und für alle Ewigkeit gottgeeinte Menschheit: das sind die Ideen, durch welche sich in der Religion des heiligen Liebegeistes, im Christenthume, die Entwickelung der Religion in der Menschheit mit der wahrhaften Erreichung des lang gesuchten Bundesziels abschließt.

Achter Vortrag.

Das Christenthum, die vollendete Religion.

Die Darstellung der geschichtlichen Entwickelung der Religion in der Menschheit, deren Abschließung Sie heute erwarten, war beherrscht von dem Grundgedanken, der schon in dem Worte „Entwickelung" angedeutet ist, und dessen Wahrheit die Darstellung selbst zu erweisen versuchte, — dem Grundgedanken, daß die wahrhafte, die vollendete Religion ihrem Durchbruche in Bewußtsein und Leben der Menschheit im Laufe der Geschichte schrittweise sich annähert. Diese Annäherung aber zu beobachten, zu beurtheilen: dies setzte voraus, daß wir uns selbst im Besitze des Idealbildes der vollendeten Religion glaubten; nur dadurch waren wir im Stande, die in der Geschichte sich darbietenden Religionen näher oder ferner der vollendeten Religion zu finden und fortschreitendes Heraufwachsen zu dieser anzuerkennen. Das Idealbild vollendeter Religion, welches in dieser Weise unsre Betrachtungen leitete, ist in dem ersten, einleitenden Vortrage dargestellt worden. Die Forderungen, die wir dort an die vollendete Religion stellten, sie haben wir auf unserm langen historischen Gange um die Erde sich allmählich immer mehr erfüllen sehen; zuletzt zeigte sich, daß die größte Annäherung an die Vollendung in den einzelnen Hauptstücken dieser Forderungen sich an verschiedene Volksstämme und Völker vertheilte, die unter allen am meisten berufen waren, Träger der Gemeinschaft zwischen Gott und Menschen, im Sinne einer natürlichen, geschichtlichen Fortbildung und Entfaltung menschlicher Anlagen Träger der Offenbarung zu sein. Wir mußten hiernach erwarten, daß auf dem Boden, wo alle diese heiligen Ströme zusammenflossen, und zur Zeit, in welcher dies geschah, die vollendete Religion erstehen würde. Aber nicht von einer bloßen Zusammenstellung der von jenen verschiedenen Völkern gelieferten Elemente konnte die Gewinnung des Vollendeten erhofft werden; denn in diesem heiligen Gebiete ist Alles aus dem Ganzen, und in dem Lebensvollsten und Geistigsten kann mechanisches, äußerliches Zusammenzählen Nichts vollenden. Was jene Völker getrennt geleistet, erlitt eben durch seine Abtrennung, durch seine isolirte Ausbildung, einen Abbruch an Vollkommenheit; die organische, lebensvolle Vereinigung dieser einzelnen Elemente konnte nicht anders als zugleich eine Steigerung, eine Erhöhung, Vertiefung, Vollendung eines jeden derselben zur Folge haben, und nur in solcher Weise wurden sie Elemente des Einen, Ganzen, Vollendeten.

Auf welchem Boden dieses Eine aufwachsen mußte, der Baum des wahren Himmelreichs, der wahren Gottmenschheit, der wahren Gotteserkenntniß, dies kann nicht zweifelhaft sein: nothwendig da, wo von jenen Forderungen der vollendeten Religion die wichtigste, die grundlegende, eine Erfüllung gewann, welche dem Ziele am nächsten kam. Diese grundlegende Forderung aber ist ohne Frage die Gotteserkenntniß. Die Gotteserkenntniß sahen wir ihrem zuvor von uns gezeichneten Endziele am nächsten gebracht am Ende der aufsteigenden Religionsentwickelung der semitischen Menschheit, am Ende der selbständigen Culturlaufbahn ihres zuletzt abgetrennten Zweigs, des jüdischen. So kommt das Heil von den Juden; auf dem Boden des kleinen Küstenlandes, welches als der Knotenpunct betrachtet werden kann, von dem aus die drei Erdtheile unsrer

Halbkugel sich scheiden, oder in welchem sie in Eins zusammengehen, auf dem Boden Palästinas mußte jener Baum aufwachsen, und dies zu der Zeit, in welcher die jüdische Gottesidee der vollen Gotteserkenntniß am nächsten gekommen war. Aber dies war eben dieselbe Zeit, in welcher die letzten Resultate der griechischen Bildung die Cultur des jüdischen Volks in mehrfachen Richtungen durchsetzten, und in welcher das römische Weltreich die Scheidewände unter den Völkern niederzureißen trachtete und einer universalen Einheit, einer allgemeinen menschheitlichen Lebensorganisation, zustrebte. Griechenland und Rom sollten und mußten jetzt ihre religiöse Bestimmung erfüllen; das Höchste, was sie dazu geben konnten, die Religion zu vollenden, hatten sie erreicht; sie mußten es hingeben, damit es organisch angeeignet, in Saft und Kraft seines eignen Lebens verwandelt würde von dem Baume des Heils, der in Palästina, der im „Galiläa der Heiden" zwischen Juden und Griechen, der unter römischer Herrschaft seine ersten Schossen trieb.

Die vollendete Gotteserkenntniß, freilich nicht in der Form der Wissenschaft, sondern in der lebensvollen Form einer empfundenen, das Gemüth erfüllenden und das ganze menschliche Sein und Handeln tragenden und bewegenden, inneren Heilsthatsache, — diese vollendete Gotteserkenntniß ersteht in dieser Zeit auf jüdischem Boden, aus jüdischer Frömmigkeit, als ihre letzte und höchste Frucht, in der Anschauung vom himmlischen Vatergotte, dem πατὴρ ὁ ἐν τοῖς οὐρανοῖς, der da lauterer Geist und lautere Liebe, schöpferisch sich hingebende, erlösende, verzeihende, das Gute allenthalben vollendende Liebe ist: dem Gotte, welchen Jesus von Nazaret lebendig wie kein anderer Mensch in sich trug, und den in gleicher Lebendigkeit den Seelen aller Menschen einzupflanzen er als seinen gottverliehenen Beruf ergriff, für den er Alles dahingab. Die geschichtliche Wahrhaftigkeit kann nicht davon lassen, daß dieser Gott im vollen Verständnisse der ganzen Fülle dieses seines

Wesens zuerst von Jesus erschaut und verkündigt worden ist, so daß vor diesem Lichte der wahren Geistersonne alle die Vorbotensterne, deren Glanz uns in unseren früheren Betrachtungen in der umgebenden Finsterniß schon so blendend erschien, verbleichen mußten. Was wohl gelegentlich als einzelne Eigenschaft und ohne ausschöpfende innere Erlebniß auch in den höchsten Worten vorchristlicher Religionen von Gott ausgesagt wurde, Vaterschaft, Liebe, schaffendes und führendes Geisteswalten: das ist hier Grundwesen der Gottheit, Alles an ihr aufzehrend, und in diesem seinem Werthe ganz hingegeben menschlichem Nachempfinden, ihm durchdringbar, vertraut, Vertraulichkeit erzeugend. In diesem Sinne ist es besonders der Begriff des „heiligen Geistes", welcher das Wesen des christlichen Gottes uns aufschließt: der heilige Geist, in den Ursprachen durch ein Wort bezeichnet, welches zunächst den Lufthauch, das Wehen, bedeutete, ist die Gottheit selbst, der Vatergott, sofern er aus sich herausgeht in wirksamer Liebe, als Liebeswille, als schöpferische Liebeskraft. Gott ist Geist, πνεῦμα, und Gott ist die Liebe, ἀγάπη, sind einander deckende Worte des Christenthums. Der heilige Geist, τὸ πνεῦμα ἅγιον, unterscheidet sich durch diese seine Bedeutung als reales, gehalterfülltes und empfundenes Wollen wesentlich von dem Geiste, der dem Griechen das Göttlichste war, dem νοῦς, der, als wesentlich nur denkend, abstract, formal, immer der Ergänzung durch eine ihm gegenübergestellte, von ihm principiell unabhängige Stoffwelt bedurfte. Dagegen ist der Gott, der der heilige Geist, der unendliche, schöpferische Wille der Liebe ist, in sich selbst Alles, und aus ihm ist Alles.

So ist denn auch in dem Gotte des Christenthums die Forderung erfüllt eines strengen Monotheismus: wie wir schon in dem der Vollendung sich annähernden Entwickelungsgange der Religion in der nächst vorchristlichen Zeit, im Judenthum, Griechenthum und Römerthum, den Monotheismus als höchstes

Ergebniß fanden. Der wahre Gott kann nur der Eine Weltengott sein, dem alle Theile seiner Schöpfung, alle Theile des Universums, um so mehr alle einzelnen Völker der Erde, gleich nahe stehen; aber auch in sich selbst kann er keine Theilung bergen, die ihn in mehrere eigene Geistwesen, mit eigenem Bewußtsein und Willen, zerrissen zeigte. Dann wären mehrere, von einander bedingte Urwesen, deren keines im wahren Sinne Gott wäre; denn keines wäre das unbedingte, unendliche, schlechthin unabhängige Urwesen selbst. Der Vatergott Jesu zeigt diese strenge Einheit, Einzigkeit nach Außen, wie nach Innen. Er zeigt diese Einheit eben auch darin, daß er nicht ein Stoff- oder Naturprincip neben sich hat, sondern die gesammte Realität, die gesammte Natur, ursprünglich in seinem Schooße trägt, eben dadurch Schöpfergott, eben dadurch hinausgehoben über die abstracte zu einer lebenserfüllten Geistigkeit, in welcher der Gegensatz zur Natur, der Gegensatz zur Weltwirklichkeit, getilgt, an höchster Stelle, im Gottesbegriffe selbst, der Bund geschlossen ist zwischen Himmel und Erde, Geist und Natur, realem und ideellem Dasein.

Auch dies war ja eine der Forderungen, die wir an den Gott der vollendeten Religion gestellt haben: er sollte der Gott des Bundes sein, der in keiner Weise mehr zu den Daseinsbedingungen der Welt, der Erde, der Menschheit in einem unausgleichbaren Gegensatze steht, sondern zugänglich ist einer Gemeinschaft mit dem irdischen Leben, in welcher dieses sich zu ihm emporhebt und mit ihm durchdringt, ohne sich zu zerstören, ohne sich zu verleugnen. Zu solcher Gemeinschaft ist die Grundbedingung erfüllt, wenn das Wesen der Gottheit selbst als jene reale Geistigkeit erfaßt ist und als jener den Bund wollende Liebesgeist, den wir im Gotte des Christenthums finden dürfen: die ursprüngliche Einheit eben der Gegensätze, die der Bund verbinden soll.

Wenn die Natur, selbst das materiellste Dasein, ursprünglich aus Gott ist, so ist ein Bund zwischen ihr und dem Göttlichen auch insofern geschlossen, als nicht im Uebernatürlichen, ja Widernatürlichen, im sogenannten „Wunder", erst die wahrhafte Bezeugung Gottes, überhaupt irgend eine Art seiner Bezeugung, liegen kann. Vielmehr im Natürlichen selbst bezeugt sich dann Gott: die Gesetze und Wirkungsweisen der Natur sind seine Gesetze und seine Wirkungsweisen. Wie sollte er sie dann aufheben wollen? Wie sollte er gar dadurch größer und göttlicher erscheinen, wenn er aufhebt oder verletzt, was er selbst geordnet? Ist es nicht Zeichen größerer Weisheit und Macht, wenn die einmal gesetzten Anlagen der Schöpfung, sich in ihrer geordneten Weise entfaltend, ohne äußerliches Dazwischentreten ihres Lenkers, zum gottgewollten Ziele führen? Wenn Gott in diesen sich selbst entfaltenden, natürlich entwickelnden Anlagen lebt und waltet, ist er dann weniger Gott, als wenn er von Außen herein, wie seine früheren Absichten verbessernd, einer früheren Ohnmacht nachhelfend, plötzlich hier und da in den Zusammenhang seiner Schöpfung unmittelbar eingreift? Es ist eine Ueberzeugung, die wir für christlich halten müssen und für Jesu eignem, persönlichen Sinne entsprechend, daß der wahre volle Bundesgott, der Gott Jesu, das einzelne Wunder ausschließt, indem er im natürlichen Geschehen, in der Entwickelung seiner Schöpfungsziele aus der Natur und durch die Natur, das Eine große universale Wunder thut, das seiner allein würdig scheint. Daß Jesus ebenso, wie Buddha, Zoroaster, Muhamed, ja mit noch größerer Verachtung als diese, das Wunder als unwürdig von sich wies, indem er im Jonaszeichen, das ist in seiner Predigt, in welcher mehr war als in Jona, auf den dennoch die Niniviten gehört hatten, das einzige Zeichen gab, habe ich wiederholt hervorzuheben Anlaß genommen, und früher einmal in ausführlichen Vorträgen über diesen Gegenstand[1] an dieser Stelle gezeigt, wie es möglich ist, die Entstehung der christlichen Wundererzählungen und ihr Eindringen in die Evangelien ebenso leicht und auf dieselbe Weise zu erklären, wie wir dies in Bezug auf die Wundererzählungen anderer Religionen thun. Es ist ein allgemeines religionsgeschichtliches Gesetz, daß die geistig-sittlichen Wirkungen, die Heilsthaten der Religionsstifter in der Sage der überall tieferstehenden Zeitgenossen und Nachlebenden sich in physische Wunderwirkungen umwandeln.

Ist die Natur aus Gott, so ist auch der natürliche Mensch aus Gott; aber mit *der* Bestimmung ist er aus Gott hervorgegangen, daß er die göttlich-geistige Anlage seiner Natur zur Uebermacht entwickele, die sinnlich-selbstische beugend, zurückdrängend, dann aber das Niedere durchdringend, heiligend, wiedergebärend durch den in ihm zur Uebermacht gelangten heiligen Gottesgeist. Das Widerstreben gegen diese Bestimmung ist die Sünde. Ihr gegenüber ist Buße, Sinnesumkehr (μετάνοια), der einzige Weg des Menschen zum Gottesfrieden, zum Heil. Trachten nach dem Göttlichen, Suchen und Erbitten des heiligen Geistes, ein selbstloses sich Ausstrecken nach dem Höchsten, das ist die Gesinnung, auf deren Wegen das Heil, die Beseligung, die ewig friedvolle Einigung mit Gott liegt; wer nur diesen Keim in sich trägt, dessen Lebensbaum wächst in den Himmel hinein. In diesem Keime hat er das Himmelreich schon hier, in seinem Innern. In Demuth, Keuschheit, verzeihender Liebe, Wahrhaftigkeit, thätiger Hingebung wird er den Willen des Vaters im Himmel thun. Vorübergehend nur wird ihn die Sünde wieder übermannen, und sie wird ihm vergeben sein; denn wieder umkehrend von ihr zum Wege der Gottheit tilgt er sie. Wie sollte Gott Vergangenes strafen? Der himmlische Vater nimmt den Einen verlorenen Sohn, der Buße gethan, mit größerer Freude auf in sein Reich, als neun und neunzig Gerechte, die der Buße nicht bedurften. Vollkommener konnte der Bundesschluß, allumfassender die Versöhnung nicht erreicht, nicht gedacht werden;

liegt doch in dieser Bevorzugung des durch die Sünde Hindurchgegangenen selbst eine Versöhnung mit der Sünde, mit dem Bösen, welches dadurch aufgenommen ist in den Weltplan, daß es durch sein Bekämpft- und Besiegtwerden den Werth des Guten steigert, die Seligkeit der Gottesliebe vermehrt. Die Angst vor der Sühnung des Vergangenen ist getilgt; es ist gesühnt, wenn es überwunden ist, ja es ist dann verherrlicht zu einer Staffel höheren Heils. Und wir werden überwinden, früher oder später, wenn wir nur danach streben, wenn wir nur hungern und dürsten nach der Gerechtigkeit. „Suchet, so werdet ihr finden; bittet, so wird euch gegeben; klopfet an, so wird euch aufgethan." Das innerste Wollen unsers Herzens, das ist Alles, was wir entgegenzubringen haben, damit Gott uns daran gleichsam zu sich emporziehe; es ist das kleine Senfkorn, aus dem sich in geordnetem, natürlichem Wachsthum das göttliche Leben des Menschen, das Gotteskind, der Gottessohn, zur Vollendung emporringt.

Der Gottessohn, das Gotteskind, — das ist unter den Urworten des Christenthums nach dem „himmlischen Vater" das zweite. Ist Gott der Vater, so ist der Mensch der Sohn, das Kind, aber nur dann, wenn er Gottes heiligen Liebegeist in sich trägt, sei es auch nur wie ein Senfkorn. Der heilige Geist ist das Einende, das Verknüpfende zwischen Vater und Sohn, Gott und Mensch; er ist der gleichbleibende Gehalt in den Gehalten jener beiden Urworte. Darum heißt der Gottessohn geboren aus dem heiligen Geiste, oder wiedergeboren aus diesem Geiste als ein neuer Mensch. Alle Menschen sind Gottessöhne, Gotteskinder, im Sinne Jesu, welche diesen Geist wirksam in sich tragen, welcher Leben in dem göttlichen Lebensprincip wurzelt, das wir soeben kennen gelernt als Fundament des Heils; denn eben dieses selbe Lebensprincip ist der heilige Geist: selbstloses, liebevolles Trachten nach dem Göttlichen, dem Vollendeten. Solches Trachten, solches Dürsten, solches Suchen ([illegible]) macht uns zu Gotteskindern; in ihm liegt die Herzensreinheit und die Friedfertigkeit von selbst, an welche die Seligpreisungen der Bergpredigt ihre Verheißungen knüpfen; und die ganze Tiefe und Höhe des Menschenideals, des Ideals des Gottmenschen, erfüllt sich aus jenem einfachen Keime heraus nothwendig, sei es in dieser oder in jener Welt, in Allen, die ihn besitzen, wie es sich vorbildlich erfüllt hat in der Person Jesu. Wir fanden dieses Ideal am meisten vorbereitet im Griechenthume. Aber die antike Harmonie, die stoische Weisheit und Hoheit, die schöne Vornehmheit classischer Bildung, sie bedurften noch des ihre starre Hülle schmelzenden und durchleuchtenden, des erwärmenden und fröhlich, innig belebenden Herzensgehaltes des Gottes der Liebe. Vor ihm erst, diesem Gotte, schwindet alle Nüchternheit der Gesetzesformel, alle Knechtschaft unter dem Göttlichen: ein persönliches Lebensband verknüpft Gott und Mensch; es erfüllt sich das Wort, daß der Sohn nicht Diener ist, sondern Erbe im Reiche. Und in gleichen Rechten sind die Kinder Gottes durch Jesus Christus berufen zu solchen Erben des Reichs, ob Mann oder Weib, ob Knecht oder Freier im irdischen Leben, ob Grieche oder Jude oder von anderer Volksart, gleichviel welchen Standes oder Berufs. Die Kinder Gottes sind Brüder, als des Einen Vaters Kinder, und in friedvoller Wechselwirkung schaffen sie an den Werken des Reichs.

Das dritte der christlichen Urworte faßt die Gotteskinder zusammen mit Gott zum Himmelreiche oder Gottesreiche. Das ist das Wort des allseitig verwirklichten Bundes zwischen Gott und Welt. Die ganze Welt und alles zukünftige Dasein, auch das jenseitige Dasein der hier Verstorbenen umfassend, zeichnet es die Schöpfung, wie der Gottesgeist der Liebe sie wollen muß: als ein Reich freien Wachsthums in natürlicher Entwickelung aus gottgelegtem Keime, und in dieser Freiheit ein Reich liebenden, ergänzenden Austausches des Verschiedenen. Durchdrungen vom Wollen des Göttlichen, frei von der Herrschaft des selbstischen Ich, einander hingegeben, Eins durch den Einen Gott und die Eine Liebe, sind die Glieder dieses Reichs doch eben so viele freie Erben, Kinder, nicht Knechte, die auf ihre Weise, nach ihren Gaben, in ihrer eigenen Färbung, das Göttliche suchen und darstellen. Erst so kann von einem Reiche gesprochen werden, und vor Allem erst so von einem Reiche, das die ganze Erde, ja die ganze Welt umspannen soll. Als irdisches Reich war das heidnische Römerreich ein Vorbild und Anknüpfungspunct; es schonte geraume Zeit die vielen unterschiedenen Völkerindividuen, die es in sich faßte, in ihren Religionen und Sitten, und ließ allenthalben die Vermischung fremder mit den einheimischen Culten gewähren; nur gewisse allgemeine Gesetze wahrten die einheitliche Herrschaft und den inneren Frieden im Reiche, und verboten die wüstesten Greuel des Wahns. Die Mischung des Verschiedenen in dem Einen Reiche mußte so von selbst zu einer Einigung im Wesentlichen führen, die innerhalb ihres weiten Umfangs die größte, manchfaltigste Individualisirung dennoch zuließ, ja forderte. Dieses Reichsideal der Menschheit kommt zur vollen Klarheit und zur ächten positiven Gehaltsfülle in dem „Himmelreiche" Jesu, der βασιλεία τῶν οὐρανῶν, deren Schilderung die herrlichsten Gleichnißworte des Meisters gewidmet sind. Die Allgemeinheit, Einfachheit der Bedingungen für den Eintritt ins Himmelreich, welche mit jenen allgemeinen, schlichten, aber in die Tiefe des innersten Menschen weisenden Bedingungen der Gottessohnschaft zusammenfallen, — diese Allgemeinheit zeigt deutlich, daß die Unterschiede in der Individualisirung dieses Allgemeinen im Himmelreiche selbst einen berechtigten Sitz, eine himmlische Reichsstandschaft genießen sollten. Und ist nicht erst so die Liebe von Werth, wenn sie Ergänzungen des Verschiedenen vermittelt? Die Liebe ist dann zugleich das festknüpfende Band, das den Unfrieden, die Entfremdung des Verschiedenen fernhält, und der Quellbronnen des Lebens, der das Verschiedene aufwachsen läßt zu beseligendem Austausche, zu harmonischer Einheit. Ist nun diese Liebe Eins mit jener Gesinnung oder jenem Wollen, das wir unter dem Namen des „heiligen Geistes" bezeichnet fanden, so zeigt sich von Neuem, daß dieser Geist, das πνεῦμα ἅγιον, den eigentlichen, überall wiederkehrenden Inhalt des Christenthums darstellt, der in den drei Urworten nur hier als Gottes Gehalt, hier als Gehalt des geheiligten Menschen, hier als Gehalt des gesammten in Gottes Sinne vollendeten Universums auftritt[2].

Fragen wir nach dem *Cultus* der Religion, welche in diesen drei Urworten ihren Inhalt verkündigt, so können wir im Sinne Jesu nur antworten: das *Leben selbst* ist der Cultus, der Gottesdienst; das Leben, welches gelebt wird aus der Geistes- und Herzensbeschaffenheit hervor, welche dem Himmelreiche einverleibt; das Leben im heiligen Geiste und in der Wahrheit, die in ihm liegt. Gewiß bedarf der Mensch fortwährender Stärkung und Erneuerung dieses inneren Heilsquells; er empfängt sie durch die Vertiefung in sich selbst im Gebete, in welchem er den göttlichen Geist in sich wachruft und die Wege und Ziele des heiligen Lebens in seinem Innern zu neuer, die Seele erquickender Anschauung und Empfindung bringt; er empfängt ferner diese Ernährung seines besten Theils im religiösen Gemeinschaftsleben durch die Einwirkungen des Worts und durch die Erinnerung an den Meister, an seine gottgeeinte, mächtig wirkende Persönlichkeit, an seine Predigt, an seine Liebe, an seinen Märtyrertod, dieses vollendetste Zeugniß seines göttlichen, Alles den Seinen hingebenden, Alles für sie erduldenden Lebens. Sein Fleisch und Blut sollen wir in unser Fleisch und Blut wandeln, sein inneres Wesen in das unsrige, wie der Apostel, der von sich sagen konnte: „nun lebe nicht ich, sondern Christus in mir." Das ist das einzige Opfer, das gebracht werden soll: das Opfer unserer Selbstsucht, die Ungebung unseres Ich, an Gott; aber so, daß Gott uns innerlich erfüllt, wie er Jesus erfüllte, und die Hingebung uns reicher macht, als wir zuvor waren. So ist unser Leben, unsre Liebe, unser Wollen des Göttlichen, selbst unser Cultus, und so konnte Jesus das Wort des Hosea wiederholen: „Barmherzigkeit will ich, nicht Opfer". Der Sabbat ist lediglich um des Menschen Willen gemacht, damit der Mensch von Zeit zu Zeit durch stärkere Anregungen des heiligen Lebenskeims und Auffrischung seiner Gottesgedanken sich seines Heilsbesitzes von Neuem gewiß mache, und vom äußerlichen Geschäftstreiben sich zurückziehe in den heiligen Genuß andächtigen Schauens und Sinnens. Aber das Himmelreich kommt nicht mit äußerlichen Geberden, und es wird eine Zeit kommen, da man weder an diesem noch an jenem besonderen Orte anbeten, sondern Gott lediglich dienen wird im heiligen Geiste und seiner Wahrheit. Diesem idealen Fluge folgend, der über alle besonderen Cultuseinrichtungen hinausweisend den vollendeten Cultus in einem vollendeten, gottdurchdrungenen Leben erkennt, sah auch der Seher der Apokalypse im neuen Jerusalem keinen Tempel: „denn der Herr, der allmächtige Gott, war ihr Tempel."

Dies war die Religion Jesu, das Christenthum Christi, oder, sollten wir das Evangelium nicht mit ungetrübtem Auge gelesen, nicht im wahren geschichtlichen Verständnisse gedeutet haben, so ist dies die Auffassung der ursprünglichen Religion Jesu, in Kraft deren allein es möglich ist, das Christenthum die vollendete Religion zu nennen. Mehr noch als in früheren Vorträgen habe ich in dieser Darstellung des Urchristenthums mich bei wenigen Andeutungen begnügen müssen. Ein Vortrag, der nur bestimmt war, den Schlußpunct einer geschichtlichen Entwickelung zu zeigen, ohne selbst in die neue geschichtliche Entwickelung im Einzelnen einzugehen, welche wieder dieser Schlußpunct in der Menschheit veranlaßt hat, mußte diese Beschränkung sich auferlegen. Und hier, in dem durchforschtesten und durchstrittensten Gebiete, hätte jeder Schritt eingehender Auslegung auch ausdrücklich die Einwürfe entgegengesetzter Ansicht beseitigen, sowie auf die Frage nach den Quellen eingehen müssen, aus welchen wir allein das ächte und ursprünglich Christliche schöpfen können. Ich mußte mich hier bei einer Aussprache begnügen, der Sie nur persönlichen, individuellen Werth zuerkennen mögen, und so gestatten Sie mir, in dieser Weise fortfahrend über weitere Fragen der Geschichte des Christenthums Ueberzeugungen zu bekennen, welche noch weit weniger, als die bisher vorgetragenen, in dieser kurzen Stunde genügende Begründung finden können.

Zunächst kann Ihnen nicht entgangen sein, daß nicht alle Aussprüche Jesu, die uns überliefert werden, in der Ihnen hier dargebotenen Darstellung der urchristlichen Religion zur Geltung gebracht sind. Neben jenen Urworten und ihrer Ausführung gehet noch manches Wort nebenher, welches religiöse Anschauungen enthält, die unserm gegenwärtigen Bewußtsein fremder geworden sind, oder wohl gar sich nur schwer vereinigen lassen mit Dem, was als der eigentliche Kern des Christenthums aus jenen Urworten geschöpft ward. Wenn nicht der getrübte Zustand und die Unsicherheit unsrer Ueberlieferungen gestattet, auch hier an entstellende Beisätze zu denken, welche die historisch-philologische Kritik abzuscheiden hat, so dürfte es am nächsten liegen, anzunehmen, daß auch aus Jesus, so hoch er durch den eigentlichen Kern seiner Religion über seiner Zeit und seinem Volke stand, doch in einigen Nebenzügen seiner Lehre und des von ihr vorausgesetzten Gedankenkreises der jüdische Glaube seiner Zeit spricht, unverbindlich für andere Zeiten und andere Völker, deren Bildungsgrundlagen nicht mehr die des semitischen Alterthums bleiben konnten. Wenn wir es wagen, diese Annahme als die unsrige zu ergreifen, so werden wir doch immer nur thun, was Jesus selbst gethan: wir werden Gott und den heiligen Geist überordnen dem einzelnen, historisch, national, individuell bedingten Träger der Offenbarung[3].

Am allerwenigsten können wir dem orthodoxen Kirchenglauben das Recht einräumen, einen solchen Standpunct zu tadeln. Denn die Bekenntnißlehren, die Dogmen, aller christlichen Kirchen haben das ursprünglich Christliche, das durch den eignen Mund Jesu Bezeugte, so weit überschritten und verändert, daß wir vielmehr ihnen gegenüber vom Standpuncte des Christenthums Christi aus gegen solche Ueberschreitung zu protestiren haben. Lassen Sie mich die Stellung in Wenigem kennzeichnen, welche aus der vorgetragenen Auffassung der ächten Jesu=Religion gegenüber der Kirchenlehre, auch der lutherischen, als nothwendige Consequenz erwächst, und auch durch die geschichtlichen Betrachtungen, von denen wir herkommen, sehr wesentlich unterstützt wird.

Das allgemeine Resultat schicke ich der Anführung des Einzelnen voraus, indem ich mich zu der Ueberzeugung bekenne, daß allenthalben, wo die Kirchenlehre von jener urchristlichen Religion abweicht, die Abweichung geschichtlich nur aufgefaßt werden kann als ein Rückfall zu vorchristlichen, heidnischen oder jüdischen Elementen, welche durch die Religion Jesu hatten überwunden werden sollen. Aus diesem Gesichtspuncte ist Denen, welche jene Religion Jesu glauben, doppelt die Pflicht auferlegt, sie im Kampfe mit der sogenannten Orthodoxie wiederherzustellen, und es ist ihnen eine tief schmerzliche Thatsache, daß Gotteshaus und Schule noch allenthalben wiederhallen von Lehren, in welchen sie den ächten Geist Jesu vermissen, namentlich schmerzlich, daß sie weithin den ersten Unterricht ihrer Kinder von solchen Lehren beherrscht sehen, und in hohem Grade bedauerlich, daß Viele der gleichdenkenden Zeitgenossen aus Ueberdruß oder Gleichgiltigkeit den Kampf meiden und Demjenigen, was sie doch im Innern verwerfen, das Feld lassen, viele Andere aber aus Mangel lebendigen Interesses am Geistesleben und an der Wahrheit nur auf den sogenannten „praktischen" Lebensgebieten der kirchlichen Reform ihre Arbeit anweisen wollen. Das praktisch Nöthigste scheint vielmehr, Geister und Herzen mit solchem religiösen Gehalte zu erfüllen, der mit wohlerworbenen Ergebnissen der Wissenschaft und Bildung unserer Zeit in Eins zusammenklingt und dem unseligen Mißverhältnisse ein Ende macht, in Folge dessen gegenwärtig oft gerade die Gebildetsten nur wenig von dem, was sonst ihr Leben adelt und ihren Geist erhebt, mit in die Kirche nehmen können, und nur wenig aus ihr nehmen können von dem, was sie wahrhaft ihrem Leben einverleiben wollen.

Rückfall zu vorchristlichen Denkweisen nenne ich zunächst die Veränderungen, welche in der geschichtlichen Ausbildung der Dogmen die Gottesanschauung Jesu erlitten hat. An die Stelle der Einen, ethisch-geistigen Persönlichkeit Gottes, deren Wesen selbst die schöpferische Liebe, der heilige Geist ist, hat die Kirche eine Dreiheit von Personen gesetzt mit dreifachem Selbstbewußtsein und dreifachem Willen, deren persönliche Einheit freilich daneben immer behauptet ward, aber niemals in Wahrhaftigkeit mit der Dreiheit zugleich festgehalten werden konnte. Während Jesu selbst der Vatergott der Eine, ganze Gott war, der sich als heiliger Geist wirksam zeigt, hat die kirchliche Entwickelung allgemach eine Dreiheit gleichstehender, gleichgöttlicher Personen der Gottheit erreicht, deren erste nur jener himmlische Vater, deren andre der ewig vor der Welt erzeugte Sohn oder Logos und der heilige Geist sind. Nicht unähnlich jenen Processen vermanchfachender Personificirung, in welchen wir in den Mythologien der Heiden oftmals aus Einem göttlichen Principe, so namentlich aus dem Himmels- oder Sonnenprincip, allgemach mehrere Götter hervorgehen sahen, indem einzelne Wirkungsweisen jenes Princips verselbständigt wurden, hat sich hier auch in der christlichen Kirche aus unterschiedenen Wirkungsweisen oder Erscheinungsstellen der Gottheit eine solche

Mehrheit hervorgebildet. Aus dem Worte, durch welches nach der Schöpfungserzählung des Alten Testamentes Gott das Werde! sprach, und welches später zum Repräsentanten der göttlichen Vernunft wurde, und aus dem wirkenden Liebegeiste, dem heiligen, der bei der Schöpfung nach eben jener Erzählung über dem Chaos brütete und später als Repräsentant des göttlichen Willens galt, — ist eine Zweiheit selbständiger göttlicher Personen entstanden, die mit dem in Wahrheit alleinigen Vatergotte zu jener Dreiheit zusammengefügt ward.

Daß wir den in so ausgedehntem Maße in die christliche Gedankenwelt eingetretenen Wunderglauben zu den Elementen vorchristlicher Religion zu rechnen haben, welche ins Christenthum eindrangen, ist bereits früher angedeutet worden und heute durch den Gottesbegriff Jesu, sowie durch Jesu eigne Stellung zum Wunder uns nahe getreten. Vor Allem hat der Wunderglaube an der Person Jesu selbst einen Mittelpunct gefunden, und aus den religiös-sittlichen Begriffen der Gottessohnschaft und anderen, damit zusammenhängenden, einen poetisch-sinnvollen Sagen- und Mythenkranz geflochten, der nur durch den bessern religiös-sittlichen Gehalt des Christenthums, den er nicht verlieren konnte, sich über ähnliche Mythen des Heidenthums erhebt, in seinen Wunderformen dagegen wiederholt, was wir allenthalben in den höher entwickelten vorchristlichen Religionen mehr und minder deutlich vorfinden: die wunderbare Gottesgeburt und Jungfrauengeburt, die Bewältigung der Natur im physischen Sinne durch den bloßen Willen oder das bloße Wort, die Negirung des Raums und der Zeit und ihrer Gesetze, eine übernatürliche Bezwingung des Todes. Je weiter in der Zeit seiner Entstehung entfernt vom Urquell, um so mehr zieht dieser christliche Mythenkreis auch die Umgebungen Jesu in sein Allerheiligstes herein; zu den Idealbildern der Madonna und ihrer Angehörigen und zu der Gruppe idealisirter Apostelgestalten, zu der überall an diese Halbgötter und Heroen der christlichen Mythologie sich anknüpfenden Wundersage und Mährchendichtung, kommt endlich eine Welt von jüngeren Heiligen mit ihren Legenden, und die priesterlichen Fortleiter des heiligen Geistes auf Erden machen sich glauben als Träger einer ähnlichen Wunder- und Zaubermacht, wie sie von früh an im Christenthum mit der religiös-sittlichen Heiligkeit verknüpft galt. Wie wenig wir verlieren, ja wie viel wir gewinnen, wenn wir überall das natürliche geschichtliche Bild der christlichen Persönlichkeiten und ihres Lebens, vor Allem Jesu, reinigen und lostrennen von den typischen und allegorischen Erzeugnissen religiöser Phantasie, welche nicht als Wirklichkeit, sondern nur als poetische Idealbilder von Werth sind, — dies glaube ich in einem früher hier gehaltenen Vortrage [4] deutlich gezeigt zu haben, in welchem ich versuchte, das Lebensbild des historischen Jesus von Nazaret, des menschlichen Sohnes Josephs, von allem Mythischen befreit, an der Hand der Evangelien zu zeichnen und in die volle Wirkung zu setzen, die es so noch viel mehr, als in der mythischen Umhüllung, erbauend, erweckend, mit göttlichem Gehalte erfüllend, und unsre höchste Liebe und Ehrfurcht erwerbend, auf unsre Herzen ausübt.

Wie das Verhältniß Gottes zur Natur, so ist auch das Verhältniß Gottes zur Geschichte der Menschheit von der christlichen Kirchenlehre im Sinne des Wunderglaubens aufgefaßt worden, wovon die übernatürliche Anschauung von der Person Jesu selbst das vornehmste Beispiel ist. Die Entfaltung des Göttlichen in der Menschheit erscheint der kirchlichen Orthodoxie nicht als ein Lebensproceß, worin die göttlichen Anlagen des Menschen sich zur Freiheit und zur Herrschaft entwickeln über die Mächte der Sinnlichkeit und Selbstsucht; das Aufsteigen von der Thiermenschheit zur Gottmenschheit gilt hier vielmehr als bedingt durch unmittelbares Zwischentreten von Gottesthaten, und vor Allem wird die jüdische und christliche Religionsgeschichte herausgeschnitten aus dem menschheitlichen Geschichtsganzen, die zum Kanon gesammelten Urkunden der jüdischen und der christlichen Religion herausgeschnitten aus der menschheitlichen Cultur- und Literaturgeschichte, um in diesen Erscheinungen, im Unterschiede von allen anderen derselben Gattung, unmittelbare Wirkungen göttlichen Eingreifens, göttlicher Sendung, Eingebung, Offenbarung zu erblicken. Aus der hieraus folgenden Annahme von unbedingter, buchstäblicher Autorität der heiligen Schriften Alten und Neuen Testaments, worin sich gleichfalls wiederholt, was wir auf niederen, vorchristlichen Religionsstufen herrschen sahen, ergab sich eine, der ächten Religionswahrheit selbst überaus nachtheilige Verhinderung wahrer Geschichtserkenntniß auf den wichtigsten Gebieten des Menschheitlebens. Im Besonderen erwuchs aus der Kanonisirung des Alten Testaments die Herübernahme mythologischer Anschauungen von der Schöpfung der Welt und von dem Ursprunge der menschlichen Sünde in die christliche Dogmatik. Unter dem Banne des Buchstabenglaubens einerseits, unter der Neigung zu sinnlichen Ausmalungen andrerseits, litt namentlich auch der Unsterblichkeitsglaube, der die Lehre von ewiger Unseligkeit der Verdammten in sich aufnahm, und eine entsetzend abstoßende Gestalt besonders dadurch erhielt, daß mehr und mehr der Glaube an gesetzlich fixirte Kirchenlehren zur Bedingung der Seligkeit gemacht ward, die kurze Minute des Erdendaseins für den Menschen das Schicksal der Ewigkeit entscheiden sollte, und in Folge dessen z. B. auch die Besten der Heiden, soweit sie nicht bei Gelegenheit der Höllenfahrt Christi sich bekehrt hatten, was ja bei den später Verstorbenen nicht möglich war, der ewigen Höllenpein überantwortet galten, selbst wenn sie niemals auch nur von ferne von einer christlichen Mission Kunde erhalten hatten.

Um nur die wichtigsten und in das Leben eingreifendsten Dogmen zu erwähnen, an welchen der Rückfall zu Vorchristlichem wirksam wurde, gedenke ich nur noch der Lehre von dem stellvertretenden Sühnetode Christi. Dieselbe beruht auf der Vorstellung, daß Gottes Zorne und seiner Strafgerechtigkeit, welche unbedingt für jede Sünde das angemessene Strafleiden verlange, Genüge gethan werden könne durch Stellvertretung, indem der Unschuldige, der Sündlose erduldet, was die Schuldigen nach der Gerechtigkeit hätten erdulden sollen. Weder läßt sich jener Begriff der Strafgerechtigkeit mit der Liebe des christlichen Gottes vereinigen, welcher immer nur die Erziehung zum Guten als Ziel gelten kann, das vergangene Böse aber nur als Gegenstand des Verzeihens, — noch ist der Gedanke eines stellvertretenden Strafleidens mit diesem Gerechtigkeitsbegriffe selbst und wiederum mit der göttlichen Liebe zu reimen. Wir erkennen in dieser Lehre einen Nachklang der alten Opferidee, die ja gleichfalls ein Abkaufen der Strafe und des göttlichen Zorns an die Stelle der Herzensbuße und Heiligung des Lebens setzte, und erinnern daran, daß Jesus selbst im Thun des göttlichen Willens allein den Weg zum Himmelreiche zeigte, und daß er den reuig sich ihm Hingebenden die Sünden vergab, ohne darauf hinzuweisen, daß erst sein Tod diese Sündenvergebniß ihnen vermitteln werde. Die Bilder des Lösegeldes und des sühnenden Blutes, die er selbst für seinen Märtyrertod gebrauchte, können nur auf die religiös-sittliche Erneuerung, also Befreiung von der Sünde gedeutet werden, welche die Anschauung dieses Todes, dieser erhabensten That christlicher Hingebung, in empfänglichen Herzen bewirken muß[5].

Es ist bekannt, wie das äußerste Extrem von äußerlicher Auffassung der Versöhnungslehre in den Mißbräuchen, die sich an die Lehre von der Absolution knüpften, zum Anlasse der Kirchenerneuerung des 16. Jahrhunderts geworden ist, auf deren Boden unsre protestantischen Religionsgemeinschaften stehen. Dieser Anlaß bezeichnet deutlich den Grundcharakter jener Reformation: abgestoßen von der Aeußerlichkeit der angeblichen Heilsmittel, welche die Kirche bot, wollten fromme, gottdurchdrungene Männer, voran unser Luther, im Sinne des ursprünglichen Christenthums wieder auf den einzig ächten Heilsquell zurücklenken, der im Innern des Menschen, in seinem gotterfüllten Herzen fließt. Jeder selbst muß mit seiner Seele sich dem Göttlichen hingeben, muß dem himmlischen Heil in seinem Innern Raum schaffen: anders kann eine von der Sünde erlösende, von dem Drucke vergangener Schuld befreiende Wirkung ihn nicht erreichen; was draußen von Anderen geschieht, oder was von ihm selbst geschieht als ein bloß äußeres Werk, ohne daß in seiner Seele Gott lebt, — das ist ohne allen Werth für seinen Frieden mit Gott, für sein Heil. Das ist der eigentliche, tiefere Sinn der paulinisch-lutherischen Lehre von der Rechtfertigung aus dem Glauben allein, welche der Werkgerechtigkeit und den äußerlichen Erlösungsmitteln der tief gesunkenen Kirche des Mittelalters entgegengesetzt ward, um der erneueten Kirche des ächten Christenthums zum Grundpfeiler zu dienen.

Allein dieses Zurücklenken und dadurch Neubegründen der Kirche war nicht möglich, ohne mit der Autorität der Concilien, des Papstthums, und der kirchlichen Tradition zu brechen. Es mußte diesen angemaßten Autoritäten eine höhere entgegengestellt werden, und diese fand man naturgemäß in den Urkunden des ursprünglichen Christenthums, zu deren Zeugniß deshalb die Reformatoren vornehmlich zurückgriffen, um die Vertheidiger des verderbten, mittelalterlichen Christenthums abzuwehren. Hierin lag das Recht des sogenannten Schriftprincips, welches aber leider, gerade in Folge dieser Emporhebung der Bedeutung der heiligen Schrift, in der protestantischen Kirche mehr wie anderwärts die Knechtung unter den Buchstaben und den starrsten, äußerlichsten Glauben an die Inspiration des Bibelworts heimisch werden ließ.

Fassen wir das Schriftprincip nur im Sinne der urkundlichen Bedeutung des Neuen Testaments für die rechte Erkenntniß des ursprünglich und ächt Christlichen, andrerseits das Princip der Rechtfertigung aus dem Glauben in dem soeben ausgesprochenen Sinne des inneren religiös-sittlichen Lebens als des einzigen Heilsquelles, so können wir in diesen altbewährten Palladien des Protestantismus noch immer die wahren Stützen der christlichen Kirche festhalten und auf denselben im Geiste der Reformatoren weiterbauen. Nur dürfen wir nie vergessen, daß die That der Reformatoren als solche selbst nicht gebunden war durch diese Principien, sondern über denselben stand, herausgeboren aus unbedingter Freiheit inneren religiösen Drangs, herausgeboren aus der herrlichen Freiheit der Kinder Gottes, kraft welcher jene Männer sich berechtigt wußten, mit der Kirche zu brechen, deren gesammten überlieferten Inhalt, ebenso den der heiligen Schrift, prüfend zu mustern, dadurch eben sich mit ihrer religiösen Herzenserlebniß über diesen Inhalt zu stellen, und aus eigner Machtvollkommenheit, nach ihrem eignen Gewissen, sich die Autorität zu wählen, die sie allein dafür erkennen wollten, und die Principien festzusetzen, auf welche die Kirche gegründet werden sollte. Diese Freiheit des religiösen Eigenlebens, die Freiheit der religiösen Ueberzeugung, das ist die eigentlich bewegende Kraft, das eigentliche Herz der Reformation gewesen. Nur da ist ächter Protestantismus, nur da ist das durch die Reformation wiederhergestellte Urchristenthum rein vorhanden, wo der individuellen Ausgestaltung des Religionslebens die größtmögliche Freiheit gewährt ist, ihre Früchte zu bringen, Erkenntniß zu suchen, Cultus zu üben, das Leben zu durchdringen. In dem Worte der religiösen Freiheit: „Hier stehe ich, ich kann nicht anders, Gott helfe mir!“ ergreifen wir das Urwort des Protestantismus. Und Gott wird helfen. Nur der Kleinglaube fürchtet, daß die ächt christliche, religiöse Freiheit ächtem Religionsleben Gefahr bringen werde. Gewiß darf von den Regirungen der Staaten nicht Alles geduldet werden, was sich Religion nennt, so daß unter diesem Titel jede Sünde und Friedensstörung, jede Rechtsverletzung und jedes öffentliche Aergerniß, jedes greuelvolle Opfer und jede wahnvolle Mißerziehung der Kinder, zu einem unantastbaren Heiligthum würde; aber innerhalb allgemeiner, religiös-sittlicher Grenzen, durch deren Einhaltung Religion erst Religion ist und ihre Handlungen sich in die Bedingungen menschlichen Zusammenlebens fügen, ist die Freiheit der fruchtbarste Boden der Wahrheit, der ächten Frömmigkeit und Sittlichkeit, der ächten Cultusschönheit, während uns die Kirche Roms den warnenden Beweis liefert, daß die religiöse Knechtschaft die Mutter des Wahns, der Entstellung des Aechten, der Herabziehung des Hohen und Edeln ist. Die Kirche Roms ist in den Augen aller Gebildeten gerade jetzt am tiefsten gesunken, wo ihr Herrschaftsprincip und ihre große einheitliche Organisation den höchsten Triumph errang; umgekehrt wird das protestantische Christenthum, das Christenthum Jesu, in der nächsten Zukunft, will's Gott, gerade durch die Freiheit und die scheinbare Zersplitterung den höchsten Grad seiner ächten und reinen Verwirklichung auf Erden erreichen.

Die jüngste Erhebung der deutschen Nation, der berufenen Trägerin des ächten, protestantischen Christenthums, zu einer Macht ersten Ranges, ihr Zusammenschluß zu einer Einheit, welche den Gedanken einer allgemeinen deutschen Volkskirche aus der schwankenden Erscheinung eines Nebelbildes zur faßbaren Gestalt eines erreichbaren Ziels werden ließ, die Errichtung eines protestantischen deutschen Kaiserthrons und die gewonnenen Grundlagen einer Reichsverfassung, welche der Intelligenz und Bildung der Gegenwart einen maßgebenden Einfluß gewährt, lassen die Hoffnung aufkeimen, daß die Zeit nicht mehr allzufern sei, in welcher die durch die Geschichte des Christenthums hindurch in immer anderen Gestalten immer von Neuem aufgestiegene Sehnsucht nach einer freien Kirche des heiligen Geistes endlich ihre Erfüllung finden soll. Ohne äußeren

Zwang, durch die eigne Macht der Wahrheit, wird die Religion dieser Kirche im Laufe der Zeiten sich immer mehr decken mit dem reinen Gehalte der Urworte des Christenthums: **Vater** im **Himmel, Gotteskindschaft** und **Himmelreich**.

Ueber die evangelischen Wunderberichte.

Zwei Vorträge, gehalten im Januar und Februar 1869, zuerst abgedruckt in Schenkels „Allgemeiner kirchlicher Zeitschrift" 1870, 2. und 4. Heft.

Erster Vortrag.

Ueber die religiösen Voraussetzungen des Wunderglaubens überhaupt.

Wenn in früheren Zeiten, namentlich im achtzehnten Jahrhundert, dem kirchlichen Wunderglauben und den biblischen Wundererzählungen gegenüber die Forderung natürlicher Auslegung oder gänzlicher Verwerfung der letzteren erhoben wurde, so geschah dies vorherrschend in einem Geiste, der sich dem specifisch religiösen Leben und Anschauen, den eigenthümlichen Erlebnissen des religiösen Gemüths und der religiösen Phantasie, entfremdet hatte, oder der schon von Haus aus, seinem Wesen nach, für diese Erscheinungen unzugänglich war. Es geschah dann meist von einem Standpuncte aus, den wir von seiner theoretischen Seite als **Naturalismus**, von der praktisch-sittlichen als **Humanismus** bezeichnen dürfen, und der etwa in Folgendem seinen Hauptzügen nach geschildert sein möchte. Festgewurzelt gleichsam in der „wohlgegründeten, dauernden Erde", nahm der Geist des Forschers beobachtend und vergleichend auf, was ihm die Oberflächen der Erscheinungswelt darboten, und in sein eigenes Innere blickend, nahm er die Beziehungen wahr, in die er zu dieser Erscheinungswelt, zu der auch die Mitmenschen gehörten, sich gestellt fand. Er gewann auf diesem Wege das Bild einer Welt, die er kannte, soweit sie nicht der Erfahrung sich entzog, soweit sie namentlich nicht zusammenhing mit den letzten Gründen alles Seins, welche diesem Standpuncte nothwendig als unerkennbar, als völlig unnahbar gelten mußten. Diese ihm zugängliche Welt, bestehend aus Natur und Menschheit, lieferte ihm zugleich die Normen und Strebziele seines Wollens und Handelns. Die Natur arbeitet in jedem ihrer Wesen auf Befriedigung seiner angeborenen Tendenzen; aber das Zusammenleben stört, schädigt den Einzelnen und zuletzt Alle, wenn Jeder nur das Seine sucht. Indeß ist der Menschenseele das Mitleid, das Mitfühlen von Andrer Wohl und Wehe eigen: lassen wir dieses walten, so wird das Zusammenleben der Menschen ein Austausch der Liebe und das Weltbild deckt sich mit dem Idealbilde eines irdischen Himmelreichs, einer im Bunde mit der Natur und im Bunde ihrer eigenen Glieder beglückten Menschheit. So tritt die Humanität hier an die Stelle der Religion, wie an die Stelle der Theologie die Natur- und Geschichtswissenschaft, verbunden mit einer Philosophie, welche den Naturalismus dieser Wissenschaften eben durch jene Annahme von der Unerkennbarkeit, Unnahbarkeit jeder anderen Welt, als der für diese Anschauungsweise heimischen, principiell begründete. Wer sich etwa rühmte, Blicke in eine jenseitige Welt oder in das Innere der Gottheit gethan zu haben, durch die jenes den Anderen Verborgene sich ihm offenbarte, durch die sich ihm eine Verknüpfung und Durchdringung der Natur und Geschichte mit einem übernatürlichen und übergeschichtlichen Dasein enthüllte, ja wer sich vielleicht gerühmt hätte, Zeuge eines äußerlich thatsächlichen wirksamen Hereinragens solcher jenseitiger Mächte in die diesseitige Welt gewesen zu sein: der konnte in der Seele jener Anderen nur Mißtrauen gegen sich erregen, zumal sehr viele Behauptungen und Verkündigungen dieser Art, meist zusammentreffend mit einer niederen Entwickelungsstufe der Einzelnen oder ganzer Völker, leicht als Selbsttäuschungen des Aberglaubens oder als noch Schlimmeres erwiesen werden konnten. Es lag im Wesen jener Richtungen, alle menschlichen Aussagen, alle geschichtlichen Ueberlieferungen, alles thatsächliche Geschehen an dem Maßstabe eines gewissen Durchschnitts zu messen, den die Erfahrung an die Hand gab: Alles zurückzuführen, zurückzudeuten auf diejenigen Arten des Geschehens, welche seit Menschengedenken Object allgemeiner Erfahrung gewesen. Diese nannte man das „Natürliche"; alle anderen verwarf man als „Wunder", als „übernatürlich", und behauptete gern, daß sie gewissen ewig unabänderlichen Gesetzen zuwider seien, während man doch die Begriffe dieser Gesetze eben nur von jener Erfahrung des gewöhnlichen Geschehens abgezogen hatte, ohne den Grund solcher Gesetze, ihre Nothwendigkeit, ihre Verknüpfung mit dem höchsten Daseinsquell, irgend erkannt zu haben, also auch ohne ihre Abänderlichkeit oder Unabänderlichkeit beurtheilen zu können, und während man andrerseits doch auch das gewöhnliche Dasein und Geschehen eigentlich in keinem seiner Theile zu begreifen und zu erklären vermochte, namentlich aber die Erscheinungen des organischen Lebens, die Entstehung der Individuen wie der Gattungen, und vor Allem die Verknüpfung von Leib und Seele, ganz ebenso, wie jene „Wunder", als völlige Räthsel immer und immer nur anstaunen, niemals auf eine evidente und durchsichtige Gleichung von Ursache und Folge bringen konnte.

Unendliches verdanken wir der durch diese Züge charakterisirten Zeit. Das Christenthum, das in einer früheren Periode für vereinbar gegolten hatte mit dem völligen Niedertreten irdisch-menschlichen Glückes, mit einer barbarischen Zerstörung der Natur, mit der grausamsten Selbstpeinigung und einer alles menschliche Gefühl empörenden Rechtspflege, wird jetzt erst in durchgreifender Weise als untrennlich verbunden, ja als wesenseins erkannt mit humaner Gesittung, und wenn in unserm Erdtheile gegenwärtig allgemein im Rückblicke auf die soeben angedeuteten Lebensformen des christlichen Mittelalters nur noch die tiefste Entrüstung und ein Entsetzen vor der Furchtbarkeit des Wahnes empfunden wird, mit dem ein vermeintlicher Gottesdienst die Menschenseele umdüstern konnte, so ist dies die Frucht eben jenes achtzehnten Jahrhunderts. Und ebenso wurde in dieser Zeit der Grund gelegt zu der in Deutschland länger als anderwärts aufgehaltenen unbefangenen und methodischen Erforschung der Thatsachen der Natur und Geschichte, die uns, uns mystische Deutsche, bald mehr als andere Völker von den Wirkungen mittelalterlicher phantastischer Willkür und volksthümlicher Erfindungslust, auf dem Gebiete der Wissenschaft wie dem des Lebens, befreien sollte. Aber wohl das Größte, was wir jener Zeit verdanken, ist, daß sie selbst, durch ihre eignen Bildungsmittel, durch die von ihr selbst bewirkte Befreiung der Geister und Entbindung der höchsten und reichsten menschlichen Seelenkräfte, uns über sich selbst, über ihre eigenen Schranken, hinweggehoben hat. Sie wurde zum Geburtsschooße einer geschichtlichen Lebensgestalt, die wir ohne Zagen das Höchste nennen dürfen, was der deutsche Boden bisher getragen, vielleicht auch, was er ferner tragen wird, — der Lebensgestalt, die wir zusammenfassend mit dem Ausdrucke der idealistischen Genialität bezeichnen. Die idealistische Genialität des 18. und 19. Jahrhunderts, hervorgetreten vor Allem als Dichtung, als Philosophie, als Musik, als bildende Kunst hat uns aus den Banden jenes engen Naturalismus und Humanismus befreit, hat uns über jene im einschränkenden Sinne irdisch-menschliche Sphäre emporgetragen, nicht, wie das Mittelalter, in einer Weltflucht, die auf Verkennung und Verachtung des Irdischen beruhte, sondern in dem Ersehnen und Erringen einer Gottesnähe, aus der wir das Erdendasein erst umfassender zu verstehen, zu durchdringen, damit aber auch einzureihen im Stande sind in die Unendlichkeit des Schöpfungsziels, und aus der wir als ein anderes prometheisches Feuer die Fülle und Herrlichkeit des Ideals mitbringen, um sie einzugießen den irdischen Lebensformen, um diese — weit über ihre unmittelbare Bedeutung hinaus — zu Gefäßen des Göttlichen, zu den Stätten und Elementen einer wahrhaftigen Mensch- und Fleischwerdung Gottes zu machen.

Der Schein der Ueberschätzung jener geschichtlichen Erscheinungen, der uns abhalten könnte, durch solche Geistesmacht des Menschen im Ernst die Schranken für durchbrochen zu achten, die der Naturalismus zwischen dem Diesseits und dem Jenseits befestigt hatte, dieser Schein, wie ihn das lebendige Gefühl nicht kennt, verschwindet auch vor gründlicher, nüchterner Erwägung. Das bekannte Dichterwort:

Wär' nicht das Auge sonnenhaft,
  Die Sonne könnt' es nie erblicken;
Läg' nicht in uns des Gottes eigne Kraft,
  Wie könnt' uns Göttliches entzücken?

— dieses Wort und das ihm verwandte:

Nehmt die Gottheit auf in euren Willen,
Und sie steigt von ihrem Weltenthron!

— sie haben in der Philosophie die unwiderlegbare Gewißheit zur Seite, daß das Göttliche in unmittelbarer innerer Gegenwart in jedem Menschengeiste lebt, der es denkt, auch in dem selbst, der es leugnet, oder der es für unerkennbar, für unnahbar ausgeben will. Müssen wir das Göttliche nicht denken, müssen wir es nicht in seinem eigenthümlichen Wesen erkennen, um von ihm irgend Etwas auszusagen, also auch um es zu leugnen, um es unnahbar zu nennen? Um es für dunkel, für verborgen erklären zu können, muß es uns offenbar sein in dem Grade, daß wir jene Eigenschaften an ihm erschauen, durch die es dem gewöhnlichen Vermögen des Menschen unzugänglich wäre — und so ist dieses gewöhnliche Vermögen schon überschritten. Um das Göttliche zu leugnen, seine Existenz zu verneinen, müssen wir sein Wesen in unserem Geiste denkend erfassen, also seine Existenz in unserem Geiste bejahen. Man versetzte das Göttliche in eine unerreichbare Ferne, weil man es für entgegengesetzt erkannte dem ursprünglichen, natürlichen Wesen des Menschen: so erkannte, so durchdrang man doch dieses Göttliche, wenn man sich lebendig und mit ganzer Seele, mit allen Kräften des Geistes und Herzens in ein solches Dasein versetzte, das entgegengesetzt war dem natürlich menschlichen. Der natürliche Mensch ist abhängig, endlich, — so ist die Gottheit unendlich, frei; der Mensch in seinem niedern Stande leidet und empfängt fast nur, sein Geist bildet nach und formt nur ein wenig um, was die Außenwelt ihm aufdrängt, — Gott ist urthätig, urschöpferisch, die lautere, freie, unendliche Productivität; des irdischen Menschen beschränkter Geist trägt von der Mutter seines Daseins, der irdischen Leiblichkeit, eine kleine, arme Domäne zu Lehen, die sie ihm verkümmert und zuletzt entzieht, wenn sie will oder vielmehr muß, — Gott ist absoluter Geist; der natürliche Erdenmensch begehrt und will nur sich selbst, sein eingeschränktes endliches Ich, dessen selbstische Triebe durch die Tragweite ihrer Kraft ihm den Umkreis des Seins bezeichnen, den er seine Welt nennt, — der absolute Geist in seiner freien unendlichen Schöpferkraft ist Liebe, der Inhalt seines Wollens ist das Dasein einer Welt um ihrer willen, um der Beseligung und Gottebenbildlichkeit ihrer Geschöpfe willen.

Was die denkende Betrachtung in solcher Weise zu uns redet, es wurde lebendige innere Erfahrung im menschlichen Genius, in der Genialität des Menschengeistes, sofern auch sie den lebendigen Keim der Eigenschaften in sich trug, die für die göttlichen erkannt wurden. Eine ideale, geistige, schöpferische Productivität aus lauterer Liebe zu der durch sie aufzubauenden

Welt und der aus dieser Welt allen Empfänglichen zuströmenden Beseligung, das und nur das ist es, was wir als den Lebensgrund ächter Genialität preisen. Wo aber solche Productivität vorhanden, zumal wo sie vorhanden in jener höchsten Freiheit, die ihre Wurzeln nicht in der Erfahrungswelt, sondern in dem Urquell alles Daseins hat und in den ewigen Ideen, nach welchen alles und jedes Daseins Werth sich mißt: da ist auch „des Gottes eigene Kraft". So wird die innere Erfahrung des Menschen zu religiöser Erfahrung; und was sich ihm im Vollgefühle solchen göttlichen Einwohnens in das Gewand der Dichtung und Kunst oder des denkenden Bewußtseins oder eines begeisterten Willens kleidet, dadurch wird ihm offenbar und zu eigenem Erlebniß — um so mehr, je mehr der Geist, der ihn treibt, der Geist jener heiligen Liebe ist —, was die Religionen höherer Ordnung zu allen Zeiten und an allen Culturstätten der Erde Eingebung, Offenbarung, Vereinigung Gottes und des Menschen, Geburt des Menschen aus Gott genannt haben.

Unfehlbar mußten solche innere Erlebnisse, wie sie den Naturalismus in der positiven Erfassung des Göttlichen überschritten, ihn auch rücksichtlich seiner Stellung zur Wunderfrage erschüttern; ja, wie es im menschlichen Culturfortschritte zu geschehen pflegt, daß ein Extrem nur durch sein entgegengesetztes geheilt wird, so führte auch hier jene geniale geistig-schöpferische Erhebung des Menschen zu Gott bald ebenso zu einer Wundersucht, wie vorher die Flucht vor dem Wunder geherrscht hatte. Jener Idealismus konnte sich nicht verhehlen, daß, wenn schon der Menschengeist in seinem Denken und Schaffen der Natur sich überlegen und in gewissem Grade von ihr frei fühlen darf, wenn diese Freiheit und Ueberlegenheit mit dem Wachsen der genialen Productivität und der selbstlosen Liebe sich steigert, — daß dann die Gottheit nicht von Gesetzen abhängen könne, die wir nur innerhalb der Natur gelten sehen, deren ewige, unbedingte Nothwendigkeit aber zum mindesten unerwiesen geblieben war. Ja, es mußten Ereignisse und Handlungen, in denen sich die über die Natur übergreifende Gottesmacht und Gottesliebe offenbarte, solchem Glauben zum Bedürfniß werden, zum Gegenstand der Sehnsucht; denn wer schauete nicht gern, wer entzückte sich nicht gern, mit Händen zu greifen das, was er glaubt? Dazu kam der in diesem merkwürdigen Uebergange der Zeiten überaus mächtige Factor der Poesie, in deren Formen sich zuerst der Uebergang vollzogen hatte. Wer innerhalb des irdischen Daseins noch so sehr das Wunder scheute, der konnte sich doch nicht entbrechen, in der Poesie es zu lieben, zu genießen, die Zaubermacht anzuerkennen, die von ihm wie ein dichter Goldglanz ausstrahlt. Und was könnte das Wunder für die Poesie in solchem Grade eignen, wenn nicht eine ihm inwohnende, in ihm besonders kräftig und rein sich darstellende Idealität, Heiligkeit, Göttlichkeit? Wir nennen oft auch die natürliche Schönheit „wundervoll": bekennen wir nicht dadurch, daß das Wunder, das Uebernatürliche, uns erst die Erfüllung dessen bringen kann, was die natürliche Wirklichkeit uns nur hier und da andeutet? So werden poetische und überhaupt ästhetische Empfindungen dem weiter Reflectirenden zu einer Brücke, die ihn in den Wunderglauben hineinführt. Er muß sich gestehen, daß die göttliche Freiheit, Geistigkeit, Heiligkeit unmittelbarer und ungeschwächter nicht in die Erscheinung treten könnte, als durch Handlungen, in welchen Raum, Zeit, Materie, die ganze creatürliche Welt, nicht mehr als Gegenmächte gegenüberstehen dem Geiste und dem heiligen Willen, sondern, von ihm von Innen heraus beherrscht, bewegt, zu Gliedern seines Leibes, zu durchsichtigen Medien für die Offenbarung seines eigenen Wesens werden. Hiervon überführt, sollten wir nicht jede Spur solches Wirkens in der wirklichen Welt — nicht nur sein Phantasiebild in der poetischen — willkommen heißen? Wie ungern lassen wir uns Erzählungen, die uns poetisch, und vor Allem, die uns mit tiefem religiösen Gehalte poetisch trafen, zu Mährchen, zu Dichtungen, zu Symbolen herabsetzen!

Es ist für die Beurtheilung der in unserem Jahrhundert im Vergleich zum vorigen herrschend gewordenen Denkweisen und der davon erfüllten Persönlichkeiten, es ist auch für die Beurtheilung der religiösen Kämpfe der Gegenwart von großer Wichtigkeit, zu erkennen, daß das besonders seit den Befreiungskriegen sichtbare geschichtliche Phänomen, das wir „kirchliche Reaction" zu nennen pflegen, und welches nach einer seiner Seiten durch ausgedehnte Wiederherstellung des religiösen Wunderglaubens vornehmlich sich kennzeichnet, — daß dieses Phänomen nicht ein Erzeugniß des Rückfalls in frühere Beschränktheit, sondern vielmehr das Erzeugniß jener, ins Uebermaß sich fortsetzenden Geistesfreiheit ist, welche durch den genialen Idealismus der vorhergegangenen Jahrzehnte inaugurirt wurde. Ausdrücklich die Poesie, dann auch die mit ihr zu gleichen alterthümlichen Quellen zurücksteigende Regeneration der bildenden Kunst, sie waren, und sie sind noch heute, für unendlich Viele das Band, an welchem sie zum Wunderglauben herübergezogen oder durch welches sie an demselben festgehalten worden. In Poesie und Kunst ist es die romantische Richtung, welche in diesem Sinne die Bedeutung einer geschichtlichen Uebergangserscheinung gewonnen hat. Sie ergriff, vom ästhetischen Gebiete ausgehend, den Glauben und das Leben, und endete mit ihren Hauptvertretern im Schooße der katholischen Kirche, der Kirche des Wunders und der Wunderpoesie. Aber durchaus in der Consequenz des gleichen Entwickelungsganges — nicht etwa aus Altersschwäche — sind auch vor Andern die zwei hervorragendsten Geisteshereen unserer classischen Genialität, von Seiten des dichterischen Idealismus Göthe, von Seiten des philosophischen Schelling, aus früherem, dem Naturalismus und Humanismus verwandterem Denken, zuletzt zu einem Mysticismus gelangt, der sie die volle Schönheit und Wahrheit nur in einer jenseitigen, übernatürlichen Welt und in ihrem Hereinragen in die diesseitige finden ließ. So endet Göthes Novelle vom Kinde und Löwen, die er in seinem 77. Lebensjahre schrieb, mit Versen, die allen Zauber Götheschen Jugendpoesie athmen, aber nicht, wie diese, aus der Natur, sondern aus der Welt des Wunders, der heiligen Magie, ihre Kraft ziehen:

Und so geht mit guten Kindern
Sel'ger Engel gern zu Rath,
Böses Wollen zu verhindern,
Zu befördern schöne That.
So beschwören, fest zu bannen
Lieben Sohn ans zarte Knie,
Ihn, des Waldes Hochtyrannen,
Frommer Sinn und Melodie.

Denn der Ew'ge herrscht auf Erden,
Ueber Meere herrscht sein Blick:
Löwen sollen Lämmer werden,
Und die Welle schwankt zurück;
Blankes Schwert erstarrt im Hiebe,
Glaub' und Hoffnung sind erfüllt:
Wunderthätig ist die Liebe,
Die sich im Gebet enthüllt.

Und wenn andere Große jener Zeit, ein Hegel, ein Schleiermacher, auch noch so sehr für sich selbst dem Gebiete des Wunders fern blieben, so wurde ihr Idealismus, ihre geniale Geistesfreiheit, doch für die durch sie befruchteten Geister der folgenden Zeit in außerordentlich vielen und hervorragenden Fällen die Veranlassung zu einer Wiederherstellung und geistvollen Neubegründung theilweiser oder vollständiger mystischer Orthodoxie. So ist es gekommen, daß in den letzten Jahrzehnten vielfältig Richtungen, die sonst für sehr beschränkt galten, gerade im Gefolge und mit dem Apparate ästhetischer und philosophischer Genialität auftraten, nicht nur auf kirchlichem, auch auf politischem Gebiete, und daß fast immer zunächst auf Göthe, auf die Romantiker, auf Schelling, Hegel oder Schleiermacher zurückgegangen werden muß, wenn die Entstehung solcher Richtungen historisch erklärt werden soll.

Wenn zu nichts Weiterem, so dienen diese geschichtlichen Betrachtungen jedesfalls dazu, uns zu überzeugen, daß die Entscheidung der Wunderfrage gegenwärtig von ganz anderen Gesichtspuncten auszugehen hat, als zu den Zeiten des Naturalismus und Humanismus. Diese Richtungen verwarfen das Wunder, weil es nicht natürlich war, weil es natürlich nicht erklärt werden konnte. Die uns nächstvergangene Periode der Geistesentwickelung dagegen hat uns dahin gebracht, jenem Behagen an der Natürlichkeit, an dem einseitig Menschlichen, vielmehr Enge und Beschränktheit, eine gewisse Philistrosität, abzufühlen, die sich zu dem Wunder, d. i. zur unbedingten Geistesherrschaft, etwa wie Friedrich Nicolai zu Göthe oder Schelling verhält. Hiernach könnte es uns willkommen sein, scheint es, wenn auch auf der Erde Uebernatürliches geschähe; durfte doch Niemand behaupten, daß die Unmöglichkeit solcher Ereignisse, die wir zu den Wundern zu zählen gewohnt sind, mit unbedingter Evidenz feststehe. Uns liegt es daher vor Allem nahe, die Voraussetzungen ernsthaft zu prüfen, unter welchen dem religiösen Bedürfnisse, zunächst in der Gestalt eines wesentlich ästhetisch oder poetisch gefärbten Idealismus, das Wunder so willkommen ist, so unentbehrlich scheint; mit andern Worten: das heutiges Tags in der Wunderfrage liegende Hauptproblem ist dieses, ob der Glaube an göttliche oder gottmenschliche Wunderhandlungen mit Recht auf das religiöse Bedürfniß und auf eine diesem Bedürfnisse entsprechende Gottesanschauung gegründet werden könne; und die Wunderfrage wird hiernach auf vollkommen entscheidende Weise erst dann zu Ungunsten der Wunder gelöst sein, wenn wir nachweisen können, daß

das religiöse Bedürfniß nicht für, sondern gegen die Wunder spricht und daß,

hiermit im Einklange, all die Heiligkeit, Tiefe und

Schönheit, welche ein religiöser Idealismus in Wundersagen finden durfte, ihm nicht verloren ist, sondern sich steigert, wenn er die äußere Thatsächlichkeit des Inhalts solcher Sagen fallen läßt.

Lassen Sie mich jetzt nur noch bei dem ersten Puncte verweilen, dessen Beurtheilung durch das zuvor Besprochene in einem Sinne vorbereitet scheint, daß die Wendung, die mein Vortrag meinen Ueberzeugungen gemäß hier zu nehmen hat, nicht ganz erwartet sein kann, und um so mehr sogleich hier anzuschließen sein dürfte.

Den Eingang lassen Sie uns gewinnen durch eine religionsgeschichtliche Thatsache, die nicht allein der Geschichte des Christenthums angehört, aber wohl im Christenthume in gesteigerter Weise und mit tieferem, ernsterem Sinne sich wiederholt. Diese Thatsache ist: Religionsstiftende Persönlichkeiten, gottmenschliche, wie sie der Glaube nannte, haben das Wunder, das man ihnen zuschrieb oder von ihnen erwartete, nicht gewollt; sie haben es ausdrücklich verschmäht, verachtet, verweigert und die Fordernden gescholten; sie haben solche Handlungen oder Ereignisse, die für Wunder genommen werden konnten, geflissentlich zu verbergen, geheimzuhalten gesucht.

Ein persisches Buch erzählt von Zoroaster[1], daß er, vom Könige Gustasp um Zeichen gefragt für seine göttliche Sendung, diesem geantwortet habe: „Gott hat mir gesagt, wenn der König Zeichen fordert, so sprich: lies nur das Zend-Avesta, so brauchst du keine Wunder; dieses Buch meiner Lehre ist Wunders genug". Aehnliches wird von Buddha berichtet[2], und fast mit denselben Worten hat auch Muhamed die Gegner abgefertigt, die wegen mangelnder Wunder seinen göttlichen Beruf anzweifelten[3]. Wie aber steht Jesus dem gleichen Verlangen seiner Zeitgenossen gegenüber? Viermal ist uns die Antwort berichtet, die er solchem Verlangen entgegensetzte. „Was begehret dieses Geschlecht ein Zeichen? Wahrlich ich sage euch, es wird diesem Geschlecht kein Zeichen gegeben werden": so lautet die Antwort in ihrer einfachsten Form (Marc. 8, 12). Ausführlicher erzählt Matthäus (16, 1—4): „Es kamen die Pharisäer und Sadducäer heran, ihn zu versuchen, und forderten, daß er ihnen ein Zeichen vom Himmel gebe; er aber antwortete ihnen: Wenn es Abend geworden, sagt ihr: schön Wetter, denn der Himmel ist roth; und morgens: heute Sturm, denn der Himmel ist roth und trübe; das Antlitz des Himmels verstehet ihr zu deuten, die Zeichen der Zeiten aber nicht? Ein böses und ehebrecherisches Geschlecht begehret ein Zeichen, und doch wird ihm kein Zeichen gegeben werden, wenn nicht das des Jonas". Und was waren die Merkmale der Zeit, auf die er sie hinwies? Welches war das Jonaswunder, das einzige, das er ihnen zugestand? Wir erfahren es unzweideutig durch die dritte Form der Erzählung, wie sie sich bei Lukas (11, 29 ff.) findet. „Dieses Geschlecht — so wendet Jesus sich hier zur versammelten Menge —, dieses Geschlecht ist ein böses Geschlecht; es begehret ein Zeichen, und doch soll ihm kein Zeichen gegeben werden als das des Jonas. Denn gleichwie Jonas den Niniviten zum Zeichen wurde, also wird es auch der Sohn des Menschen diesem Geschlechte sein. Die Männer von Ninive werden zum Gerichte auferstehen mit diesem Geschlecht und werden es verurtheilen; denn sie thaten Buße auf die Predigt des Jonas, und siehe hier ist mehr denn Jonas". Auch den letzten Zweifel nimmt uns der eingeschaltete Vers: „Die Königin des Südens wird auferweckt werden zum Gerichte mit den Männern dieses Geschlechts und wird sie verurtheilen; denn sie kam von den Enden der Erde, zu hören die Weisheit Salomos, und siehe hier ist mehr denn Salomo". So hätte zu dem einzig gewährten Jonaswunder noch das zweite hinzugenannt werden können, das des Salomo; aber beide sind Eines. Dort die Predigt der Buße, hier die Weisheit, — was waren sie gegen die Predigt und Weisheit Dessen, der hier nur durch sein mächtig zündendes Wort ein Zeichen, wahrhaftig ein Zeichen vom Himmel, zu geben verheißen hat? Das war das himmlische Zeichen der Zeit, auf das sich die Weisen, welche den physischen Himmel so wohl zu deuten wußten, so schlecht verstanden. Wer empfände nicht, wie geistesleer und spielend, wie selbst pharisäisch, hiergegen die Deutung ist, die eine den Zusammenhang völlig zerreißende und den hohen Sinn des Meisters vernichtende Einschaltung des ersten Evangelisten (12, 40) bei der gleichen Erzählung gibt: „Denn wie Jonas im Leibe des Wallfisches drei Tage und drei Nächte war, so wird des Menschen Sohn im Innern der Erde sein drei Tage und drei Nächte" —? Warum hat man nicht auch für die „Weisheit Salomos" eine ähnliche Auskunft gesucht?

Gern werden wir von einer lieb gewordenen Ueberlieferung, von Bildern, die unsre Phantasie und unsern idealistischen Sinn beglücken, so Vieles opfern, als wir irgend können, damit der Zorn und das strenge Verwerfungswort des Meisters nicht auch uns treffe; damit nicht auch wir erscheinen als Solche, denen am physischen Himmel, an physischen Wirkungen des Göttlichen mehr gelegen ist, als an den Wirkungen des Geistes auf den Geist, als an dem Worte der Weisheit, das mehr ist als Salomos, und an der Predigt der Buße, die mehr ist als das Prophetenthum des alten Bundes. Alles werden wir dransetzen, um nicht dem „ehebrecherischen" Geschlechte zu gleichen, einem Geschlechte — denn das ist der Sinn dieses dem Juden geläufigen Bildes, das uns im Alten Testament so häufig in der Wendung „mit fremden Göttern buhlen" entgegentritt —, einem Geschlechte, das von dem wahren, dem geistigen Gotte abfällt und den heidnischen, mit der physischen Welt vermengten, durch die Sinnlichkeit getrübten Göttervorstellungen und religiösen Empfindungsweisen sich wieder nähert. Erst jetzt verstehen wir, aus welchem Grunde der erhabene Meister oft so geflissentlich Denen Schweigen auferlegte, die von ihm Wirkungen empfangen hatten, welche für Wunder genommen werden konnten[4], und in gleicher Weise Denen, welche ihn Sohn Gottes oder den Messias nannten, Geheimniß befahl[5]. Die Glaubenswürdigkeit anderer, dem widersprechender Berichte werden wir nur hiernach zu beurtheilen haben[6].

Suchen wir die religiösen Motive Jesu uns näher zu bringen, welche ihm diese Haltung gegenüber der Wunderforderung und jeglicher Beziehung auf äußere Beglaubigungsmittel so gebieterisch auferlegten. Am sichersten werden wir diese Motive uns zu eigen machen, wenn wir lebendiger, als es sonst zu geschehen pflegt, uns in unserm gegenwärtigen christlichen Bildungsstande als Zeugen denken solcher Scenen und Handlungen, wie sie von den evangelischen Wunderberichten uns vorgeführt werden. Halten wir uns dabei vor Allem an solche Fälle, welche das Wunder in gesteigertem Grade zeigen: wäre das Wunder durch ein religiöses Bedürfniß gefordert, so müßten diese Fälle in gesteigerter Weise genügen. Aber wie anders entscheidet unser Gefühl! Was uns in poetischer Ferne, wie ein Bild, im Zauberglanze malender Phantasie von der Spiegelfläche grauen Alterthums auf uns zurückgeworfen, — was so uns einen Himmel des Entzückens öffnen konnte, denken wir's gegenwärtig vor unsern Augen in allen drei Dimensionen des Raumes sich vollziehen; denken wir, wir selbst wären es, an deren Lippen sich das Wasser in Wein verwandelt, in deren Händen die fünf Brode nicht enden wollen sich theilen zu lassen und Körbe mit übrigen Brocken zu füllen; — und zuvor hätten wir seine erschütternde Rede vernommen, die unendliche Fülle tief geistigen Gehalts in uns eingesogen, die jedes auch seiner kleinsten Worte, gleich einem tausendfältig funkelnden Diamanten, uns zustrahlt; wir hätten zuvor ganz den erhabenen, strengen Ernst des göttlich durchleuchteten Antlitzes in uns nachempfunden: — hier der Prophet, in aller Keuschheit, allem Feuereifer, aller Liebesinnigkeit und allem Schmerze seiner Sendung, dort — der Magier; — wer ist im Stande, sich das gleiche Antlitz, die gleiche Würde der Bewegungen, den gleichen Ernst der Haltung zu denken hier und dort?

Wenn unsere religiöse Empfindung so entscheidet, daß ihr die Verbindung der Wunderhandlung mit der Persönlichkeit des Gottgeeinten, Gottdurchdrungenen, widerstrebend ist, dann ist unsere Empfindung Eins mit seiner eigenen, als er sprach: „Euch soll kein Zeichen gegeben werden, als das des Jonas", d. i. keines, als das meines Predigerwortes. Und so werden wir seine Motive erkennen, wenn wir jene Empfindung in bewußte Gedanken übersetzen. Die folgende Uebersetzung aber scheint allein die zutreffende.

Die Religion auf ihren niedersten Stufen, die Religion des dem Thier noch ähnlichen Menschen, ist ganz und gar *nur* Zauberei; ihre Priester, ihre Gottmenschen, sind ganz und gar *nur* Zauberer. Denn diese Religion entspringt aus der Furcht vor den Naturmächten, die das Leben bedrohen, aus dem Bedürfnisse, die Naturmächte zu gewinnen oder zu bezwingen, damit sie das Leben, das leibliche, das sinnliche Leben, erhalten möchten. So wendet sich hier der Glaube an Persönlichkeiten, welche Macht zu haben scheinen über die Natur, wie denn auch die Gottheit nur in ihren Beziehungen zur Natur angeschaut wird. Sollte nicht die höchste, die wahre Religion hierzu den vollkommenen Gegensatz darstellen? Sollte sie nicht ebenso frei sein von dem Elemente der Magie, wie die niedrigste ganz darin aufgeht? Sollte sie nicht ebenso den Geist und das Geistesleben, die Beziehung der Gottheit zum Geiste, zu Gemüth und Wille, als das wahre Gebiet der Religion erkennen, wie auf jener untersten Stufe die Natur und die Beziehung zu ihr diesen Rang eingenommen hatten? *Gott ist ein Geist, der Geist der Liebe, und die Liebe suchet nicht das Ihre.* Das sind die Worte des Christenthums, der wahren, der vollendeten Religion. *Diese* Religion konnte nimmermehr bestätigt oder anempfohlen werden durch magische Handlungen: sie mußten als unter ihrem Niveau, als der Religion des Geistes und der Herzensbuße unwürdig erscheinen, und so empfinden wir sie wirklich, wenn wir uns recht prüfen. Die magische Handlung, sofern sie einen leiblichen Dienst erwiese, würde hier durch Befriedigung eines physischen Begehrens zum Glauben an die Religion des Geistes zu locken scheinen. Sie würde also nur das Gegentheil bewirken. Thäte das Wunder seine Wirkung, so stärkte es den Egoismus und den heidnischen Sinn, welcher die Gottheit nur in Wirkungen des physischen Heils verehren will; wer aber für die Religion des Geistes gewonnen wäre, den würde das Wunder nur frappiren, in leeres Staunen versetzen, dessen Ergebniß nur sein könnte, daß er sich im Allgemeinen von dem Vorhandensein unbekannter Kräfte zwar dadurch überzeugen ließe, dafür aber dem Propheten zu mißtrauen anfinge, der einer solchen Unterstützung seines Wortes und des Eindruckes seiner religiös-sittlichen Persönlichkeit bedürfte. Sofern aber die magische Handlung solche Unterstützung des Glaubens nur durch Hinweis auf die Gottesmacht, nicht daneben durch ein physisches Gut, bewirken wollte oder zu wollen schiene: wäre dies nicht eine sehr zweideutige Unterstützung? Jeder Besonnene müßte sich sagen, daß hinter dieser zauberischen Macht über die Natur sich ebensowohl ein Lügengeist, ein Geist des Bösen, verbergen könnte, als der Geist der Wahrheit und des Heils. Wer also nur durch das Wunder als Wunder gewonnen wäre, der wäre gefangen, bestochen, nicht überzeugt von der Heiligkeit und Wahrheit der verkündeten Religion durch ihren Wiederklang in seinem Herzen: der Prophet müßte eines solchen Anhängers sich schämen. Wer aber durch die Predigt und den Eindruck der heiligen Persönlichkeit gewonnen wäre, oder durch die Güte, den edeln Inhalt der Wunderhandlung, der würde des Wunders nicht allein nicht bedürfen, sondern als ein zweideutiges und in niedere Regionen des Interesses oder in eine dumpfe Verwunderung hinabziehendes Mittel es verschmähen. So haben denn auch die Gottesmänner das Wunder verschmäht, welche berufen waren, der Menschheit eine geistige Religion zu verkünden. —

Wir haben in der ersten Reihe dieser unserer heutigen Betrachtungen uns zu erklären gesucht, wie aus dem Glauben an den unbeschränkten, schöpferischen Gottesgeist und aus der innern Erfahrung seiner übernatürlichen Macht und Herrlichkeit ein Bedürfniß entstehen kann, durch äußere, sichtbare Handlungen, durch unmittelbares Eingreifen Gottes in die Welt, diesen Glauben und diese religiösen Erfahrungen bestätigt zu sehen. Wir haben uns zu überzeugen gesucht, daß weder das natürlich Geschehene, in welchem nur blinde Ursachen herrschen, noch das historische Wirken des Menschen, in welchem der Geist einer ihn beschränkenden und hemmenden Natur gegenübersteht, die höchsten Formen des Lebens sein können. Gewiß, das volle göttliche Leben und das vollendete Leben auch des creatürlichen Geistes ist nur da, wo der Geist und der sittliche Wille unumschränkter Herr ist, die Natur von Innen bewegend und zum Ausdrucke seines Wesens gestaltend. Darum ist das Wunder uns so theuer und so beseligend; denn es gibt von solcher Geistesherrschaft uns Kunde.

Aber eine andere Betrachtung zeigte uns, daß weder dem Wesen des wahren Gottes, noch dem seiner Verkünder auf Erden es entsprechen kann, daß das Göttliche uns offenbart werde in solch unmittelbarer Wirkung auf die Natur. Denn wenn es Gottes Wille war, sein wahres Wesen uns mitzutheilen, so mußte es auch sein Wille sein, unsern irdischen, menschlichen Blick hinwegzulenken vom Aeußerlichen, ihn hineinzulenken in das Innere, dadurch uns zu erziehen zur vollen Erfassung Gottes als des heiligen Geistes, dessen Wesen eben nur innerlich, in Geist und Herzen uns zum Verständniß kommen, zu lebendigem Eigenthum werden kann.

Wie vereinigen wir diese beiden, so entgegengesetzt scheinenden Ergebnisse? Dort ist uns das Wunder ein beglückendes

Zeichen der wahrhaft göttlichen Wirkungsweise, der Herrschaft des Geistes über die Natur. Hier, als irdisches thatsächliches Erlebniß, widerstrebt es dem wahren Wesen Gottes und der wahren Würde des Geistes.

Fassen wir beides zusammen, so gewinnen wir dies: das Wunder verkündet uns das wahre Wesen Gottes und des Geistes und versetzt uns in die Welt des vollendeten, idealen Seins, — so lange wir es nur anschauen wie ein Bild, wie ein Gleichniß; aber das Wunder als eintretend in die greifbare Welt der Thatsachen steht entgegen dem wahren und dem durch das christlich-religiöse Gefühl selbst geforderten Verhältnisse Gottes und des heiligen Geistes zur wirklichen irdischen Natur.

So wird in der bildlichen, in der symbolischen Auffassung der Wundererzählungen, zunächst der evangelischen, für einen zweiten Vortrag der Gesichtspunct gegeben sein, unter dem ich zu zeigen hoffen darf, daß dem religiösen Sinne all die tiefe Schönheit jener Erzählungen nicht verloren geht, sondern sich steigert, wenn sie der Welt thatsächlicher Wirksamkeit entrückt werden. Zugleich muß es dann meine Aufgabe sein, nachzuweisen, daß die urkundliche Ueberlieferung eine solche Auffassung nicht hindert, vielmehr auch die rein geschichtliche Untersuchung in dieser Auffassung sich zu befriedigen vermag.

Für jetzt lassen Sie mich mit einem Motto schließen, mit dem in prägnantester Form der in dieser Frage hier eingenommene Standpunct bezeichnet scheint; es ist das bekannte Dichterwort:

Was sich nie und nirgend hat begeben,
Das allein veraltet nie!

Zweiter Vortrag.

Die geschichtliche und religiöse Bedeutung der evangelischen Wunderberichte.

Die Betrachtungen des letzten Vortrags haben uns in einer Thatsache der Religionsgeschichte den Leitstern für die Beurtheilung der evangelischen Wundererzählungen finden lassen: in der Thatsache des Widerstrebens der Religionsverkünder höherer Ordnung, vor Allem Jesu, des Verkünders der vollendeten Religion des Geistes, gegen die Wunderforderung. Auch noch auf eine andere religionsgeschichtliche Erfahrung wurde hingedeutet, auf diese nämlich, daß auf der untersten Stufe der menschlichen Cultur die Religion ganz und gar in Demjenigen aufgeht, was jene Religionsstifter so entschieden abwiesen, in Magie. Wenn uns nun Jemand die Aufgabe stellte, wir sollten es errathen, wir sollten, gleich als wüßten wir es noch nicht, es vermuthungsweise aussprechen, was wohl die Menschengeschichte zwischen jenen beiden Endpuncten ihres religiösen Lebens, zwischen der herrschenden Zauberei und der reinen Geistesreligion, hervorgebracht habe, so würde Jeder von uns antworten: ganz zweifellos liegen in dieser Mitte Uebergangserscheinungen; auf der einen Seite werden wir ein Bestreben bemerken, sich von der unbedingten Herrschaft des Naturinteresses und der damit verbundenen, auf den untersten Stufen noch völlig geistlosen Zauberei loszumachen, und mithin eine stufenweise Annäherung an die Geistesreligion; auf der andern Seite wird sich zeigen, daß auch die Geistesreligion sich noch nicht sogleich des magischen Elementes zu entledigen vermag, es vielmehr zunächst noch sich einverleibt, dann noch eine geraume Zeit, wie das Hühnchen ein

Stück Eierschale, mit sich forträgt, bis endlich an die völlige Scheidung Hand angelegt wird. Daß dies Alles in der Menschengeschichte wirklich so gekommen ist, wissen wir Alle; und es war nach der Art menschlicher Entwickelung, welche überall ein langsames, aber stetiges Sichlosreißen vom physischen Interesse darstellt, das Eintreten dieser Erscheinungen so nothwendig, daß wir nur dann Grund hätten, uns zu verwundern, wenn es anders gekommen wäre. Und noch Eins konnte man, auch bei noch so geringer Menschenkenntniß, mit Sicherheit voraussagen. Wenn jene Religionsstifter mit allem Nachdruck und mit aller heiligen Entrüstung ihres göttlichen Sinnes das Wunder zurückwiesen, so ließ sich dennoch voraussehen, daß von ihnen Wunderhandlungen würden erzählt werden und daß man sie glauben würde. Denn da für den Menschen von Haus aus naturnothwendig sich die Religion in die Form der Magie kleidet, so ist es ihm zunächst ganz unmöglich, religiöse Hoheit und Lebensfülle ohne Magie anzuschauen, ja nur zu verstehen. Der Religionsstifter, seinen Zeitgenossen unendlich überlegen, nimmt um Jahrhunderte der menschlichen Gesammtentwickelung die reine Geistigkeit der Religion voraus; sie wird nach ihm von den erleuchtetsten Jüngern noch einige Zeit bewahrt, aber auch von diesen schon mit Mühe und unter Kämpfen mit ihrer Menschlichkeit; allgemach wird die reine geistige Lehre überwuchert von den narkotischen Schlingpflanzen der Magie, die schon angesichts des lebenden Religionsstifters in Gestalt von Mißverständnissen seiner Rede, von geschwätzigen Uebertreibungen und Ausschmückungen seiner Handlungen, von abergläubischer Aufnahme natürlicher Vorgänge u. s. w. ihre ersten Schossen trieben, welche bei ihrer naturgemäßen Ueppigkeit ganz in der Stille so rasch emporwuchsen und sich fortrankten, daß sie schon in wenigen Jahrzehnten den ganzen geschichtlichen Boden bedecken konnten. Da ist nun inzwischen auch der noch vorhandene ächte Geist des Meisters in seiner Gemeinde schwächer geworden, und Niemand hat daran gedacht, das Wachsthum jener Pflanzen zu beobachten, so daß dieselben jetzt leicht in der dem Wunder und der Zauberei wieder sehr zugethanen Bekennerschaft Unterstützung finden, da Niemand im Stande ist, den Ursprung und das Unrecht der Existenz dieser Gewächse entscheidend nachzuweisen. Wenn wir nun noch bedenken, daß in den Zeiten und an den Orten, von welchen hierbei allein die Rede sein kann, unsere gegenwärtigen Mittel der Benachrichtigung zu allermeist durch die mündlichen Mittheilungen der Fußreisenden ersetzt waren, daß also eine einmal festgewurzelte Sage gar nicht schnell genug von etwaigen Augenzeugen widerlegt werden konnte, zumal die Widerlegung nie so leicht geglaubt wird, als die erste Nachricht, — bedenken wir dies, so wird es uns gar nicht auffällig erscheinen, wenn die auf jenen Wegen entstehenden Wundersagen schon in sehr kurzer Zeit nach dem Tode des das Wunder doch so entschieden verschmähenden Religionsstifters in voller Macht und ohne Anfechtung dastehen. Wir würden auch hier uns nur wundern, wenn es anders wäre: obwohl wir gewiß diese Thatsachen, ihre Unvermeidlichkeit selbst, mit Wehmuth unter den Anlässen des Schmerzes und Zornes sehen, die auf jedem Prophetenantlitz zu tief eingegrabenen bleibenden Zügen werden. Sie wollten der Menschheit die wahre, die Geistes- und Herzensreligion einpflanzen, sie lebten und starben dafür, — aber ihre eingesenkten Keime schossen unerbittlich immer und immer wieder in üppiges, magisches Gezweig und in Blätter- und Blumenwerk zauberisch umnebelnden Duftes. Auch dies steht mit in jenem kurzen, aber inhaltschweren Worte geschrieben: „Er kam in sein Eigenthum, aber die Seinen nahmen ihn nicht auf.“

Was half es Zoroaster, was half es Muhamed und Buddha, daß sie bei Lebzeiten, wie wir gesehen haben, mit aller Strenge die Wunderthätigkeit von sich wiesen, und auf den Inhalt ihrer Predigt zeigten als auf das einzige Wunder, das sie beglaubigen sollte? Das magische Schlinggewächs wurde dadurch nicht aufgehalten. Zoroaster wurde zum Sohne einer jungfräulichen Mutter Dogdo, die ihn im Traum von einem himmlisch leuchtenden Jünglinge empfing, und in dieser verklärten, mythologischen Gestalt zum Mittelpuncte endloser und der ungeheuerlichsten Wundersagen [1]; in entsprechender Weise wurde das Leben Muhameds zu einem poetischen Mährchen umgedichtet, und auch seine Nachfolger im Khalifat entgingen der Vergötterung und der mythischen Glorie nicht. Der indische Königssohn Gautama, auch Sakyamuni, gewöhnlich mit seinem Ehrennamen Buddha, der Erleuchtete, genannt, hatte die Seinen und all sein Gut verlassen, um, von Almosen lebend, sein Thun und Wirken der geistigen, religiös-sittlichen Vertiefung und Befreiung seiner Mitmenschen zu weihen. Alle Göttlichkeit, welche der Mensch gewinnen kann, sah er in frommer und tugendhafter Gesinnung. Die in den buddhistischen Evangelien üppig wuchernde Mythologie kennt noch andere Göttlichkeit. Da soll Buddha, im Götterhimmel thronend, beschließen, zur Erlösung der Menschheit Mensch zu werden, als fünffarbiger Lichtstrahl soll er von einer jungfräulichen Mutter empfangen werden; Sonne und Mond stehen still bei seiner Geburt; die Blinden sehen, die Tauben hören; der Versucher Mara, der Fürst der Welt des Verlangens, erliegt im Wortkampfe mit ihm, sucht ihn vergebens durch Sturm und Feuerregen zu schrecken und durch die Reize seiner Töchter zu verführen; der Bewährte siegt über die Brahmanen durch Weisheit und Wunder [2]. Es wird nicht möglich sein, das Uebernatürliche, was sich an die Geschichte des Moses anschließt, sowie an die der Erzväter, von welchen vielleicht dem Abraham gleichfalls eine religionsstifterische Bedeutung zuzuerkennen sein dürfte, unter einem andern Gesichtspuncte als diesem mythologischen zu beurtheilen. Und haben wir nicht ganz die entsprechenden Erscheinungen im Gefolge des Christenthums? Wenn nicht früher, so beginnt doch jedesfalls mit der Entstehung der ersten apokryphischen Evangelien, also etwa mit dem Anfange des zweiten Jahrhunderts, die Wunderdichtung auch hier, und schwillt lawinenartig an, bis sie in der Kirche des Mittelalters, und in deren Ueberresten noch bis auf den heutigen Tag, eine ganze weitverzweigte Welt des Wunders und der Legende vor unsern Blicken ausbreitet, worin die mythisch verklärten und von der historischen Erde losgerissenen Gestalten Christi und der Maria, beide auf wunderbare Weise sündlos empfangen, den Mittelpunct einer endlosen Menge halb göttlicher Wesen bilden, deren Handlungen und Beziehungen zur Menschheit durchaus magischer Natur sind, ebenso wie die religiösen Handlungen ihrer Diener und Nachfolger auf Erden.

Es kann hiernach als ein allgemeines religionsgeschichtliches Gesetz ausgesprochen werden, daß auch die geistigsten, die sittlich-lautersten Religionen, und die erhabensten, dem magischen Wesen abgeneigtesten Religionsstifter in fernerer oder näherer Zeit zum Anlasse einer Mythen- und Sagenbildung werden müssen, welche ihre allgemeinen Formen wieder aus demselben Arsenal des Zaubers und der sinnbildlichen, an die Naturvorgänge anknüpfenden Vorstellung entlehnt, das den Religionen niederer Ordnung nicht bloß die Formen, sondern auch jeglichen Inhalt lieferte. Wenn dieser die reine Geistes- und Herzensreligion herabdrückende Proceß rücksichtlich des Christenthums in den apokryphischen Evangelien am Anfang des zweiten Jahrhunderts offenkundig begann, ja wenn er hier schon neben manchem Poetischen die tollsten und geschmacklosesten Fabeleien erzeugte: wäre es nicht im höchsten Grade zum Verwundern, wenn nicht in edler, geistig-bedeutsamer und poetischer Weise dieser Proceß schon früher, wenn auch weniger offenkundig, begonnen hätte? Oder, wenn man auch hier uns fragte, was wir denn vermuthen würden von dem Charakter der ersten christlich-evangelischen Schriftstellerei, gemäß jenem soeben ausgesprochenen religionsgeschichtlichen Gesetze, und angesichts dessen, daß so früh schon in den Apokryphen die gehaltlose Fabelei anfängt, so würden wir ohne Zweifel Folgendes antworten: Wir erwarten, daß die geringe Fähigkeit, die Unebenbürtigkeit der Zeitgenossen und Jünger im Verhältniß zu Jesu, verbunden mit dem bis dahin überall herrschenden mythologischen und magischen Charakter der Religionen, verbunden mit dem poetisch-sinnbildlichen Zuge des Orients, — wir erwarten, daß diese Ursachen schon sehr frühzeitig ein sagenhaftes, mythisches Element in die evangelische Ueberlieferung werden gebracht haben, das zunächst noch gehaltvoller, schöner, heiliger, gewesen sein wird, als es sich in den Apokryphen zeigt. Und wenn man nun dem so Vermuthenden unsere vier kanonischen Evangelien als etwas ihm bis dahin Unbekanntes vorlegte, würde er nicht sagen: „Sehet, hier ist es, was ich vermuthete!"? Er würde, unbefangen und als Geschichtsforscher diese Urkunden mit demselben Auge ansehend und prüfend, mit welchem Jeder von uns die heiligen Schriften der Inder oder Perser ansehen und prüfen würde, oder mit welchem ein frommer Brahmane im Interesse reiner Wahrheitsliebe unsere Bibel läse, — mit diesem Auge würde Jener in unsern vier Evangelien bald Anklänge an den Ton der Apokryphen finden, bald tief bedeutsame mythische Dichtungen, welche ganz die Fülle christlichen Gehaltes tragen, aber zu seiner Fassung sich noch der aus der Natur entlehnten Symbole, namentlich solcher aus dem Geschlechts- und Familienleben, und der Vorstellung magischer Handlungen bedienen, wie dies Alles den Juden und Heiden damaliger Zeit unaustilgbar im Blute lag. Zwischen diesen Umrahmungen würde jener Forscher dann das rein Geschichtliche aufsuchen, und er würde es finden in der herrlichen, reichen, kraftvollen Lebensgestalt Jesu, in seiner Lehrthätigkeit und endlich in seinem Märtyrertode; diesen Kern würde er mit um so größerer Inbrunst und heiligerer Erhebung sich zu eigen machen, als er ihm ein neues, tief ergreifendes Zeugniß davon wäre, daß das Große, Hohe, geistig Reine in der Menschenwelt immer erst verstanden wird, nachdem es zuvor Jahrhunderte lang verzerrt und in veraltete Formen zurückgedeutet worden. Doch zuletzt, um auch den Zeitgenossen des Meisters gerecht zu werden, würde derselbe Forscher sich fragen, welche Anlässe wohl im Leben Jesu sich finden mochten, durch welche eine Sagenbildung und mythische Dichtung leicht entstehen konnte; er würde dann einerseits, bei der großen Zahl bedeutsamer und poesievoller Erzählungen dieser Art, auch die empfängliche und sinnreiche Frömmigkeit der ersten Bekenner bewundern und lieben lernen, welche dem höchsten Gehalte bald die erhabenste, bald die lieblichste Form unter jenen sinnlichen Gewandungen ausfanden; auf der andern Seite würde er ihre Schuld geringer werden sehen, wenn er bemerkt hätte, daß die bildliche Redeweise Jesu selbst es sehr nahe legte, überall in religiöser Rede zum Bilde, zur Dichtung zurückzugreifen, und daß ferner in der Verrichtung auffälliger, vor Allem seelischer Krankenheilungen, die sich nicht leugnen läßt, die Anknüpfung gegeben war für die unvermeidliche, uns noch heutiges Tages, trotz aller Verkehrs- und Dementirungsmittel, so häufig irreführende Uebertreibungs- und Erfindungslust eines Jeden, der etwas Merkwürdiges zu erzählen weiß. Käme hinzu, daß der gegenwärtige Stand der Wissenschaft es nicht mehr erlaubt, als unzweifelhaft hinzustellen, wer die Evangelien geschrieben, und zu behaupten, daß sie ohne Widerspruch unter einander sowie mit sich selbst seien, vielmehr schwer sich leugnen läßt, daß einer ehrlichen harmonistischen Bemühung eine sehr beträchtliche Zahl solcher Widersprüche übrig bleibt, daß keines unserer Evangelien ganz aus Einem Stücke ist, daß keines die ursprüngliche Gestalt vollkommen rein aufweist, in welcher gewisse Urbestandtheile aus den Händen unmittelbarer Jünger Jesu hervorgegangen sein mögen: käme dies hinzu, so würde unserm Forscher auch das letzte Bedenken schwinden; er würde mit der sichern Ueberzeugung enden: jenes allgemeine religionsgeschichtliche Gesetz, welches alle, auch die geistigste Religionsentstehung von Mythen- und Sagenbildung umrankt zeigt, es hat auch in der Entstehung unserer kanonischen Evangelien gewaltet. Alsobald würde er daran gehen, aufzuzeigen, wie auch die Formen dieses Waltens allenthalben dieselben sind, Mythus und Wunder in ihren Hauptzügen dieselben in den religiösen Ueberlieferungen aller Völker und aller Zeiten: und auch dies würde ihm gelingen.

Was bliebe aber dann vom Christenthum? Alles, meine Freunde, nein, mehr als Alles! Nicht in den Umhüllungen, welche die Religion — nach den Worten Schleiermachers — sich lächelnd gefallen läßt, nicht in diesen haben wir die Zeugnisse des wahren Werths des Christenthums zuerst aufzusuchen; diese Umhüllungen, das bunte Sagengewand, theilt die vollendete Religion mit den niederen, wenn sie freilich auch diesem Gewande einen Abglanz ihrer höheren Schönheit mittheilt; ihren wahrhaft eigenthümlichen Werth, der sie über alle stellt, der sie zur vollendeten Religion macht, erkennen wir erst, wenn wir jene Hüllen abstreifen, und wenn wir sehen, daß der reine übrigbleibende Gehalt, in seinem eigenen Lichte glänzend, noch weit mächtiger und überzeugender als Quell ewigen Lebens sich offenbart, als durch jene zwar transparenten, aber doch trübenden Bedeckungen hindurch. Und muß nicht dann die Schönheit dieser transparenten Bilder, wie wir sie von vornherein anerkannt, erst vollkommen uns aufgehen, wenn wir diese Bilder als Gefäße des höchsten, reinsten Lichtes anschauen und verstehen lernen? Gewiß, die mythische, die symbolische Ansicht wird uns diese Schönheit nicht rauben, sondern steigern.

Dies an einzelnen Beispielen bestätigt zu sehen, und zugleich die wesentlichsten Documente für das Recht einer solchen Auffassung in der evangelischen Ueberlieferung selbst aufzusuchen, ist noch unsere Aufgabe.

Schon jene Krankenheilungen, welche so übereinstimmend und von den drei ersten Evangelisten insbesondere als etwas so Allbekanntes und Selbstverständliches berichtet werden, daß es unmöglich ist, ihnen die historische Grundlage zu bestreiten, — schon diese Heilungen lassen neben ihrer geschichtlichen Thatsächlichkeit auch eine tiefere, symbolische Bedeutung zu. Sind sie doch auch als wirkliche Thatsachen nur die natürlichen Folgen der innigen Gemüthskraft und hohen Geistesenergie des Göttlichen, dem „die Dämonen", die das Seelenleben verstörenden und den Willen schwächenden Einwirkungen krankhafter Zustände, gehorsam waren. Wie weit sich eine gesteigerte Seelen- und Geisteskraft heilend über den Körper erstrecken könne, dies gehört zu dem Vielen, was unsere Wissenschaft noch nicht zu ermessen vermag. Eben dadurch, daß die Herrschaft des Geistes über die Natur ihm zu Grunde liegt, zeigt uns schon dieses nicht zu leugnende thatsächliche Wirkungsfeld Jesu einen Quell symbolischer Beziehungen. Wie nahe lag es dem Herrn, an solche Handlungen in Gleichnißreden anknüpfend darauf hinzuweisen, daß er nicht gekommen sei, ein leiblicher Heiland zu sein, sondern ein Heiland der Seele zum ewigen Leben. Nur in diesem parabolischen Sinne vermag ich die Antwort zu verstehen, welche Jesus den Abgesandten des Täufers ertheilte, als sie fragten, ob er in Wahrheit der Messias sei (Matth. 11, 2 ff.): „Gehet hin und verkündet dem Johannes, was ihr höret und sehet: Blinde werden sehend und Lahme gehen, Aussätzige werden rein und Taube hören, und Todte stehen auf und Arme empfangen die frohe Botschaft." Auf Wunderhandlungen beriefe sich, um seine Messianität zu beweisen, eben Derselbe, dessen Verwerfungswort gegen die Wundersuchenden wir vernommen? Der den Schluß seiner Antwort bildende Hinweis auf die Predigt des Evangeliums kann uns vielmehr belehren, wie auch die ersten Anführungen gemeint sind. „Arme" nennt auch sonst Jesus Diejenigen, welche demüthig und heilsdurstig um den Geist bitten[3]; Blinde und Taube, von verhärteten Sinnen, sind ihm auch sonst Die, welche den Samen des göttlichen Wortes nicht aufnehmen; „Todte" heißen ihm auch sonst die gänzlich an die Welt Verlorenen. Das war ein ächtes, tief einschneidendes Jesuswort, des Gottgesandten würdig, wenn er in diesem Sinne seine Sendung beglaubigend sagte: „Die Blinden sehen, die Tauben hören, die Todten stehen auf". Aber wie leicht konnte aus solchen Worten im Volksmunde und vermittelst schriftlicher Aufzeichnung die ins Wunderbare gesteigerte Ueberlieferung entstehen, welche an die auch von uns zugestandenen thatsächlichen, aber jedesfalls zunächst geistigen Heilungen sich anknüpfte!

Allem äußeren Anscheine und ebenso auch innerer Wahrscheinlichkeit nach waren die ersten schriftlichen Aufzeichnungen der Jünger über ihren Meister, die ersten evangelischen Niederschriften, nichts anders als Sammlungen von Reden und Gleichnißerzählungen Jesu. Wir sehen die Ueberreste davon in den Zusammenschichtungen inhaltsverwandter Sprüche, Reden, Gleichnisse, bei Matthäus; wie vor Allem in der sogenannten Bergpredigt. Zeitgenossen von volksthümlicher Einfachheit und gesundem empfänglichen Sinne mußten die Wirkung des göttlichen Worts über Alles werth halten; das äußerlich biographische und chronikalische Interesse ist überall ein Spätling der Cultur, zumal jener mächtigen Fülle des Geistes und persönlichen Anziehung gegenüber mußte es zurücktreten, und so unwillkürlich der den Gehalt der neuen Heilsbotschaft symbolisirenden Sage den Vortritt lassen. Und mußte nicht diese Sage, die symbolische Mythenbildung, in jenen Reden, vor Allem in den Gleichnissen, welche den Religionsgehalt bereits in die symbolische Form gegossen hatten, eine ganz natürliche Anknüpfung finden? Vergegenwärtigen wir uns z. B., was im Evangelium des Lukas (13, 6 ff.) folgendermaßen erzählt wird: „Er sprach aber folgendes Gleichniß: Es hatte Einer einen Feigenbaum, der war gepflanzt in seinem Weinberge, und er kam Frucht zu suchen darauf, und fand sie nicht; da sprach er zu dem Weingärtner: siehe, drei Jahre komme ich, Frucht zu suchen auf diesem Feigenbaume und finde sie nicht; haue ihn um! warum zehret er am Boden? Er aber antwortete und sprach zu ihm: Herr, laß ihn noch dieses Jahr, bis daß ich eine Grube um ihn gemacht und ihn gedüngt, ob er wohl möchte Frucht bringen; wenn aber nicht, so magst du ihn alsdann umhauen". Dieses Gleichniß, in welchem der Feigenbaum entweder das Judenthum oder überhaupt die Menschheit bedeutet im Verhältniß zur göttlichen Heilsmittheilung, dieses Gleichniß denken wir uns ursprünglich kurz und unvollkommen aufgezeichnet: konnte es nicht auf das Leichteste durch Mißverständniß zu einer Erzählung vom Feigenbaum werden, wie wir sie bei Matthäus und Marcus lesen (Matth. 21, 19; Marc. 11, 12 ff.), welchen beiden dafür wiederum das Gleichniß fehlt, ebenso wie die Erzählung dem Lukas? Diese Erzählung von der gänzlich unmotivirten Verfluchung des Baumes, der keine Früchte trug, weil — wie ausdrücklich bemerkt wird — es gar nicht die Zeit der Feigen war, diese Erzählung würden wir in diesem Falle verlieren, jene schöne Parabel von der Langmuth Gottes dafür eintauschen.

Es ist vor Andern die Entdeckung Ch. H. Weißes[4], daß nicht wenige Wundererzählungen, und gerade die in thatsächlicher geschichtlicher Geltung am meisten anstößigen, wahrscheinlich auf diesem Wege, durch Mißverständniß von Gleichnißreden Jesu entstanden sind. Für vollkommen erwiesen halte ich dies, nächst der erwähnten Geschichte vom Feigenbaum, bei dem von allen vier Evangelien, zum Theil sogar in doppelter Form, erzählten Speisungswunder, welches ich deshalb zur nähern Erläuterung dieser Erklärungsweise heraushebe. Schon der Zusammenhang, in welchen der vierte Evangelist diese Erzählung einreiht, zeigt deutlich genug den symbolischen Sinn den sie jedesfalls für ihn hatte. Er läßt der Erzählung die Mahnung folgen (Joh. 6, 27): „Erwirket euch nicht die Speise, die vergänglich ist, sondern die Speise, die da bleibt ins ewige Leben"; und als das Volk, in ganz unbegreiflicher Weise, wenn das berichtete Speisungswunder wirklich nur eben geschehen wäre, die Frage stellt (V. 30): „Was thust du für Zeichen, auf daß wir sehen und dir glauben?" und hierbei das Mannawunder des Moses Jesu wie zur Beschämung vorrückt, was erst recht ohne Sinn war, wenn durch diesen soeben erst fünftausend Menschen von fünf Broden und zwei Fischen gesättigt worden, da antwortet er: „Wahrlich, wahrlich, ich sage euch: nicht Moses hat euch das Brod vom Himmel gegeben, sondern mein Vater gibt euch das wahre Brod vom Himmel", und weiterhin: „Ich bin das Brod des Lebens; wer zu mir kommt, wird nicht hungern; und wer an mich glaubt, wird nimmermehr dürsten". Erinnern wir uns, wie oft in Jesu Munde die von Speise und Trank entlehnten Bilder für das ewige Heilswort wiederkehren, von dem „Hungern und Dürsten nach der Gerechtigkeit" bis zum Abschiedsmale, so werden wir eine Gleichnißerzählung wahrscheinlich genug finden, worin er die Unvergänglichkeit des wahren inneren Heilslebens, und dessen stetiges, inneres und äußeres Wachsthum durch Vertheilung auf immer weitere Kreise, unter dem Bilde einer Speise dargestellt hatte, welche durch Vertheilung nicht ab-, sondern zunimmt. Diese Parabel, zuerst skizzenhaft aufgezeichnet, wäre dann als Erzählung eines wirklichen Hergangs mißverstanden, und zuletzt so vom vierten Evangelisten in seiner Quelle vorgefunden, von ihm zwar ohne ausdrücklichen Zweifel nacherzählt, doch auf die angegebene Weise zu ihrem ursprünglichen Sinne zurückgeführt worden. Daß die Erzählungen vom Speisungswunder wirklich so und nicht anders entstanden sind, davon sind nun in den zwei ersten Evangelien noch handgreifliche und meines Erachtens vollkommen beweisende Spuren vorhanden. Bei Matthäus und Marcus findet sich die Erzählung mit untergeordneten Abweichungen doppelt. Das erste Mal bildet sie Parallele mit Lukas und Johannes und ist, wie bei dem letzteren, dem wunderbaren Wandeln auf dem Meere vorauserzählt. Schon hier muß auffallen, daß Marcus (6, 52), nachdem er den Schrecken der Jünger nach dem Seewunder geschildert, ihre Aufregung noch weiter durch die Worte zu erklären sucht: „denn sie hatten das mit den Broden nicht verstanden; denn ihr Herz war verstockt". Dem unbefangenen Verständnisse scheint eine solche Bemerkung nur auf eine der Deutung bedürftige Rede, die eben von den Jüngern nicht verstanden worden, keineswegs aber auf eine Wunderhandlung zu passen, die ja eines besonderen Verständnisses oder geöffneten Sinnes nicht bedurfte. Die vollkommene Lösung des Räthsels aber liefert uns das, was der zweiten Form der Erzählung bei Matthäus und Marcus nachgeschickt wird, nämlich folgendes Gespräch: „Sie hatten vergessen, Brode einzunehmen, und hatten nicht mehr als Ein Brod mit sich auf dem Schiffe. Und er ermahnte sie, sprechend: sehet zu und nehmet euch in Acht vor dem Sauerteige der Pharisäer. Und sie sprachen zu einander: weil wir keine Brode mithaben. Er aber merkte es und sagte zu ihnen: was redet ihr, daß ihr keine Brode habt? verstehet ihr denn noch nicht und erkennet es nicht? ist denn verstockt euer Herz? mit sehenden Augen sehet ihr nicht und mit hörenden Ohren höret ihr nicht und erinnert euch nicht? Als ich die fünf Brode brach für die fünf Tausende, wie viel Körbe voll Brocken truget ihr weg? Sie sprachen: zwölf. Als aber die sieben Brode unter viertausend, wie viele Flechten voll Brocken nahmet ihr fort? Und sie sprachen: sieben. Und er sprach zu ihnen: verstehet ihr es noch nicht?" (Marc. 8, 14 ff.) Wie sie es verstehen sollten, sagt uns der erste Evangelist, indem er also fortfährt (Matth. 16, 11 f.): „wie merket ihr nur nicht, daß ich nicht von Broden zu euch redete? Hütet euch vor dem Sauerteige der Pharisäer und Sadducäer. Da verstanden sie nun, daß er nicht gemeint hatte, sich zu hüten vor dem Sauerteige der Brode, sondern vor der Lehre der Pharisäer und Sadducäer." Also, um die schwer verstehenden Jünger recht deutlich darauf hinzuweisen, daß er auch in diesem Falle bildlich gesprochen, erinnert er sie an die Geschichte von den Broden und den Speisungen. Folglich — so schließen wir, meine ich, mit mathematischer Evidenz —, folglich ist auch diese Geschichte der Speisungen von ihm bildlich ausgesprochen worden, aber nicht wirklich geschehen. Und was verlieren, was gewinnen wir durch diese Auffassung? Wir verlieren ein Ereigniß, das, auch wenn es möglich wäre, ohne alle religiöse Würde und, bei gänzlicher Unausführbarkeit einer ins Einzelne gehenden Vorstellung von demselben einerseits, anderseits sogar mit etwas Widrigem behaftet sein würde, soweit ihm die Vorstellung folgte. Wir gewinnen eines der schönsten und sinnreichsten Gleichnisse, das uns die Erfahrung vor Augen stellt, wie die Mittheilung, das gesellige Ausleben seelischer und geistiger Güter, diese Schätze nicht verringert, sondern ins Unendliche vertieft, bereichert, immer neu wieder in der ersten Frische hervorquellen macht. — Wer so von der Anwendbarkeit, ja Unerläßlichkeit dieser Erklärungsweise einmal überzeugt worden, der findet sie überraschend fruchtbar und zutreffend auch in vielen anderen Fällen. Davon sei nur auf den einen von der Verwandlung des Wassers in Wein kurz hingedeutet. Hier mochte ein Gleichnißwort Jesu mißverstanden worden sein, worin er etwa das Wasser des alltäglichen Gesprächs und der trivialen Geselligkeit, wie es bei jenem Feste zu Cana geboten werden mochte, durch sein Lebenswort in Wein zu verwandeln erklärt hatte. Denken wir, daß die erste Aufzeichnung hier etwa in einer Notiz für das Gedächtniß bestand, also lautend: „Wasser in Wein verwandelt", welche Notiz nachmals fernerstehenden Weitererzählern, sodann späteren Sammlern zur Grundlage gegenwärtiger Erzählung wurde: welche Erklärung wäre einfacher und zugleich würdiger?

Manche andere Wundererzählungen freilich werden sich dieser Deutungsart, wie überhaupt jeder symbolischen Erklärung entziehen. Wir werden immer finden, daß sie dann auch ihrem Gehalte, und, so zu reden, ihrem Geschmacke nach in jeder Beziehung tiefer stehen, und deshalb anzusehen sein werden als Zeugnisse für das Hereinragen der in den apokryphischen Evangelien waltenden Erfindungsweise in die kanonischen. Von dieser Art sind wohl auch die Erzählung von den Schweinen der Gergesener[5] und die vom Stater im Munde des Fisches[6].

Wenn aber auch alle die Wunder, welche aus dem mittleren Verlaufe des Lebens Jesu berichtet werden — so höre ich schon lange mir einwenden —, wenn auch sie alle, des geschichtlichen Werths entkleidet, nicht an religiösem Werthe verlieren, ja sogar durch ihre symbolische Auslegung nur ein unwürdiges Beiwerk von dem erhabenen Bilde Jesu entfernt und ein höherer religiöser Werth ihnen verliehen wird, als sie bei thatsächlicher Wahrheit beanspruchen durften: gilt dann dasselbe auch von jenen hohen Besitzthümern des Christenglaubens, durch die er die einzige Würde des Menschensohns, der zugleich Gottessohn war, seine überirdische Größe, allein vollwichtig auszudrücken und mit dem Weltdasein verknüpfen zu können meint? Gilt dann die Verwerfung des thatsächlichen Wunders in jenem Sinne, die Steigerung seines religiösen Werths durch sinnbildliche Auslegung, auch von der übernatürlichen Geburt Jesu, auch von seiner Auferstehung? Haben wir in diesen beiden hehren Denkmalen seiner Göttlichkeit wirklich nur, wie es ausgedrückt worden, die „Prachtthore des Mythus" zu sehen, welche Eingang und Ausgang des geschichtlichen Lebens Jesu verherrlichen?

Fragen wir uns mit ganzem Ernste, was es sei, das diesen beiden heiligsten Bestandtheilen der evangelischen Wunderwelt ihre religiöse Bedeutung gebe, so müssen wir allerdings auch hier meines Erachtens ohne Scheu uns die Antwort geben: nicht das Uebernatürliche, nicht das Wunderbare ist es. Nicht das leere Grab, der hinweggewälzte Stein, nicht das Durchschreiten verschlossener Thüren mit einem Leibe von Fleisch und Bein, der auch die Wundenmale trug, nicht alle jene Erscheinungen des Erstandenen, welche uns mit so vielem gegenseitigen Widersprechen die Evangelien erzählen, dies Alles nicht macht uns die Auferstehung Jesu zu einem so theuren Stücke unseres Glaubens. Vielmehr knüpfen gerade an diese Erzählungen sich widerstrebende Empfindungen, ähnlich denen, welche uns von den Einzelheiten anderer Wunderberichte erregt wurden, und wir möchten Vieles davon lieber nicht im Texte sehen, damit der Glaube keinen Anstoß daran nehmen könne; auch hier gilt es, daß wir nur so lange, als wir unsere Vorstellung in der Ferne halten und auf jene Scenen nur wie auf allgemein gehaltene Bilder hinblicken, einen edlen und großen Eindruck davon behalten, der sich alsbald verliert, wenn wir ein realistisches Detailbild uns zu entwerfen versuchen, das übrigens auch hier nun und nimmer zu Stande kommen will. Deutliche Zeichen, daß das, was uns fesselt, auch hier sich hinter jenen Erzählungen nur verbirgt, aber nicht in ihnen selbst liegt! So kommt denn der allein religiöse Gehalt des Glaubens an die Auferstehung Jesu erst da zur Geltung, wo auf jene Erzählungen so gut wie keine Beziehung genommen wird, und wo die tastbare Leiblichkeit, mit der sie den Auferstandenen umgeben, mit der sie ihn zuletzt zum Himmel zurückkehren lassen, uns erspart bleibt: in den Briefen des Apostels Paulus. Diese wissen nur von Erscheinungen des abgeschiedenen Geistes Jesu, nicht von einem dauernden Nachleben im Fleische, und ausdrücklich reihet Paulus jene Vision, die ihn bekehrte, diesen Erscheinungen als ihnen völlig gleichartig an (1. Kor. 15, 8). Hiermit übereinstimmend ist nach Paulus der religiöse Werth und Gehalt des Glaubens an die Auferstehung Jesu einzig dieser, daß solcher Glaube uns der Ueberdauerung des Todes, also auch hier der unbedingten Herrschaft des Geistes, des gottdurchdrungenen, über die Natur, gewiß macht, und die Gründung jenes ewigen Himmelreiches, welches auf solche Geistesherrschaft sich aufbaut, uns als vollendete Thatsache zeigt. In diesem Sinne aber an die Auferstehung, an die persönliche Unsterblichkeit Jesu und unserer eigenen Seelen zu glauben, dies wird uns nicht erleichtert durch jene wunderbaren Erzählungen; eher könnten diese aus den genannten Gründen, und weil sie gegenwärtig nicht wieder zweifelsfrei werden können, unsern Glauben erschüttern, indem sie mit dem Einen auch das Andere dem Zweifel und Unglauben zu überliefern uns verführen könnten.

Wenn hier die Unsterblichkeit, die persönliche Fortdauer des mit Gott verbundenen Geistes den religiösen Kern bildet, der uns bleibt, so ist der im gleichen Sinne aus dem Begriffe der Gottessohnschaft und den Kindheitsmythen des Lebens Jesu herauszuläuternde Gehalt nichts Anderes, als eben jene Vereinigung des göttlichen und menschlichen Wesens in dem mit Gott verbundenen Menschengeiste, in ihrer höchsten Vollendung gedacht, wie sie im Keime, im innersten Lebensquelle, ohne allen Zweifel im geschichtlichen Jesus von Nazaret verwirklicht war, und nicht minder zweifellos in seinem Thatenleben und seinem Gehorsam bis zum Kreuzestode sich offenbarte. Auch hier scheue ich mich nicht zu bekennen, daß angesichts dieser hohen und herrlichen Bedeutung des Bildes der Gottessohnschaft die Betrachtung des damit in Verbindung gesetzten physischen Wunders und der Versuch, die Vorstellung der Thatsächlichkeit desselben zu vollziehen, für mich immer etwas Abstoßendes, ja Widriges behalten hat. Und mit welcher Stirn konnte Jesus das Wort sprechen: „Euch soll kein Zeichen gegeben werden“ —, wenn er mit diesem Zeichen aller Zeichen in die Welt getreten war? Wenn wir unbefangen zusehen wollen, so zeigen uns die Evangelien die Entstehung der Geburts- und Kindheitsmythen aus dem Gedanken der geistig-sittlichen Vereinigung des Menschen mit Gott, aus dem Ideale der Wiedergeburt aus Gott, welches Jesus lebte und lehrte, Schritt für Schritt, wie die entsprechende Aufhellung so zufriedenstellend bei einem Bestandtheile heidnischer Mythologien gar selten sich darbieten dürfte.

Was bei anderen Menschen, als zu erstrebendes Ziel derselben und zunächst als principielle Aneignung des wahren Lebens, Wiedergeburt aus Gott heißt, das wird in Bezug auf Jesus, weil er diesen geistig-sittlichen, religiösen Besitz mehr als Andre sogleich von Anfang an in sich entwickelte, Geburt aus Gott genannt. In beiden Fällen gleichmäßig heißt es Gotteskindschaft oder Gottessohnschaft; ausdrücklich alle aus dem heiligen Geiste Wiedergeborenen, alle vom Sinne Jesu innerlich Belebten, nennt der Mund Jesu selbst nicht allein Gotteskinder, sondern auch Gottessöhne, wie er es, um nur Ein Beispiel anzuführen, den Friedfertigen verheißt (Matth. 5, 9), daß sie so sollen genannt werden. Dieses Bild war von selbst gegeben durch den von Jesus zum eigentlichen Namen der Gottheit erhobenen Namen des Vaters. Durch beide Bilder, das des Vaters und des Sohnes, des menschlichen Sohnes, läßt Jesus, der Vollender des religiösen Ringens der Menschheit, gleichsam die mythologischen Ströme aller Religionen sich ergießen in das Meer der Wahrheit und des Heils durch die enge Pforte erhabener Einfachheit und sittlicher Herzenswärme. Denn alle Mythologien, alle Religionen, die höher ausgebildeten zumal, kennen die Vorstellung einer Leibwerdung Gottes in irgend einem Sinne, und schon auf der Stufe der Halbcultur, bei den Azteken, den Inkas, den Mongolen Mittelasiens, und von da aufwärts, überall wo nur irgend ein Mensch, namentlich ein Religionsstifter oder überhaupt ein Heros des Geistes, dem gläubigen Verehrer als Erfüllung des gottgewollten Ideals erscheint, da findet sich auch die übernatürliche, oft genug sogar die jungfräuliche Geburt dieser Heroen als Bestandtheil des Glaubens; denn man war gedrungen, sie zu denken und zu verehren als von göttlichem Geiste erfüllt, da sie doch Menschen waren. Wie konnte die Mythologie, die überall zunächst nach Natur- und besonders gern nach Zeugungsbildern greift, diese Einheit des Göttlichen und Menschlichen besser in ihrer Weise ausdrücken, als durch das Bild einer Geburt theilweise durch einen göttlichen, theilweise durch einen menschlichen Factor? Jesus, sage ich, vollendet die Religion, indem er alle diese mythologischen Ströme einfließen läßt in die einfache Schale seines Bildes von der Gottessohnschaft, die durch Aneignung des göttlichen Willens in unsern Herzen gewonnen wird, durch die Entstehung eines neuen Menschen in unserem Innern, bei der es Gott ist, der himmlische Vater, der ihn zeugt. Mit dieser höchsten und reinsten Deutung aller jener Mythologien, die sich zum letzten Male des gleichen Bildes mit diesen bediente, sollte es mit der Mythologie überhaupt, mit aller unvollkommenen, magischen Religiosität vorüber sein. „Aber die Seinen nahmen ihn nicht auf.“ Das erhabene und herzerquickende Bild, in dessen Glanze alle Mythologie verbleichen und schwinden sollte, wurde zur Losung für eine neue, eine christliche Mythologie, deren Bildungsproceß erst vor wenigen Jahren seinen — ganz consequenten — Abschluß darin gefunden hat, daß zu dem vom Boden irdischer Existenz zuvor völlig losgerissenen männlichen Ideale des Gottmenschen das weibliche der Gottesmutter in ebenbürtiger Losreißung von der wirklichen Welt hinzugefügt ward. Daß dieser Proceß an seinem Anfange, wie an seinem Ende, nur mit poetisch-religiösen Symbolen, nicht mit Thatsachen, unser religiöses Bewußtsein bereichert hat, dies kann, wie bemerkt, aus den Evangelien selbst mit einem in solchen Fragen ungewöhnlichen Grade von Gewißheit erkannt werden.

Den ersten Anknüpfungspunct bildeten die Begriffe der Wiedergeburt und der Gottessohnschaft im Munde Jesu, angewendet auf alle innerlich geheiligten Menschen, und also auch, wenigstens der zweite dieser Begriffe, auf Jesus selbst. Das zweite Stadium zeigt ein Wort des vierten Evangelisten, worin das Bild bereits weiter ausgeführt, weiter ins Einzelne, bis zu dem Bilde jungfräulicher Geburt ausgemalt ist. Von allen Gotteskindern nämlich, nicht von Jesus insbesondere, sagt der Evangelist im 13. Verse des 1. Capitels, daß sie „nicht aus dem Blute, nicht aus dem Willen des Fleisches, nicht aus dem Willen eines Mannes, sondern aus Gott erzeugt" seien. Konnte dies, bildlich natürlich, von allen Gotteskindern gesagt werden, so verstand es sich ja von dem vollendetsten Gottessohne ganz von selbst, daß man von ihm dieselben Worte brauchen konnte. So entstand aus dem Bilde des Gottessohnes das Bild des ohne Manneswillen Erzeugten, des Jungfrausohnes. Und wenn wir nun etwa fordern möchten, daß an diesem Puncte des Processes die symbolische Poesie eintrete, weil wir am leichtesten begreifen, wie durch ihre lebendigen, drastischen Formen das Bild so ausgeführt werden konnte, daß der Glaube das Bild für Thatsache nahm, so fehlt es auch davon nicht an einer Spur, daß die Poesie, ja eine Kunstpoesie, sich frühzeitig dieses Stoffes bemächtigt und das Bilderwerk ins Einzelne ausgemalt, ja sogar dramatisirt hat, nicht ohne Anlehnung an alttestamentliche Vorbilder, namentlich an die Verkündigung Simsons (Richter 13) und an die Geburt Samuels (Lobgesang der Hanna: 1. Sam. 2). Diese Spur finden wir im Lukasevangelium, in der dichterischen Zusammenarbeitung und Dramatisirung der Kindheitsmythen des Täufers und Jesu, in welcher auch der Engel als benamte Person auftritt, und die einzelnen Reden, Begrüßungen, Lobgesänge das Gepräge eines ganz bestimmten, in wiederkehrenden Formen sich bewegenden Kunststils tragen.

Mit dieser symbolisch-mythischen Ausführung der geistig-sittlichen Idee der Gotteskindschaft verbindet sich nun die in der Prophetie des Alten Testaments mit bestimmten Zügen vorgebildete Messiasidee, und alle Züge, welche der Auslegung jener Prophetie für messianisch galten, suchte die immer mehr anschwellende Mythendichtung in das Bereich ihres Lebens Jesu hereinzuziehen. So entstand, mehr und minder inhaltreich und geistig bedeutsam in den einzelnen Stücken, zum Theil die Krone aller heiligen, symbolischen Poesie, die um die Krippe zu Bethlehem sich gruppirende Kindheitssage vom Davidsohne. Ja, so hingenommen war alsbald die dichtende Phantasie von dem Doppelstrome der messianischen Symbolik auf der einen jener rein ideellen auf der andern Seite, daß es zweien Evangelisten möglich wurde, die Forderungen jedes dieser zwei Motive nebeneinanderzustellen, ohne den Widerspruch gewahr zu werden. Der Davidsohn konnte doch nicht gleichzeitig der Gottessohn im physischen Sinne sein. Dennoch bemühen sich Matthäus und Lukas ebensowohl den Stammbaum Josephs, des als Vater Jesu bekannten Zimmermanns, auf David zurückzuführen, als sie anderseits die Erzeugung Jesu aus der Jungfrau als Thatsache berichten. Nicht minder deutlich ist der Widerspruch derselben zwei Evangelisten unter einander, wo die Aufgabe an sie herantritt, den Bethlehemitischen Mythus mit der zu ihrer Zeit noch ganz lebendigen Ueberlieferung von der galiläischen Herkunft Jesu, von seiner Geburt in Nazaret, in Einklang zu bringen. Diese letztere, die nazarenische Herkunft, wird von Marcus und Johannes, welche beide das Leben Jesu mit der Taufe beginnen und keine Spur von Bekanntschaft mit jenen Kindheitsmythen verrathen, einfach vorausgesetzt, und im vierten Evangelium (1, 46) lautet der volle Name Jesu: „Jesus, der Sohn Josephs, der Nazarener". Diese nach allem Anschein vollkommen richtige Bezeichnung, die im Volke allgemein verbreitete Ansicht, daß Joseph und Maria Jesu Aeltern, Nazaret seine Vaterstadt sei, wie er sie auch selbst nennt (Mc. 6, 4; Matth. 13, 53 ff.), diese war nun von den, allen zugänglichen Stoff zusammenarbeitenden Verfassern des ersten und des dritten Evangeliums mit dem bethlehemitischen Sagenkreise in Verbindung zu bringen. Wenn, wie sie meinten, die Geburt in Bethlehem historisch war, so mußten sie erklären, wie die nazarenische Ueberlieferung entstanden sein konnte. Dies thut Jeder, Matthäus und Lukas, auf seine Weise, und zwar Jeder auf die entgegengesetzte von der des Andern. Matthäus setzt voraus, daß die Aeltern Jesu in Bethlehem ursprünglich lebten und Jesus eben deshalb auch dort geboren wurde; er vereinigt in Folge dessen Nazaret mit Bethlehem so, daß er die heilige Familie durch eine besondere Verkettung von Umständen aus Bethlehem vertrieben werden und nach Nazaret in Galiläa, als in einen neuen Wohnsitz, auswandern läßt. Dies sei geschehen, setzt er hinzu, damit das prophetische Wort erfüllet werde: der Messias solle „Nazoräos" genannt werden, — beiläufig eine Berufung auf einen Ausspruch des Jesaja (11, 1), welche ebenso dem Sinne dieses Ausspruchs, als der sprachlichen Abkunft des Namens Nazaret entgegenläuft. Bedarf nun hiernach Matthäus solcher Züge der Sage, welche eine Auswanderung aus Bethlehem begründen, so sehen wir ihn sachgemäß zu der Erzählung von den Magiern und dem Bethlehemitischen Kindermorde greifen, welche in aller sonstigen Ueberlieferung fehlen. Lukas schlägt den umgekehrten Weg ein. Er setzt den ursprünglichen Aufenthalt in Nazaret voraus und läßt, um die bethlehemitische mit der galiläischen Herkunft zu verknüpfen, die Aeltern in Bethlehem einwandern. Er sucht also nach Motiven für solche Einwanderung, und findet sie in der Erzählung von der Schätzung, mit der zugleich die damit zusammenhängende kümmerliche Unterkunft in Bethlehem und andere hieran sich knüpfende Begebenheiten ihm zufallen, welches Alles wieder einzig und allein sich bei Lukas findet und auch mit den bekannten weltgeschichtlichen Thatsachen und Verhältnissen der Zeit durchaus streitet.

Eine neuere Vermittelungstheologie hat sich, der übernatürlichen Geburt Jesu zu Liebe, hinter ein — soll ich sagen: philosophisches? — Kunststück geflüchtet. Der sündlose Mensch, sagt sie, konnte nur übernatürlich entstehen: wir müßten es fordern, auch wenn es nicht berichtet wäre. Wie? Sollte denn die menschliche Mutter nicht auch die Erbsünde auf das Kind übertragen? Und sollte Gott, der einer solchen Theologie zu dem kühnsten Wunder allmächtig genug ist, nicht allmächtig genug sein, um durch die natürliche Geburt hindurch in rein geistigem Einwirken ein sündloses Leben zu schaffen? —

Zwei Welten, meine ich, werden wir hiernach, und in Betracht dessen, daß die gottmenschlichen Persönlichkeiten der Geschichte das Wunder so ernstlich, und, wie wir sahen, mit so heiligem Rechte von sich gewiesen haben, — zwei Welten werden wir wohl vollkommen von einander trennen müssen: die Welt der irdischen Wirklichkeit, in welcher die Natur durch Raum, Zeit und Materie dem Geiste unüberwindliche Schranken setzt, und die Welt der idealen Phantasie, bevölkert durch die Gestalten der Mythologie und Sage, der Poesie und Kunst, in welcher der vollendete Sieg des Geistes über die Natur, die Durchdringung der Natur durch den Geist, sich uns symbolisch vorbildet. Diese Welt der Phantasie steht in unlöslicher Verbindung mit der Religion, sie ist „des Glaubens liebstes Kind". Wir werden durch sie uns erbauen, entzücken, den göttlichen Geist in seiner Vollkraft und Schönheit durch ihre Bilder auf uns wirken lassen; wir werden mit diesen Bildern auch fortan noch uns umgeben in unsern Gotteshäusern, in unsern Wohnungen; wir werden an sie die Verkündigung des göttlichen Wortes anknüpfen, und werden aus ihnen tiefe Anregungen und Belebungen des Gemüths und Geistes, beseligende Erhebungen in das göttliche Dasein gewinnen; aber Alles dieses gerade um deßwillen, weil diese Bilder ein thatsächlich Wirkliches nicht bezeichnen, sondern Boten einer höhern Welt sind. Soll ich zum Schlusse noch einmal in Einen Satz zusammendrängen, wovon ich durch diese Ausführungen meine Zuhörer zu überzeugen gewünscht habe, so möchte ich dies also thun:

Die Wunder als äußere Thatsachen erniedrigen den Verkünder des göttlichen Geistes und ziehen uns ab vom Glauben an die Wahrheit um ihrer selbst willen; die Wunder als ideale Sinnbilder erheben uns über die irdische Wirklichkeit und beleben und nähren unsre Seelen durch den erquickenden Hauch des höheren, des vollendeten Daseins, das wir suchen und hoffen.*)

Der historische Jesus und die moderne Kritik.

Vorgetragen im Januar 1868, zuerst abgedruckt in der „Protestantischen Kirchenzeitung" 1868, Nr. 22.

Wenn es irgend unserm Verein ziemte, scheu zurückzutreten vor einem Gegenstande religiösen Interesses, der alle Gemüther mit Liebe und Inbrunst gefesselt hält, und der für Jeden eine individuelle, für unverletzlich erachtete Gestalt angenommen: so würde der Gegenstand, über den ich heute vor Ihnen zu sprechen aus diesen und aus andern Gründen nicht ohne Bangen über-

*) Man vergleiche hierzu die „Nachschrift" auf S. 248.

nommen habe, mehr als andere eine solche Haltung rechtfertigen. Aber deutlicher wird es auch nirgends als hier, daß die ganze Existenz unsers Vereins von vornherein auf der Ueberzeugung ruht, daß Heiligkeit und religiöser Werth eines Gegenstandes nicht in Widerspruch stehen mit seiner offenen, gemeinschaftlichen Betrachtung im Lichte unbefangener Wahrheitsliebe. Denn ein protestantisch=christlicher Verein mit den Zwecken des unsrigen wäre ein gar thörichtes Unternehmen, wenn nicht die Person Jesu für uns Anlaß solcher Betrachtung sein sollte.

Mit der rechten Zuversicht indeß, und ohne jede religiöse Besorgniß, werden wir nur dann den wissenschaftlichen Bewegungen auf diesem Gebiete folgen, wenn wir uns überzeugt haben, daß es nicht nur überhaupt der Religion würdig sei, sie einem voraussetzungslosen Wahrheitsinteresse zu unterziehen, sondern daß auch der aus unbefangener Forschung gewonnene Inhalt keinem wahrhaft religiösen Gefühle entgegen sei, daß nicht etwa, mit unserm Dichter zu reden, eine „gemeine Deutlichkeit der Dinge" eingetauscht werden solle für die theuersten, die beseligendsten Güter der Seele und für die sichere Bürgschaft unseres Heils.

Lassen Sie mich darum, Verehrteste, dem ersten Vortrage, der in unserem Verein des Bestrebens der so viel gefürchteten und gehaßten, geschmähten und verfolgten biblischen Kritik zu gedenken hat, sein Thema in der Frage stellen: was uns von der Person und dem Leben Jesu, was uns von dem religiösen Werthe evangelischer Ueberlieferung selbst in dem Falle übrig bleibe, daß die moderne Kritik in ihren wesentlichsten Annahmen und Leugnungen Recht behielte. Und dieses Wesentlichste kritischer Ergebnisse lassen Sie mich dadurch charakterisiren, daß nach denselben alle solche Züge aus dem wahren Leben Jesu hinwegfallen würden, welche nach den Analogien sonst bekannten Natur= und Menschenlebens nicht vorgestellt, durch diese Ana=

logien nicht verstanden werden können, und deshalb gemeinhin als übernatürlich, als Wunder bezeichnet werden.

Sei es am Eingange dieser Betrachtung, deren Gegenstand alles Gefühl unsrer menschlichen Unzulänglichkeit lebendig macht, noch einmal wiederholt, daß nicht eine Ansicht oder dogmatische Tendenz des Vereins, sondern allein die persönliche Ueberzeugung des Vortragenden, unter keiner andern als seiner eignen Verantwortung, darin das Wort führt.

Ein natürliches Lebens- und Charakterbild Jesu — was kann es dem christlichen Herzen, dem christlichen Heilsbedürfnisse noch sein? Diese Frage, so gestellt, als solle sie andeuten, daß der religiöse Werth des vollendeten Gottmenschen und Menschensohnes mit dem Uebernatürlichen seines Daseins dahinfalle, ist durch sein eignes Wort gerichtet. Als die Pharisäer ein Zeichen vom Himmel von ihm begehrten, seufzte er in seinem Geiste und sprach: „was sucht doch dies Geschlecht Zeichen? Wahrlich, ich sage euch: es wird diesem Geschlecht kein Zeichen gegeben". Nach einer zweiten Ueberlieferung hat er auf denselben Anlaß dies Geschlecht ein böses und ehebrecherisches gescholten und ihm kein Zeichen als das des Propheten Jona zugesprochen, ohne dies zu erklären. Eine dritte Ueberlieferung erklärt dies, indem sie als zweites Zeichen in gleichem Sinne das der Königin von Saba hinzufügt, durch die Worte: „Denn wie Jonas ein Zeichen war den Niniviten, also wird des Menschen Sohn sein diesem Geschlechte. Die Königin von Mittag wird auftreten vor dem Gerichte mit den Leuten dieses Geschlechts, und wird sie verdammen; denn sie kam von der Welt Ende, zu hören die Weisheit Salomos, und siehe, hier ist mehr denn Salomo; die Leute von Ninive werden auftreten vor dem Gericht mit diesem Geschlechte und werden es verdammen, denn sie thaten Buße nach der Predigt Jonas', und siehe, hier ist mehr denn Jonas". Nur eine vierte Ueberlieferung derselben Rede schiebt, den wahren Zusammenhang durchbrechend, die fremde Erklärung ein von den drei Wallfischtagen und den drei Tagen im Grabe[1]. Was ist also das Zeichen Jona, das einzige Wunder, das der Herr seinen Zeitgenossen und auch uns geben wollte, streng jedes andere Wunderbegehren abweisend? Kein anderes als das Wunder seiner Predigt und Weisheit, die unendlich höher war, als die des Jonas und Salomo. Hieran schließt sich eng das Wort des Paulus[2]: „Es hat Gott gefallen, durch einfältige Predigt selig zu machen die, so daran glauben: sintemal die Juden Zeichen fordern und die Griechen nach Weisheit fragen, wir aber predigen den gekreuzigten Christus". So ist Jesu geistige und religiös-sittliche Persönlichkeit, seine Lehre, sein Leben und sein Tod im Gegensatze gegen alle Wunder — das natürliche Charakter- und Lebensbild Jesu — durch ihn selbst und durch den mächtigsten Geist unter seinen nächsten Nachfolgern in die Mitte der christlichen Heiligthümer gestellt worden, auf daß sich alles Licht religiöser Erkenntniß und alles Feuer frommer Liebe daran entzünde.

Bestärkt uns solchergestalt der Geist und das Wort Jesu selbst in unserm Vorhaben, und läßt uns erkennen, daß keine Wissenschaft uns rauben kann, was Jesus selbst uns geben und sein wollte, so öffnet sich andererseits ein reicher Schatz glaubwürdigster Ueberlieferung, der die Vollziehung unserer Aufgabe ermöglicht. Aber wo sollen wir beginnen, wie können wir hoffen je zu enden, und würdig zu reden, wenn von uns gefordert ist, die Züge dieses Antlitzes zu schildern, die Tiefen dieses Herzens und Geistes zu messen, das Gewicht der That zu wägen, welche durch den Tod Eines Menschen ein neues, höheres Menschengeschlecht erschuf? Wir stehen vor einer unendlichen, überwältigenden Fülle, und es ist als wäre auch die weiteste Ausführung immer nur Hindeutung, und die gedrängte Ueberschau, die uns hier allein gestattet ist, nur eine Reihe von Ueberschriften, wozu die Vertrautheit mit dem heiligen

Stoffe von Kind auf und eignes inneres Erlebniß einem Jeden den Text bieten muß.

„Wisset ihr nicht, daß ich sein muß in Dem, was meines Vaters ist?“ — heiße die erste solche Ueberschrift. — Hin und wieder hören wir von einem Kinde, das von früh auf ernst betrachtend sich zurückzog, nur aufhorchte mit glühendem Blicke, wenn ein Wort seiner Umgebungen auf göttliche und himmlische Dinge zeigte, dann in stiller Phantasie unablässig das Empfangene liebend pflegte, mit unsäglichem verschwiegenen Glücke es genoß und bedachte: bis ein plötzliches Wort frühreifer Weisheit die nichts ahnenden Eltern erfreut und erschreckt. Auch wenn dann eine fromme, sinnige Mutter „alle diese Worte in ihrem Herzen behielt“, war das Bewußtsein des Kindes, einer andern Welt anzugehören als die Seinen, nicht aufzuhalten. Dieses Bewußtsein hat sich dem zum Manne erwachsenen Jesusknaben, bei aller kindlichen Liebe und Sorgfalt, endlich in die hart scheinenden Worte gelleitet[3]: „wer ist meine Mutter, wer sind meine Brüder? Diese, meine Jünger, sind mir Mutter und Brüder; denn wer Gottes Willen thut, der ist mein Bruder, meine Schwester und meine Mutter“. Wir hören darin jenes Kindeswort im Tempel nachklingen. Und auch das Sprichwort durfte er auf sich anwenden[4]: „ein Prophet gilt nirgends weniger, denn in seiner Heimath und bei seinen Verwandten und in seinem Hause“. Dennoch war es eben der Geist dieses Hauses, eines stillen, frommen, ächten israelitischen Herdes, der in dem Knaben nur höher, mächtiger und bewußter emporwuchs. Dieser Geist setzte in ihm das schlichte, ursprüngliche Judenthum inniger Gottesfurcht und Gottesliebe entgegen den zersetzenden und entleerenden Einflüssen der Verfallzeit, der Scheinfurcht der Reichen und Gelehrten, dem Formelwesen und äußerlichem Werkdienste der orthodoxen Eiferer. Dieser Geist war es, der ihn aus andächtiger und lernbegieriger Versenkung in die heiligen Bücher, in die wahrhafte Seelentiefe der jüdischen Religion, einen Glauben schöpfen ließ, der diese Religion überstieg, indem er sie fortentwickelnd auf ihr Endziel brachte.

Je lebendiger und sicherer aber dieser Glaube in ihm wurde, um so mehr erglühete sein Herz in heiligem Zorn gegen die Zeitgenossenschaft, vor Allem gegen ihre Führer, deren Entfremdung von der wahrhaften Religion und Lebenssitte der Väter, deren ausgeartete, nur das Schlechte am Judenthum weiterbildende Theologie, deren von fremder Weltlichkeit und Sinnenlust durchsetzte Cultur, ihm mehr und mehr zu schmerzlichster Erfahrung wurde. „Und es jammerte ihn des Volks; denn es war wie Schafe ohne Hirten".

Es konnte nicht ausbleiben, daß er sich bald mit dem Gotte, der ihn beseelte, allein wußte, nur von Ihm verstanden, nur von Ihm vollkommen durchdrungen und geliebt, aber von Ihm auch gesendet, von Ihm ausgerüstet mit siegender Kraft des Worts und der That, und mit der innern Freudigkeit und Sicherheit, durch die ihm alles vorauszusehende Leiden zu einem ersehnten Gottesdienste ward.

Nur einmal erschien seiner Jugend die Gestalt eines Genossen, an den er mit voller Sympathie, mit aller Lust des Glaubens und der Hoffnung auf gemeinsames Schaffen und Leiden sich anschließen konnte: dieser entzündete in ihm das Bewußtsein seiner Sendung. Aber spätere Erfahrung ließ ihn mit Trauer an diese Zeiten zurückdenken, und in seinen letzten Worten über den Täufer mußte er ihn anklagen, daß er nur neue Flecken auf das alte Kleid gesetzt habe, und, obzwar der Größte unter den Kindern des Fleisches, doch kleiner sei als der Kleinste im Himmelreiche[5].

Von Niemand verstanden, ohne Gemeinschaft, Allen überlegen, mit dem Vollgefühle des unbeschränktesten Könnens, — wie mochte der noch nicht gefestete Jüngling, mit seiner nach Maßgabe des ihr innewohnenden Geistes auch ihrerseits gesteigerten irdischen Natur, wie mochte er die Vollreife des Charakters und Sicherheit im Bewußtsein seiner Sendung gewinnen ohne Durchgang durch leidenschaftlichen Jugendkampf? Er selbst erzählte den Jüngern, in dem Gleichnisse von der Versuchung in der Wüste, die Kämpfe seiner Entwickelung[6]: sie waren heftig und einschneidend genug, um in späterer Erinnerung daran von ihm zu heischen, daß er, den Niemand einer Sünde zeihen konnte, doch die schlichte Anrede „guter Meister" mit dem Hinweise auf den Alleinguten streng von sich ablehnte[7]. Den Gefahren der Wüste jugendlichen Irrens, die das „wilde Gethier" unedler Leidenschaften lauernd durchstreift, entgeht er durch den „Dienst der Engel", durch die Gotteskräfte, die in ihn gelegt waren. Nach drei Richtungen kann im Besondern der überlegene, der übergewaltige Geist fortgezogen werden von niederer Begier zu falschem, seiner unwürdigen Ziel: es kann der Dämon sinnlichen Genusses, oder die Sucht eitlen Ruhms, oder die Herrscherlust, die seiner überlegenen Kraft so angemessen scheint, um seine Seele werben. Jesus entwindet sich aller Lockung: er geht mit dem von jetzt an unerschütterlichen Entschlusse daraus hervor, seinem Gott allein zu dienen, nicht Gott zu versuchen durch vermessen-eitelen Gebrauch seiner Kraft, und nur mit dem wahren Lebensbrode, dem göttlichen Heilsworte, den Hunger seiner und Aller Seelen zu stillen.

Im höchsten Bewußtsein seiner Einheit mit Gott, ja der inneren Gottgleichheit, setzt er seine Göttlichkeit darein, zu dienen: ohne Besitz, ohne andre Freude, als die ihm sein inneres Leben im göttlichen Geiste, und Liebe und Glaube Derer brachte, die er zu Gott führen wollte, im freiwilligen Verzicht selbst auf Frauenliebe und das Glück des Hauses[8], hatte er nicht wo er sein Haupt hinlegte; sein Dasein und Leben gehörte seiner Sendung. Oder, wie derselbe Apostel, dessen volles Verständniß des göttlichen Meisters uns schon einmal entgegengetreten, es ausdrückt[9], gleichen Sinn von uns Allen fordernd: er hielt seine Göttlichkeit nicht für gute Beute, er beutete sie nicht aus, wie jene Versuchungsstimme ihm gerathen, sondern entäußerte sich selbst, ward zum Knechte, erschien in allgemeiner Menschenweise, und erniedrigte sich in seinem Gehorsam gegen die Mission, die er für die seinige erkannt hatte, bis zum schmachvollen Verbrechertode. Darum konnte er den Jüngern sagen[10]: „ihr wisset, daß die Fürsten der Heiden über sie herrschen, und ihre Großen sie vergewaltigen; nicht also sei es unter euch; sondern, wer da will unter euch groß sein, der sei euer Diener, und wer will der Erste unter euch sein, der sei euer Knecht: gleichwie des Menschen Sohn nicht gekommen ist, daß er sich dienen lasse, sondern daß er diene, und gebe sein Leben zu einem Lösegeld für Viele". So opferte er sich, lehrend und handelnd. Nach der Andeutung eines unserer Evangelien[11] durch Ausübung des väterlichen Handwerks, wie ähnliche Hantirung mit geistigem Berufe nicht selten verbunden wurde, wie der große pharisäische Gesetzeslehrer Hillel nicht lange vor ihm durch Tagelöhnerarbeit, wie Paulus durch Zeltweberei, das nöthigste Brod erwerbend; nach der Sitte der Zeit durch die volle geistige Ausrüstung eines Schriftgelehrten auch zum Auftreten in den Synagogen berechtigt, als Rabbi angeredet von den Jüngern und vom Volke ohne seinen Widerspruch: predigte er den wahren Gott und das wahre Leben und übte Barmherzigkeit, ein Arzt des Leibes und der Seele zum zeitlichen und ewigen Heile.

Lag in solchem Dienste doch die einzig wahre Gottgleichheit für Den, welchem die wahre Gottesanschauung aufgegangen war, die Anschauung des Gottes, dessen Wesen selbst die Liebe ist, die schöpferische Selbstentäußerung an die Welt! Und wiederum konnte diese Gottesanschauung nur Dem aufgehen, dessen Herz der gleiche Liebesgeist erfüllte. In diesem Geiste völliger Hingebung, zu der er seiner Gotteskräfte sich bemächtigte, haben wir so den Mittelpunct seines Glaubens ebenso wie seines Wollens, den Sinn seiner weltgeschichtlichen Sendung, seiner Lehre, seines Wirkens im Leben und im Tode. Die vollkommene

Liebe, die in ihm wohnt, in ihm zum Herrn wurde über alle niederen Gewalten der Seele und des Fleisches, sie ist selbst der Gott, den er in sich findet, der Gott, mit dem er sich nach überstandenem Jugendkampfe in voller Durchdringung und unlöslicher Gemeinschaft weiß, mit dem der innige stille Verkehr ihm ein Quell unversieglicher Wonnen ist, zugleich ausfließend von ihm über Alle, die ihm ein empfänglich Gefäß entgegentragen, durch die Schöpfung gewaltiger sinnschwerer Rede und in lebensvollster, ächtester Schönheit prangenden Gleichnißwortes, wie durch gemeinschaftstiftendes und jedes heilbegründende Thun. Gott ist solche Liebe, und die Welt, Gottes Schöpfung, soll dieser Liebe manchfaltig ausgeprägtes Abbild sein, in ihrer Manchfalt dennoch geeint, in sich verbunden durch wechselseitige Hingebung Aller, und eben dadurch beseligt, unendlichen Heiles theilhaft, wie es dem Begehren liebloser Eigensucht nimmer entspringen kann: in solcher Welt wäre jedes begeistete Glied ein freies Gotteskind, unter keinem Gesetz noch Zwang, da ihm der Wille Gottes eigne Lust ist; es wäre Eine große Liebesgemeinschaft, ein Reich Gottes, ein Reich der Himmel. Dies war seine Predigt, sein Lebensinhalt und seines Wirkens Ziel.

Aber es war ein harter Boden, in den er dieses köstliche Reis pflanzen wollte, ein unrührbarer Sumpf anderwärts, der seinen Samen verschlang. Diese fast allgemeine Versunkenheit einer großen, herrlichen, gotterkorenen Nation: Gleichgiltigkeit, geistiger Hochmuth, Sinnen- und Weltdienst, der hirnloseste Aberglaube, Stumpfheit des Verstandes, in der großen Breite des Volkes wie auf den Höhen des Geistes- und Amtsadels mit grausamer und höhnischer Bosheit verschwistert. Hat sich denn auch nur der Jüngerkreis Jesu von diesen Zügen gänzlich fern halten können?

Dies war der herbere Schmerz als der am Kreuzesholze, daß der Verkünder des Gottesreiches, je mehr das Wesen seiner Zeitgenossenschaft sich ihm enthüllte, desto mehr nur Worte vernichtenden Vorwurfs, heißen Kampfes, strafender Ironie, wehmüthigen Verzichtes für sie haben konnte, daß er nach mancherlei Versuch, nach manchem Schwanken zwischen Verzweiflung und Hoffen, immer wieder dabei enden mußte, daß die Gemeinschaft, die er auf Erden gründen wollte, gegenwärtig fast nur zwischen ihm und Gott bestand, fast nur Ziel der Sehnsucht und eines unerschütterten Glaubens an die Zukunft.

Wir können uns jetzt eine Zeit und ein Volk schwer denken, in denen selbst der Willige jene Sprüche von wunderbarer Klarheit, jene Gleichnisse von hochpoetischer Simplicität, jene Reden von erschütternd-überzeugendem Ernste, diese Lehre von unabsehbarer beglückender Anwendbarkeit — so gar nicht oder nur halb verstehen, so linkisch oder sinnlich nehmen, so mit Achselzucken, wie überspannte Schwärmereien, belohnen konnte. Auch Jesus ist mit anderen Hoffnungen an sein Amt getreten, als davon geschieden. Am frühesten mußte er sich über Diejenigen klar sein, die, von eigenem Systeme und dünkelhafter Gelehrsamkeit in Theorie und Leben voreingenommen, in ihrer Seele gleichsam keine leere Stelle mehr hatten für die einfache Wahrheit. Er erwählte zu seinen Begleitern Standes- und Landesgenossen, unbefangene, treuherzige, gemüthreiche oder doch so scheinende Männer des Volks: da gewann er Liebe, und hoffte Gehör und Frucht. „Ihr seid das Salz der Erde — redet er sie an[12] —, ihr seid das Licht der Welt! Die Stadt, die auf dem Berge liegt, kann nicht verborgen sein, noch zündet man ein Licht an und stellt es unter den Scheffel, sondern auf den Leuchter, und es leuchtet Allen im Hause: so soll euer Licht vor den Menschen leuchten, auf daß sie eure guten Werke sehen und euren Vater im Himmel preisen!“ In dem gleichen Sinne wandte er sich überall an die „Unmündigen“, die „Kinder“, die Geringen, die Armen, die Einfältigen: ihnen werde offenbar, was den Weisen, Vornehmen und Reichen verborgen bleibe. Aber die große Masse der von den Zäunen und Hecken zum Gastmale des Himmelreichs Gerufenen hörte zwar mit Verwunderung, und, wenn er den Schriftgelehrten „das Maul stopfete", auch mit Freuden seine Rede[13], die ihnen gar gewaltiger erschien, als die Predigt Jener: und doch waren es dieselben, deren „Herz verstocket war und deren Ohren schwer hörten und deren Augen stumpf geworden wären, so daß sie weder hörten, noch sahen, noch verstanden". Ja selbst die Jünger, die er vor der Masse des Volkes auszeichnete durch vertrautere Lehren ohne Bild und Gleichniß, unter welchen er Lieblingsschüler hatte, die in eng anschließendem Glauben ihm von selbst die Erfassung seiner Messianität entgegenbrachten; die Jünger, deren treuer Liebe und Empfänglichkeit wir die ungeschwächte Ueberlieferung seiner Reden verdanken, und die nach seinem Tode vielfach wirklich zum Salze der Erde und zum Lichte der Welt wurden: sie verstehen auch das leichtere Gleichniß vom Säemann nicht, und verdienen sich manche schwere Klage bis zu dem Seufzer[14]: „o ihr ungläubiges und verkehrtes Geschlecht, wie lange soll ich bei euch sein? wie lange soll ich euch ertragen?" — ja bis zur Anrede an Petrus: „weiche von mir, Satan; du bist mir zum Aergerniß, denn du sinnest nicht Göttliches, sondern Menschliches!" Gethsemane zeigt sie schlafend und fliehend oder übereifrig, der Uebereifrige wird zum Leugner, ein Anderer zum Verräther durch den Bruderkuß. — Das Vermächtniß Jesu im Wirken, in der Ausbreitung des himmlischen Reichs, wäre untergegangen ohne das Letzte, was er dafür thun konnte, mußte, wollte, — ohne seinen Tod. Der Herd ächter Fortbildung seines Vermächtnisses im Glauben und Erkennen aber scheint ein enger höhergebildeter Kreis gewesen zu sein, den fast nur das vierte Evangelium kennt und für den es allein den Namen „verborgene Schüler" hat, der Kreis der Jünger nach Art des Nikodemus, zu dem wohl auch der sogenannte Presbyter Johannes gehörte, und von dem vielleicht selbst der edle Gamaliel berührt sein mochte, der Lehrer des Paulus[15].

Das Verhalten der Zeitgenossen, wie wir es soeben betrachteten, mußte besonders nach zwei Seiten hin von Einfluß auf Jesu Stimmung und Willen sein. Nach einer Seite brachte es ihm das bemerkte, so unverkennbare Hervortreten des Kampfes. Der Inhalt seiner Sendung, seine Predigt, sein Reich war Frieden, aber die Welt zwang ihn, das Schwert zu bringen, um dem Frieden Raum zu schaffen. Sein Herz war überströmende Liebe, Barmherzigkeit, Verzeihen der Sünde und aller Feindschaft wider ihn, nicht siebenmal, sondern siebenzigmal siebenmal: wie auch der Gott der Liebe, den er lehrte, dem Reuigen und Vertrauenden vergiebt ohne äußerliches Sühnopfer, nicht den Tod des Sünders, sondern seine Umkehr will, ja des umkehrenden Sünders froher ist als einer kampflosen Gerechtigkeit. Aber die Welt zwang ihn, aus einer tief cholerischen Natur heraus, die, sein Stammeserbtheil, wunderbar in ihm verschmolzen war mit der phantasiereichen Gemüthstiefe und beschaulichen Innigkeit des Melancholikers, fast vorherrschend seiner Rede das Gewand des Zorns, des Vorwurfs, ja der Verdammung zu geben, wo er sie direct auf Personen seiner Zeit und Umgebung bezog. Wie überschwänglich schön, die Frucht friedvoll-ruhiger, liebreicher Beobachtung ist seine symbolische Verwendung der Natur, vor Allem des Pflanzenreichs, und manches anderen menschlichen Lebensschmucks! Aber die von den Sinnen niedergezogene Welt zwang ihn, die Liebe zur Natur und zu unschuldiger Lust fast zu verbergen hinter der Predigt vom Verlassen der Welt und Abtödten des Fleisches; denn nur der reinen, unbegehrlichen Seele öffnet Natur und Welt die Quellen ihrer wahren, ungetrübten Freude. Und so zwang ihn auch die Mitwelt, ihn, der in der Gründung des Gottesreiches unendliches Glück auf Erden und ewiges Leben zu pflanzen gekommen war, sie zwang ihn, das Kreuz ihr vorzutragen, auf dessen Stamme allein die Rosen, die es zuletzt überwachsen sollen, gedeihen konnten.

Wie sehr Jesu ganze Individualität durch diese kämpfende Stellung, durch den Gegensatz, Färbung erhielt, dies erlauben Sie mir auch aus einer physiognomischen Eigenheit, einer Eigenheit des Stils der Aussprüche Jesu zu erweisen, dieses Stils, welcher, indem er die ächten Jesuworte wie Goldadern durch taubes Gestein durch die Evangelien sich hindurchziehend aufweist, das sicherste Zeugniß darbietet für die Geschichtlichkeit des göttlichen Sprechers[16]. Dieser Stil hat in einer seiner wiederkehrendsten Gewohnheiten gleichsam unmittelbar von dem Gegensatze des neuen Lebens gegen das alte, der Wiedergeburt gegen den Tod des Fleisches, sein Gepräge empfangen. Ich meine den so häufigen Zug, daß an gewisse Bedingungen Verheißungen ganz entgegengesetzter Art geknüpft werden, als diese Bedingungen erwarten lassen. „Wer sein Leben lässet, der wird es finden"! — dieses Wort der Worte, das die ganze Religion Jesu wie in einem Brennpuncte sammelt, ist hierfür das umfassendste, gleichsam principielle Beispiel. Ich erinnere noch an Sprüche wie Matth. 13, 12: „wer da hat, dem wird gegeben werden, daß er die Fülle habe; wer aber nicht hat, dem wird genommen werden auch das, was er hat;" — Matth. 19, 30: „die Ersten werden die Letzten, die Letzten die Ersten sein"; — Matth. 20, 26: „wer unter euch groß sein will, der sei euer Diener"; — an die Bezeichnung der Kinder als der wahren Besitzer des Himmelreichs, der Demuth als des Weges zur Erhöhung, der Einfalt als des Quells wahrer Erkenntniß, an das Gleichniß vom Senfkorn, aus dem der weitschattende Baum des Himmelreichs aufwächst, an die Seligpreisungen der matthäischen Spruchsammlung[17].

Nach einer anderen Seite war der Einfluß der gegnerischen oder gleichgiltigen Zeitgenossenschaft auf Jesus von positiverer Art, wenn wir annehmen dürfen, daß darin für ihn der Anstoß lag, um sich von den Voraussetzungen des Judenthums immer vollständiger loszureißen. „Wahrlich ich sage euch, bis Himmel und Erde vergehen, soll nicht Ein Jota noch Ein Tüpfelchen vergehen von dem Gesetze" und — „Es kommt die Zeit, daß ihr weder auf diesem Berge, noch zu Jerusalem werdet den Vater anbeten; aber es kommt die Zeit und ist schon jetzt, daß die wahrhaftigen Anbeter werden den Vater anbeten im Geist und in der Wahrheit": diese zwei Aussprüche stellen Anfangs- und Endpunct dieser Entwickelung dar, wie das Wort, daß des Menschen Sohn auch Herr ist über den Sabbat, den Wendepunct[18]. Hand in Hand damit geht die immer entschiednere Ausdehnung des Gottesreiches über die Nichtjuden, über alle Völker, ja Bevorzugung der Heiden. „Thun nicht die Heiden auch also? — machet es nicht wie die Heiden — nach Allem diesem trachten die Heiden" — ist eine geläufige Ermahnungsform der Bergrede, und die ausgesandten Jünger waren angewiesen, nicht einmal in die Städte der glaubensverwandten Samariter zu gehen, geschweige auf die Straßen der Heiden, sondern allein zu den verlorenen Schafen Israels. Die schöne Erzählung vom kananäischen Weibe bezeichnet hier den Wendepunct: abgewiesen durch das wohl schon prüfend gemeinte Wort, daß es nicht zieme, den Kindern das Brod zu nehmen und es den Hunden zu geben, gewinnt sie den Herrn durch ihre bekannte demüthig-vorwurfsvolle Gegenrede für das Heidenthum. „Solchen Glauben habe ich in Israel nicht gefunden!" hören wir dann öfter. Den jüdischen Städten werden Tyrus und Sidon vorgehalten, denen es besser ergehen werde am jüngsten Tage, und die Niniviten und die arabische Königin dem ganzen Zeitgeschlechte zum Muster aufgestellt. Nach einem leuchtenden Beispiele heidnischen Glaubens faßt sich der für die Heiden nun entschiedene Vorzug in die prophetischen Worte zusammen: „ich sage euch, daß Viele von Aufgang und Niedergang kommen werden und mit Abraham, Isaak und Jakob im Himmelreiche niedersitzen; die Söhne des Reichs aber — ihr, die ihr von Haus aus zu dessen Erben bestimmt wart — werden in die Finsterniß hinausgestoßen werden."

Und so ist in den letzten Verkündigungen und Aufträgen an die Jünger immer ohne jede Unterscheidung von „allen Völkern" die Rede als Empfängern des Heils oder doch als des Arbeitsfeldes der Mission[19].

Um so mehr aber hing das Schicksal des christlichen Reichs an der Begeisterung, dem Duldermuthe, dem Kampfeseifer, der Todesbereitschaft der auszusendenden Jünger. Nimmermehr wären diese geworden, was sie dem Himmelreiche sein mußten, ohne die erschütternde und erhebende, anfeuernde, unwiderstehlich fortreißende Wirkung des Todes Jesu. In dem leidenden und sterbenden Meister drückte sich das vollendete Bild der Größe und Herrlichkeit ganzer hingebender Liebe unverlöschlich in ihre Seelen, und alle seine Worte gewannen ihnen jetzt Fleisch und Blut. Jetzt griffen sie es in heiliger Verzückung mit den Händen, daß alles Leid dieser Welt, aller Verzicht, aller Schmerz, auch der Tod, dem lieberfüllten Geiste nur Same höheren, seligern Lebens ist, und so auferstand ihnen ein verklärter, erhöheter Christus in ihren Seelen, welchen der lebende Jesus oft noch so fern gewesen. So mußte auch Jesu Märtyrertod ihnen zugleich den Stachel eigner und fremder zu sühnender Schuld und das brennende Gefühl der Verpflichtung zurücklassen, das Erbe des Meisters mit all dem Enthusiasmus und dem Eifer der Jüngerschaft eines dem Dienste der Idee leiblich Erlegenen auf Erden zu verwalten. Und nicht nur den Jüngern, der ganzen Menschheit konnte das vollendete Bild des gottmenschlichen Lebens nur von Golgatha aufleuchten: die Vollendung der Liebe ist erst da Allen sichtbarlich und unleugbar, wo sie das Aeußerste des Leidens um der Güter willen, die sie Andern bringen will, auf sich nimmt. Der Tod, der die Menschen sonst als Erniedrigung unter die Natur, unter eine blinde äußere Nothwendigkeit trifft, er wurde daher ihm zur T h a t, zur freiwilligen Liebesthat, — das allein würdige Ende d i e s e s Lebens, zugleich der allein treue Abschluß des tragischen Gesammtbildes Seines Verhältnisses zu der Welt seiner Tage. Darum konnte es mit Recht das größte Wort nicht allein des Herrn, sondern das größte Wort genannt werden, das je auf Erden gesprochen worden, das Wort „Du sagest es“, womit er den ihn zum Tode verurtheilenden Buchstabensinn der bildlichen Bezeichnungen seiner göttlichen Sendung und Herrschaft ohne Vertheidigung bestätigte. — Wer möchte, daß Jesus anders gestorben wäre? Wer möchte ihn alternd, in den Banden der Krankheit, durch fühllose Naturgewalt das Götterbild zu Staub verwandelt? Wer möchte auch nur den Gegensatz geringer zwischen dem Scheine des Schimpfes und der Schmach und der wahrhaften Gotteswürde? —

Der historische Jesus von Nazaret ist das vollendete Ideal der Gottmenschheit, sofern dieselbe angeschaut wird im Kampfe mit ihrem Gegensatze, mit der unter die irdische Natur geknechteten Menschheit, und sofern das Ideal überall in Wirklichkeit nur erscheinen kann in einer bestimmten unübertragbaren Eigenthümlichkeit und auf Erden in bestimmten Schranken, welche durch eigne Individualität, durch Abstammung, Nationalität, Ort und Zeit des Lebens gegeben sind.

Lautete aber das Wort des historischen Christenthums nothwendig also: verzichtet, um zu gewinnen; leidet, um höhere Freude zu erringen; sterbet dem Fleische und dieser Welt, um durch Neugeburt und Neuschöpfung aus dem heiligen Liebesgeiste alle Natur und irdische Freude in verklärter, heiliger Gestalt wiederzugewinnen! — so war die christliche Phantasie und Gedankenbildung von vornherein auch dazu aufgefordert, über das Ideal des Kampfes hinaus sich das Ideal des Triumphes zu lebendiger Anschauung zu bringen. Dieses konnte nach Allem nur gefunden werden in einer unmittelbaren Einheit mit der Natur, in der sich der Frieden des Paradieses in höherer Potenz wiederholte, d. i. in einer Einheit, welche den früheren Kampf, den früheren Gegensatz nicht mehr kennt, sondern in welcher die Natur in ihren innersten Tiefen zugänglich und deshalb von Innen heraus durchdringbar ist dem heiligen Willen. Ist der heilige Wille die Bedingung des Himmelreichs, so ist dieser vollkommene Frieden mit der Sinnenwelt das ideale Endziel dieses Reichs; denn in diesem Reiche soll nicht mehr sein die Entstellung, Verkümmerung des Guten, die Verzerrung des zur Schönheit Bestimmten, die schmerzvolle Zerstörung des Geschaffenen durch Krankheit und Tod, die Feindschaft der Elemente und der niederen Creatur überhaupt gegen die geistige, welches Alles hienieden auch für den heiligsten Willen die unabwendbare Folge des Widerstandes einer unbezwungenen und unbezwingbaren Natur ist. Hiermit aber ist gegeben, daß das triumphirende Ideal des Gottmenschen und des Gottesreichs nicht mehr vorgestellt werden kann durch bloße Erinnerung an wirklich Geschehenes, an historische Persönlichkeiten und historisches Leben, sondern, wenn die Form sinnlicher Vorstellung dabei nicht verlassen werden kann oder soll, bedarf es dazu einer Andeutungsweise des Ueberschwänglichen, des irdisch-Unmöglichen, in der die irdischen Vorstellungsbilder nur als Symbole dienen. Der heilige Willens- und Geistesgehalt der geschichtlichen Träger des Ideals wird in diesen Symbolen in das Gewand überirdischer, nur in einem Jenseits möglicher Idealität gekleidet. Das Thema solcher symbolischer Idealbildnerei ist naturgemäß in allen Religionen Eines: das einer magischen Einheit des heiligen Willens mit der Natur, das ebenso nothwendig überall die gleichen wesentlichen Formen fand, die Formen magischer Ueberschreitung der Schranken des Raumes, der Zeit, der Materie, aller physischen und organischen Gesetze, die Form der Beherrschung dieser Erdgewalten im Dienste des zeitlichen und ewigen Heils ohne Vermittelung, von Innen heraus, durch den bloßen gottgeeinten Willen.

So gehet uns also, Verehrteste, wenn die das Wunder aus dem Leben Jesu ausscheidende Kritik Recht behielte, nicht einmal die holde, Gottes volle Zauberwelt verloren, deren leuchtende

Gestalten unsere Wiege umschwebten, deren Gebilde unerschöpflich die Kunst immer neu uns zu frommem Genusse und ernster Erregung entgegenführt in Stein und Holz, in Farbe und Umriß, in dichterischer Rede und auf den Wogen der Töne. Sie geht uns nicht verloren, diese Welt, weder unserm Gotteshause, noch dem heimischen Herde, weder unserm Kunstschaffen, noch dem stillen Sinnen, sondern wir gewinnen sie neu, wahrhaftig durch eine christliche Wiedergeburt neugeboren, verklärt zu einer Welt tiefernster, wunderherrlicher Sinnbilder des himmlischen Reichs. Lassen Sie mich an dem schönsten Beispiele dies näher erläutern. Das uns Allen liebste Fest, von dessen Feier nach überliefertem Inhalte und überlieferter Form sich wohl Keiner von uns trennen möchte, hat uns vor Kurzem wieder an die Krippe von Bethlehem geführt. Wir haben wieder den Stern über der Hütte glänzen sehen, wir haben die Lobpreisung der Hirten und den Gesang der Engel vernommen, wir sahen die königlichen Magier sich anbetend in den Staub werfen, wir sahen das von dankender Freude glänzende, demüthig-erhobene, himmlischer Ahnungen volle, liebreich zugeneigte Antlitz der gotterkornen Jungfrau; und — der schlummernde neugeborne Knabe ist es, dem sich die Kniee beugen, und dessen Glorie sich über Alle ausgießt. Es giebt keine tiefer eindringende und zugleich so anmuthreiche Darstellung des christlichen Urgedankens, daß der Herrlichkeit von oben gegenüber, die aus einfältiger Liebe quillt, irdisches Gut und Ehre ebenso zu Nichts werde, wie irdisches Leid. Das unvergängliche, allein wahrhafte Gut eines gottinnigen Seins, über dem der Stern Gottes nie erlischt und von dem er niemals weicht, erscheint durch die Umgebungen der Armuth nur gesteigert, und vor ihm beugt sich alle irdische Pracht und Größe, auch wo es nur erst im Keime, seiner noch unbewußt und unwirksam, kommender Entfaltung entgegenschlummert. Und solches Heiles Mutterschooß ist nur die reine, keusche, uneingenommene Menschenseele, die sich dem heiligen

Geiste Gottes empfangend läßt: die Gottmenschheit, nach der wir Alle trachten, ersteht, als aus einer „Wiedergeburt aus dem Geiste“, durch die Geburt eines neuen Menschen in uns, zu der nur der reine selbstlose Wille von Seiten des naturgebornen Menschen hinzugebracht werden kann. Betrachten wir so, meine Freunde, die jungfräuliche Mutter als Gleichniß der Menschenseele, wie sie dem schöpferischen Gottesgeiste zur Zeugungsstätte göttlicher Menschheit im geistigen Sinne wird, so werden wir der Kritik, wenn sie uns aus wissenschaftlichen Gründen die Wirklichkeit einer übernatürlichen Geburt Jesu rauben müßte, mit dem frohen Bewußtsein begegnen, daß die Gefahr dieses Raubes für unser Gemüth und unsern Glauben vorüber ist. Diesen Dienst wird uns niemals eine angestrengte Dialektik leisten, durch die wir etwa beweisen wollten, daß das Wesen des Heilands, seine Sündlosigkeit, eine übernatürliche Geburt fordre; denn die Kritik würde uns dann mit dem einzigen Worte schlagen: Gott, der nach Jesu Lehre die Ehen schließt, kann ja noch viel leichter einer frommen Ehe und ihrer Frucht durch seinen Geist den Makel der sündigen Menschheit austilgen, als er willkürlich die Gesetze seiner Schöpfung zu durchbrechen vermöchte.

Neben dem Symbolischen ist auch die Schönheit, die unsre Anschauung und Idealbildnerei den heiligen Gestalten zu geben sucht, ein Ergebniß nicht des historischen Bedürfnisses der Wiederherstellung des wirklich Gewesenen, sondern des Dranges der religiösen Phantasie, zur befruchtenden Anregung des immer nach dem Höchsten strebenden religiösen Willens sich eine nach allen Seiten vollendete Welt über die historisch gegebene hinaus zu schaffen. Das vollendete Idealbild darf eben die Entstellungen nicht mitenthalten, die alles Ideale in seiner Verwirklichung durch die widerstrebende Natur und durch zufällige Einwirkungen erleidet, die im irdischen Beisammensein der Dinge unabwendbar von Außen kommen. Und sogar die Züge wird das Idealbild entfernen, die dem speciellen Volksthum, der besonderen Zeit und Oertlichkeit, der einzigen, unübertragbaren Individualität angehörten. Nicht, um die Stelle, die davon ausgefüllt war, leer zu lassen; denn alle wahre Vollkommenheit ist individuell durchbestimmt. Das Idealbild soll vom Historischen vielmehr deshalb nur das Allgemeine, das Uebertragbare festhalten, damit das Unübertragbare, Individuelle, in jedem Einzelnen nach seiner Weise Gestalt gewinne und sich mit dem Allgemeinen zum Gesammtbilde verknüpfe. So sind uns Christusbild und Madonnenbild zu universellen Idealgestalten der Gottmenschheit in ihrer männlichen und weiblichen Erscheinung geworden, und eine ganze Welt von heiligen, idealisirten geschichtlichen oder völlig erdichteten Figuren vereinigt sich mit ihnen und mit den um jede dieser Gestalten sich schlingenden magischen Symbolkreisen zu einer himmlischen Glorie christlicher Mythologie, welche, wenn wir sie zu deuten wissen, durch ihren Tiefsinn und ihre religiöse Lauterkeit und Schönheit uns zu einem Gewinne wird, den wir derselben Kritik verdanken, die uns mit dem Verluste aller dieser Güter bedrohte.

Wenn solchergestalt unser religiöses, christliches Bedürfniß keinen haltbaren Grund finden möchte, durch die biblische Kritik, selbst in ihren extremeren Richtungen, sich gefährdet zu sehen, so wird es uns um so leichter werden, diesen Untersuchungen, welche in unsern Tagen immer mehr zu einer gründlichen, ernsten, tief religiösen Wissenschaft herangewachsen sind und ausdrücklich, vor Andern namentlich durch Weiße und Keim, die Richtung auf Herstellung eines positiven Jesusbildes gewonnen haben, — es wird uns um so leichter werden, diesen Untersuchungen und ihrem unbefangenen Fortgange mit Vertrauen und mit der Hochachtung zu folgen, die jeder freien wissenschaftlichen Bestrebung darum gebührt, weil schon die Wahrheit wollen Gottesdienst ist.

Nachschrift.

Zwischen der Ansicht vom Wunder in diesen drei letzten Vorträgen und derjenigen in dem Schlußvortrage des religionsgeschichtlichen Cyklus ist ein scheinbarer Widerspruch. In der That ergänzen sich die beiden Erörterungen der Frage gegenseitig. Dort (S. 169) ist im Wunder ein Widerstreit nachgewiesen gegen die Göttlichkeit, den göttlichen Ursprung, der Natur und ihrer Gesetze, und gegen das treue Festhalten Gottes an seiner eigenen Schöpfung. Hier (S. 203. 244) ist hinzugefügt, daß trotzdem die letzte Vollendung des Entwickelungsprocesses der Welt in einen solchen Sieg des Geistes, des freien göttlichen Lebens, über die Natur zu setzen sei, wie ihn alle Wundersagen symbolisch vorwegnehmen.

Anmerkungen.

Vorträge über die geschichtliche Entwickelung der Religion in der Menschheit.

Erster Vortrag.

1) „Zahme Xenien" VI. WW. in 40 Bd. III, S. 127.

2) Im „Westöstlichen Divan", Anhang; Werke in 40 Bänden IV, S. 264: „Das eigentliche, einzige und tiefste Thema der Welt- und Menschengeschichte, dem alle übrigen untergeordnet sind, bleibt der Conflict des Unglaubens und Glaubens".

3) Franz v. Baader, WW. I, S. 36, in der Abhandlung „Ueber die Behauptung, daß kein übler Gebrauch der Vernunft sein kann". Vergleiche dazu Schelling in den „Philos. Untersuchungen über das Wesen der menschlichen Freiheit", Werke I, 7, S. 372: „Im Thier, wie in jedem andern Naturwesen, ist zwar auch jenes dunkle Princip wirksam; aber es ist in ihm noch nicht ins Licht geboren, wie im Menschen, es ist nicht Geist und Verstand, sondern blinde Sucht und Begierde".

4) Mitgetheilt in Jolowicz „Polyglotte der orientalischen Poesie", 2. Ausg., S. 636 f.

Zweiter Vortrag.

1) Es kann nicht Absicht dieser Anmerkungen sein, die kurzen Andeutungen des Textes durch Mittheilung der zugehörigen Details zu einer vollständigen Erzählung der Religionsgeschichte zu ergänzen. Nur in seltenen besonderen Fällen wird eine eigentliche Ergänzung hier gegeben werden. Dagegen begnügen wir uns für gewöhnlich mit Bezeichnung der Quellen, die wir selbst benutzt haben. Für die Religionszustände der wilden und halbwilden Völker haben uns in erster Reihe gedient:

Ad. Wuttke, Geschichte des Heidenthums, 1. Bd. Breslau 1852; und

Joh. Scherr, Geschichte der Religion, 2. Aufl. 1. Bd., Leipzig 1860.

2) Naturgemäß treten besonders hervorragende Zauberpriester lebhafter und dauernder in der Erinnerung der Völker auf und werden zu Gegenständen einer religiösen Heroenmythologie, ebenso wie auf höherer und höchster Religionsstufe die Verkünder und Helden der Geistesreligion. Die Nama-Hottentotten, die sich überhaupt durch eine reiche Mythologie auszeichnen, haben einen Mythus von Heitsi-Eibib, dem großen Zauberer, der alle Gestalten annehmen konnte, wunderbar heilte, nach dem Tode wieder auflebte u. dgl. „Globus" 1867, 12. Bd., S. 275 ff. Ueber die Nama's überhaupt vgl. Theoph. Hahn daselbst 1870, 18. Bd., Nr. 9.

3) S. Wuttke a.a.O. S. 345.

4) Nach „Globus" 1870, 17. Bd., Nr. 9, S. 134 f.

5) Wuttke a.a.O. S. 92 f.

6) Scherr a.a.O. S. 24 f. nach Catlin „Die Indianer Nordamerikas", deutsch von Berghaus, 2. Ausg., S. 132.

7) Theophilus Hahn im „Globus" 1870, 18. Bd., Nr. 9, S. 140 f. berichtigt in diesem, wie in manchem anderen Puncte, die herkömmlichen Vorstellungen von den Buschmännern oder Saans (Saabs).

8) Wuttke a.a.O. S. 227 f. 232. Das Siegel das. S. 242.

9) Der ethnographische Zusammenhang des bezeichneten großen Inselgebiets, vor Allem die Gleichartigkeit der zweiten, zugewanderten Bevölkerungsschicht, ist zuerst durch W. v. Humboldt's Forschungen über die Kawisprache an den Tag gekommen. Die Gründe, welche für ein untergegangenes Festland sprechen, dessen Reste die Inseln zwischen Ostafrika und Celebes sein würden, sowie die wichtigsten Belege der Herkunft der Malaien aus dem Innern Asiens, findet man in einem sehr lehrreichen Aufsatze von Oskar Peschel „über die Wanderungen der frühesten Menschenstämme" im „Ausland" 1869, Nr. 47. Damit vereinigt sich aufs Beste die unter französischen und englischen Forschern sehr verbreitete Ansicht, daß die Eries der Südsee, die hellfarbigeren Polynesier, von den ostasiatischen Inseln stammen: worüber (nach Götting. gel. Anz. 1867, 49. Stück) besonders zu vergleichen Quatrefages, les Polynésiens et leurs migrations, Paris 1866. Die Sprachen der Malaien rechnet Max Müller, Essays, deutsche Ausgabe I, S. 20, entschieden und allenthalben zu den turanischen, also zu derselben Familie mit den Sprachen der mongolischen Völker Asiens. Die der Negerrasse nicht angehörenden ost- und südafrikanischen Stämme welche als der westlichste Niederschlag derselben Strömung erscheinen, sind zunächst südlich von Aethiopien die Galla's. Ein Ungenannter sagt im „Ausland" 1869, Nr. 40, S. 954 f.:

„Die Sprache der Galla hat am treuesten die Eigenthümlichkeiten derjenigen Sprache bewahrt, aus welcher einerseits die indogermanischen und semitischen, andrerseits die turanischen Sprachen sich entwickelt haben. — — Auf Grund unsrer Kenntniß der Sprache, der Ueberlieferungen, Sitten und Anschauungen der Galla waren wir, ehe wir noch wußten, daß Sir H. Rawlinson in der Gallasprache den treuesten Vertreter des von ihm als turanisch-afrikanisch oder skythisch bezeichneten ältesten Dialekts der mesopotamischen Keilinschriften vermuthete, und ehe wir noch mit der Sprache dieser Keilinschriften bekannt waren, zu dem Schlusse gelangt, daß, wenn irgendwo, in den Ebenen Mesopotamiens einst ein der Gallasprache verwandter Dialekt geredet worden sein müsse". Wir eignen uns hiervon nur soviel an, daß die Galla's einen engen Zusammenhang mit turanischen Völkern zeigen, andrerseits zu den semitischen überleiten, woran wir uns später erinnern werden, wenn wir von Aethiopien aus die Ausbreitung der Semiten (zu denen wir auch die Aegypter rechnen) verfolgen werden. An die Galla's schließen sich südwärts die Kaffern, einschließlich der Bandu und Congo, zwischen dem Aequator und dem südlichen Wendekreise, namentlich an der Ostküste, ausgebreitet. Sie sind von Nord nach Süd gewandert, also vom Lande der Galla her, und in den Sagen der Zulu's, eines Theils der Kaffern, sind polynesische Eigenheiten und Sitten erhalten, welche im wirklichen Leben dieses Kaffernstammes sich nicht mehr finden; Anderes findet sich auch in ihren Sitten noch lebendig, was sich ebenso in der Südsee zeigt. Hierüber ist Max Müller in den „Essays", deutsche Ausg. II, 187 f. 193 f. nachzulesen. Endlich gehören auch die Hottentotten dieser Gruppe an (mit Ausnahme der autochthonen Buschmänner; vgl. Hahn am oben in Anm. 7. angef. Orte); auch sie sollen von Norden eingewandert sein und mit den Bewohnern der von Aegypten südwärts gelegenen Länder ähnliche Sprache haben: M. Müller a.a.O. II, S. 187 f.

Man vergleiche hierzu folgende Stellen aus dem Vorworte von Theod. Benfey zu seiner Schrift „Ueber das Verhältniß der ägyptischen Sprache zum semitischen Sprachstamm", Leipzig 1844, S. VI—VIII: „Resultat ist, daß die ägyptische Sprache in Rücksicht auf die flexivischen Formen auf einer und derselben Basis mit den semitischen steht, daß aber diese beiden Seiten der einen, ihnen zu Grunde liegenden Muttersprache sehr früh, noch lange vor der Fixirung der allermeisten flexivischen Formen, sich von einander getrennt und die gemeinschaftlichen Basen individuell weiter entwickelt haben. — — Ich habe die Absicht, diese Vergleichung auch auf die thematischen Formationen und Wurzeln auszudehnen, und glaube schon jetzt versichern zu dürfen, daß das in den flexivischen Formen erkannte Verhältniß sich auch in diesen Theilen wiederspiegeln werde. Zu einer verwandtschaftlich verbindenden Vergleichung mit dem indo-europäischen Sprachstamm — — ergab sich innerhalb dieses ersten Versuchs keine Veranlassung, und, wenn meine Untersuchungen richtig geführt sind, so existirt in flexivischer Beziehung überhaupt zwischen dem indo-europäischen und ägypto-semitischen Sprachstamme keine Verwandtschaft. Dieses negative Resultat schließt jedoch keineswegs die Möglichkeit einer bloß wurzelhaften Verwandtschaft aus".

10) Vgl. „Globus", Band 18, Nr. 15.

11) Wuttke a.a.O. S. 304 f. nach **Garcilasso de la Vega** (geb. 1540), Commentarios Reales I, cap. 15—17.

12) Den einigen obersten Gott Teotl, von welchem Prescott weiß („Geschichte der Eroberung von Mexiko" I, S. 44), führen wir mit Wuttke, a.a.O. S. 255, auf einen Gattungsnamen für alle Götter zurück. Die lautliche Uebereinstimmung mit θεός, deus, daêva u. s. w. ist auffällig genug. Dürften wir den chinesischen Tien (Himmel — Gott) hinzunehmen, so wäre es nicht zu gewagt, eine urmongolische Wurzel zu vermuthen, aus der nach Westen der arische Dyaus und Daêva mit seinen Descendenzen nach Osten der chinesische Tien und der aztekische Teotl ihren Ursprung genommen. Daß für die Constatirung ursprünglicher Verwandtschaft der turanischen mit den arischen Sprachen, wie mit den semitischen, noch nicht jede Hoffnung aufgegeben werden muß, hat oben die 9. Anmerkung gezeigt.

13) Wuttke, S. 273 nach Clavigero „Geschichte von Mexiko", VI, cap. 3.

Dritter Vortrag.

1) Auch für China und Japan liegen uns zunächst die genannten Werke von Wuttke (2. Band, Breslau 1853) und Scherr zu Grunde; Ergänzungen aus anderen Quellen werden überall angemerkt werden. Für die arische Urzeit und den Brahmanismus haben wir außer jenen Büchern besonders Carriere „Die Kunst im Zusammenhange der Culturentwickelung", 1. Band, Leipzig 1863, und vor Allem die bereits erwähnten Max Müller'schen „Essays" (deutsche Ausgabe; 1. u. 2. Band, Leipzig 1869) benutzt.

2) „Kinder des Bodens" im Chinesischen Miau-tze: nach M. Müller a.a.O., II, S. 245.

3) Ueber diese ganze Fortentwickelung des alten Sinismus vgl. Bunsen

„Gott in der Geschichte", 2. Band, und Carriere a.a.O. S. 171 ff., vgl. S. 151. Die anerkannten Reichsreligionen: M. Müller a.a.O. I, S. XI und 223.

4) Auf Seiten des Himmelsprincips stehen: der Himmel selbst, die Wolken, das Feuer, das Gewitter, von welchen die zwei ersten wieder relativ reiner, die zwei letzteren relativ dem Erdprincip zugeneigter das Himmlische vertreten sollen, ein Verhältniß, welches zwischen den zwei Gliedern jedes dieser Paare wiederkehrt. Auf Seiten des Erdprincips finden wir: Wind, Wasser, Berge, die Erde als solche, die ersten zwei noch dem Himmel verwandter als die letzten zwei, und der Wind noch mehr als das Wasser, die Berge mehr als die Erde.

5) M. Müller a.a.O. I, 270 f. theilt u. A. folgende Sprüche des Confucius mit: „Was ich nicht wünsche, daß man mir thue, wünsche ich auch nicht Anderen zu thun" — „Die Tugend steht nicht allein; wer sie übt, wird Nachbarn haben" — „Nur ein wahrhaft tugendhafter Mensch kann Andre lieben oder hassen". — „Der höhere Mensch ist katholisch, allumfassend, kein Parteigänger; der gemeine Mensch ist ein Parteigänger und nicht katholisch" (wo „katholisch" natürlich die Bedeutung von „universell" haben soll). — Als einer seiner Altersgenossen das Opfer eines Lammes als eine veraltete sinnlose Formalität abschaffen wollte, tadelte ihn Confucius mit dem Ausspruch: „Du liebst das Schaf; ich liebe die Feierlichkeit". Das. S. 268. — Fernere Beispiele bei Scholl „Die Messiassagen des Morgenlandes", Hamburg 1852, S. 285 ff.

6) Schiking von Rückert, Altona 1833, S. 307.

7) Carriere a.a.O. I, S. 149.

8) M. Müller a.a.O. I, S. 268 f.

9) Albr. Weber „Indische Skizzen", Berlin 1857, S. 13 f.

10) Ein classisches Muster populärer und doch wissenschaftlich ernster und gründlicher Belehrung über Methode und Ergebnisse schwieriger, verwickelter Detailforschungen ist die Abhandlung M. Müllers über „vergleichende Mythologie", a.a.O. II. Band, deren Lectüre zur Erläuterung des in unserm Texte bezeichneten Verdienstes der Sprachvergleichung sehr zu empfehlen ist. Das Gesammtresultat in Bezug auf die arische Urzeit findet man in klarer und schöner Darstellung bei Carriere a.a.O., I. Band, S. 340 ff. — Die Entdeckung des arischen Mutterlandes durch Sprachvergleichung datiren wir von der Begründung der letzteren durch Bopps „Vergleichende Grammatik", 1833—37.

11) M. Müller I, S. 75. II, S. 162.

12) M. Müller II, S. 290 f. I, S. 40. 46 f. II, S. 237.

13) Rig-Veda I, 164, 46 nach Müller I, S. 25. — Vergl. dazu, außer der angeführten Abhandlung in Müllers Essays, Bd. II, S. 1 ff. (besonders S. 48—66), auch Bd. I, S. 311.

14) Im Besonderen vgl. M. Müller I, S. 24 f. 207. II, S. 60. 68. 151. 161 f. 208. 220. Carriere I, S. 346—358. Specielle Auslegung einer Reihe von Sonnenmythen in der mehrerwähnten ersten Abhandlung des 2. Bandes der Müller'schen Essays.

15) Nach M. Müller II, S. 276 f.

16) Indra, Agni, Varuna, Yama sind „die vier Welthüter" in der bekannten Episode des Epos Mahabharata „Nal und Damajanti", welche durch Rückerts unübertreffliche Nachdichtung zu einer Perle der deutschen Poesie geworden ist. — Yamas Unerbittlichkeit, durch Frauenliebe und Frauenlist gebrochen, ist das Thema des Gedichts „Savitri", dessen Uebersetzung vor einiger Zeit aus Rückerts Nachlasse an das Licht trat.

17) Einen sehr lehrreichen Artikel über die Erfolglosigkeit der indischen Mission und ihre Ursachen, angelehnt an „Erinnerungen aus dem Leben eines ostindischen Missionärs" (Halle 1865), findet man in den „Grenzboten" von 1866, Nr. 7.

18) Nach Carriere I, S. 410.

19) Göthe, Werke in 40 Bänden III, S. 58 f. (Zahme Xenien, 2. Abtheilung.)

20) Vgl. Carriere I, S. 415. 420.

21 „Bhagavad-Gita oder das Lied der Gottheit", aus dem Indischen übersetzt von Boxberger, Berlin 1870, 4. Gesang, Vers 6 ff.

22) Schelling, Philosophie der Mythologie (WW. II, 2), S. 463 f. — Ueber christliche Beeinflussung des Krischna-Mythus vgl. namentlich Weber „Indische Skizzen", S. 37 f. 93 f.

23) M. Müller II, S. 296 f.

Vierter Vortrag.

1) M. Müller I, S. 188. — Die Procentsätze der Erdbevölkerung nach ihren Religionen, welche M. Müller I, 388 aus Berghaus' „physikalischem Atlas" mittheilt, lassen einen Zweifel zurück, ob der Buddhismus die höchsten Procente aufweise, weil dort die Anhänger des Con-

fucius und Laotsö mit den Buddhisten zusammengenommen sind. Dagegen führen die allerdings nur volksstatistischen, nicht religionsstatistischen, Angaben bei Müller „Reise der österreichischen Fregatte Novara um die Erde in den Jahren 1857—59" (Wien 1868), anthropologischen Theils III. Abtheilung, S. XXIX f. unfehlbar zu dem Resultate, daß der Buddhismus dem Christenthume nach Anzahl der Bekenner noch jetzt überlegen ist. Die Völker, deren Religion im Wesentlichen die buddhistische ist, zählen hier mit 505 Millionen, ungerechnet die zu der Ural-Altai-Gruppe gestellten Mongolen; die im Wesentlichen christlichen Völker dagegen nur mit 340 Millionen: eine Differenz, welche durch den dort nöthigen Abzug von Nichtbuddhisten und den hier nöthigen Zuschlag von Christen unter anderen Völkern bei Weitem nicht ausgeglichen wird. Nehmen wir nach den Erhebungen der Novara-Reise a. a. O., nach Behm's Geographischen Jahrbüchern I, 129 und nach Hübner's Statistischer Tafel (Frankfurt a. M. 1870) im Durchschnitt die Bevölkerung der Erde auf 1300 Millionen an, und berechnen hiernach die Berghaus'schen Procente, nämlich 30,7 % auf die Christen, 31,2 % auf die Buddhisten, Confucianer und Anhänger Lao's: so ergeben sich 399 Millionen Christen, 405½ Millionen der Andern. Hiervon ist gegenüber den Ergebnissen der Novara-Reise nur die erste Angabe allenfalls haltbar, obwohl auch sie wahrscheinlich zu hoch, die andere aber mindestens um 100 Millionen zu niedrig; denn die Nichtbuddhisten unter den Chinesen, Japanesen, Tibetanern und Hinterindiern (von den Malaien abgesehen, welche in dem Novara-Berichte besonders gezählt sind) erreichen schwerlich die Ziffer der von uns oben bei Seite gelassenen Buddhisten der Ural-Altai-Gruppe, zu welchen übrigens auch noch die Buddhisten Ceylons, Nipals und des übrigen Vorderindiens (3 Millionen: nach der Zeitschrift Friend of India im „Globus" 1869, 15. Band, S. 220; Angabe von 1863—1868) hinzukommen. Aber auch, wenn wir uns bei Max Müllers 455 Millionen Buddhisten begnügen, welche aus Barthélémy St. Hilaire „Le Bouddha et sa Religion", Paris 1860, geflossen zu sein scheinen, ist die buddhistische Majorität gesichert genug.

Die übrigen Berghaus'schen Procente, 15,7 % Muhamedaner, 13,4 % Brahmanisten, 8,7 % sonstige Heiden, 0,3 % Juden, ergeben bei 1300 Mill. Erdbevölkerung: 204 Mill. Muhamedaner, 174 Mill. Brahmanisten, 113 Mill. sonstige Heiden, 4 Mill. Juden. Hier erscheinen die Muhamedaner gegenüber der Völkerzählung der Novara (20 Mill. Turkstämme, 20 Mill. Hamiten, 15 Mill. Semiten, 18 Mill. Eranier) zu sehr in Vortheil, die Heiden zu sehr in Nachtheil gesetzt (Novarabericht: 35½ Mill.

Ural-Altai-Gruppe, 244 Mill. sonstige Wilde und Halbwilde. Das Gleiche geht aus der Hübner'schen Tafel hervor.

Als Pauschsummen lassen sich hiernach etwa festhalten:

500	Millionen	Buddhisten,
400	„	Christen,
200	„	Heiden (außer Buddhisten und Brahmanisten),
150	„	Brahmanisten,
100	„	Muhamedaner,
4	„	Juden.
1354	(Novara: 1342 Gesammtsumme).	

2) Ueber Buddhas Leben vgl. M. Müller I, 181—190. 216. II, 303. Weber, indische Skizzen, S. 49 f. In der Berechnung des Todesjahrs auf das Jahr 543 v. Chr., welche der ceylonesischen Ueberlieferung angehört, hält M. Müller einen Fehler von ungefähr 70 Jahren für möglich (I, 181); vgl. Albr. Weber „Vorlesungen über indische Literaturgeschichte", Berlin 1852, Anm. zu S. 3, Anm. zu S. 224, S. 246—255.

3) Zu den genannten Werken Scherr's, Carriere's und Wuttke's, die auch für diesen Vortrag zunächst zu Grunde lagen, kommt hier hinzu: in Bezug auf die Synoden M. Müller I, S. XXI. 222. 254. Weber, Vorlesungen über indische Literaturgeschichte, S. 255 ff.; über den Kanon M. Müller I, 170—175. 183. 245. 258—261. 339 f. Weber, Vorlesungen über indische Literaturgeschichte, S. 260 ff.

4) Zum Theil wörtlich nach Carriere I, S. 458.

5) Weber, indische Skizzen, S. 60. — M. Müller I, S. 22. — Weber, Vorlesungen über indische Literaturgeschichte, S. 259 f.

6) M. Müller I, 216 f.: „Was Buddha's Bescheidenheit anlangt, so konnte Nichts dieselbe übertreffen. Eines Tags forderte ihn Prasenagit, sein Beschützer, auf, Wunder zu verrichten, um seine Gegner, die Brahmanen, zum Schweigen zu bringen. Buddha sagte zu. Er verrichtete die verlangten Wunder, rief aber aus: Großer König, ich lehre meine Jünger das Gesetz nicht mit den Worten: Geht, ihr Heiligen, und verrichtet vor den Augen der Brahmanen und der Laien kraft eurer übernatürlichen Gewalt Wunder, größer als irgend ein Mann sie verrichten kann. Ich sage zu ihnen, wenn ich sie im Gesetz unterweise: Lebt, ihr Heiligen, indem ihr eure guten Werke verheimlicht und eure Sünden sehen laßt." Der Widerspruch zwischen dem Thun und der Lehre Buddhas in dieser Erzählung ist derselbe, wie in den christlichen Evangelien zwischen dem im Texte angeführten Jesusworte und den Berichten über seine Wunder; das Entsprechende begegnet in den Ueberlieferungen

der Parsen und Muhamedaner. Auf welcher Seite die Wahrheit, auf welcher die Sage ist, kann nicht zweifelhaft sein. Vgl. unten bei Zoroaster und Muhamed; Eingehenderes über das Jonaszeichen Jesu und über die Wunderfrage im Allgemeinen unten in dem ersten Vortrage „Ueber die evangelischen Wunderberichte."

7) M. Müller „Ueber den buddhistischen Nihilismus", Vortrag zur Philologenversammlung in Kiel, Kiel 1869, S. 14 f. Diese Schrift ist überhaupt in Bezug auf Nirwana zu vergleichen, und „Essays" I, 217 ff. 242 ff.; über die Widersprüche im buddhistischen Kanon insbesondere noch I, S. 204; das Mißverständniß der Späteren I, S. 201 f.

8) Die Bedeutung der Nirwana als eines seienden Nichtseins besonders charakteristisch ausgesprochen in einem indischen Dialoge, aus welchem M. Müller I, 250 nach Spence Hardy „Eastern Monachisme", London 1850, u. A. Folgendes mittheilt: „Milinda. Erlangt das Wesen, welches Nirwana erreicht, Etwas das vorher existirt hat? — oder ist es sein eignes Erzeugniß, eine ihm eigenthümliche Gestaltung? — Nagasena. Nirwana existirt nicht vor seiner Erlangung; auch ist es nicht das, was zur Existenz gebracht wurde; und doch giebt es ein Nirwana für Den, der es erlangt." — Nirwana als Beiname des Ur-Brahman in dem Brahmopanishad, einem der zum Atharva-Veda gehörigen Upanishaden (philosophischen Theile): hier wird das neutrale Brahman, das All-Eine, nirvânam brahma genannt, dessen Füße (pada) der masculine Brahman, Vischnu, Rudra (d. i. Siva) seien. Weber, ind. Literaturgesch., S. 253 ff.; vgl. Müller, buddh. Nihilismus, S. 15. Doch ist das Wort in der Zeit vor Buddha bis jetzt nicht aufgewiesen: Müller, Essays, I, S. 245. — Nirwana ein bewußter Zustand nach den buddhistischen Sutra's und der Vinaya: M. Müller, Nihil., S. 15 f. Himmel und Hölle in volksthümlicher Ausbildung: das. S. 17; Essays I, 246; Carriere I, S. 460.

9) Weber, ind. Skizzen, S. 48 f.; Müller I, 217—220.

10) M. Müller I, 193 f. 215; Weber, ind. Skizzen, S. 52.

11) Carriere I, S. 450. — Parallelen mit Jesus: das. S. 457 (Gespräch mit der Samariterin; der Reiche kommt schwerer zum Himmelreich); M. Müller I, S. 189 (Rede auf einem Berge); das. I, 222 und Weber, ind. Skizzen, S. 53 f. (Gehet hin in alle Welt; ein reicher Kaufmann verläßt alle seine Güter, duldet alle Verfolgungen, Buddha nachfolgend und seine Religion verkündigend). Auch das Gleichniß vom verlorenen Sohne soll sich in buddhistischer Ueberlieferung wiederfinden „Ausland" 1847, S. 678, Anm.

12) Weber, ind. Skizzen, S. 53.

13) Nach Carriere I, S. 457. — Vgl. in M. Müllers Abhandlung über die Kasten, Essays II., namentlich S. 302. Hier u. A. der buddhistische Spruch: „Wie die vier Flüsse, welche sich in den Ganges ergießen, sobald sie ihr Wasser mit dem heiligen Strome vermischen, ihre Namen verlieren, so hören Alle, welche an Buddha glauben, auf, Brahmanen, Kshatriyas, Vaisyas und Sudras zu sein."

14) Müller I, 200; Weber, ind. Skizzen, S. 49.

15) Anspielung auf die Reformbewegung, deren Haupt der Brahmane Babro Keschub ist: vgl. die geistesklare, markige Rede dieses Mannes, gehalten in einer Versammlung der Unitariergemeinde in London, in der „Protest. Kirchenzeitung" 1870, Nr. 24; auch abgedruckt in der „Deutschen Allg. Zeitung" 1870, Nr. 153. — Ein glänzendes Zeugniß gegenwärtiger brahmanischer Bildung, religiöser Unbefangenheit und kritischer Schulung s. auch bei Müller I, S. 260 f. Es ist hier eine Stelle mitgetheilt aus des Brahmanen Babu Rajendralal Beiträgen zum Journal of the Asiatic Society of Bengal, von welcher Max Müller mit Recht urtheilt, daß sie diesen Gelehrten als einen ebenbürtigen Rivalen unserer europäischen Kritiker und Philologen ersten Ranges, eines Niebuhr, Burnouf u. A., bekundet.

16) Vgl. Scherr I, S. 237 ff. Anm. 6, nach Fortune, Wanderings in China. Der französische Missionar Abbé Huc, welcher 1844 in Tibet reiste, machte „in so naiver Weise auf die Aehnlichkeiten in den Ceremonien der Katholiken und Buddhisten aufmerksam, daß er zu seinem Erstaunen seine interessante „Reise in Tibet" auf den Index gesetzt fand" (Müller I, 337). — Wahrscheinlichkeit, daß Buddhistisches in die christliche Kirche übergegangen: „Weber, ind. Skizzen, 63 f.; Vorlesungen über ind. Literaturgeschichte, S. 265 ff.

17) Auf diese bedeutsame Eigenheit des Stils, wie des Inhalts, vieler Jesusworte kommen wir unten, in dem Vortrage „Der historische Jesus und die moderne Kritik", noch einmal zurück.

18) Xenophon, Cyropädie VIII, 3, 11 f. Herodot I, 131—140. 189. III, 16. Platon, I. Alkibiades, 122 A. — Die persischen Keilinschriften: Spiegel „Die altpersischen Keilinschriften", Leipzig 1862, an vielen Stellen, übrigens auch in denen des Xerxes; vgl. auch Lassen, Zeitschrift für die Kunde des Morgenlandes VI, 1, 15. — Religionserneuerung unter Darius: Stuhr „Die Religionssysteme der heidnischen Völker des Orients", Berlin 1836, S. 353 ff.

S. 19) Das umgekehrte Verfahren schwächt die Argumentation der bisherigen Vertreter unserer Ansicht; vgl. Stuhr a. a. O. S. 354 f. und Röth „Geschichte unserer abendländischen Philosophie", Mannheim 1846, I, S. 348 ff., welcher, ebenso wie nach ihm Scherr I, 163, im Vistaspa nicht den Darius selbst, sondern der griechischen Ueberlieferung entsprechend dessen Vater sieht, und danach Zoroasters Leben von 599—522 ansetzt. — Die neuere iranische Forschung neigt sich dagegen sehr entschieden auf die Seite der mythischen Ansicht, sowohl was Vistaspa, als was Zoroaster selbst anlangt: vgl. Spiegel, Avesta, Leipzig 1852—63, I, S. 42 ff. II, S. 207 ff. und Denselben „Heidelberger Jahrbücher" 1867, Nr. 43, in der Besprechung der gleichfalls die mythische Ansicht vertretenden Schrift von Kern „over het woord Zarathustra", Amsterdam 1867. — Müller I, 81. 88 f.

20) Vgl. das Leben Zoroasters nach dem Zerduscht-Name, einer sehr späten neupersischen Biographie desselben, bei Scherr I, S. 163 ff. — Abweisung der Wunder: daselbst S. 166, und vgl. unsere 6. Anm. zu gegenwärtigem Vortrage.

21) Müller I, 334. — Spiegel, Avesta I, S. 13 f.

22) Vgl. Müller I, S. 22 das Glaubensbekenntniß der Zoroastrier: „ich will fürderhin kein Verehrer der daêras sein".

23) Hesekiel 18, 23.

24) Petersen, Artikel „Griechische Religion" in Ersch' und Grubers Encyklopädie, Bd. 82, S. 360 f.

25) Vgl. Müller I, S. 129 ff. die Abhandlung über Genesis und Zendavesta, geschrieben mit Bezug auf Spiegel „Eran, das Land zwischen dem Indus und Tigris", Berlin 1863, und auf Desselben Aufsätze im „Ausland" 1868, namentlich Nr. 12 und 19.

26) Vgl. Müller I, S. 144 ff. „Die heutigen Parsi's".

Fünfter Vortrag.

1) Benfey, Brugsch, Bunsen, Maury, Max Müller, Röth u. A. Unsre Ansicht von den semitischen Wanderungen trifft am meisten zusammen mit Röth, Gesch. unsrer abendländ. Philosophie I, S. 83 f., dem sich auch Scherr anschließt. Im Wesentlichen stimmt damit auch Benfey überein: „Ueber das Verhältniß der ägyptischen Sprache zum semitischen Sprachstamm", Leipzig 1844, Vorrede S. VIII.

2) Röth, a. a. O. I, S. 84. Uebereinstimmendes in äthiopischen und ägyptischen Sitten: Herodot II, 36 vgl. mit 104; III, 24; Vermischungen beider Völker und ihrer Sprachen: II, 30. 42. Im Heer

des Xerxes sind die afrikanischen Aethiopen mit den Arabern unter Eine Unterbefehlshaber, was auf Stammesverwandtschaft, also Semitismus auch der ersteren, schließen läßt: Herodot VII, 69.

3) Daher Kastenwesen, wie in Indien: Scherr II, S. 5.

4) Vgl. unsere 9. Anmerkung zu Vortrag II.

5) Herodot, II, 29. Der Zeus der Aethiopier scheint in nahe Beziehung zur Sonne gesetzt, also um so mehr die Vorstufe des ägyptischen Ra: Herodot III, 17 f.

6) Berechnung aus dem Nilschlamm in dem bereits angeführten Aufsatze von Peschel: „Ausland" 1869, Nr 47. — Französische Berichte: Mariette „Aperçu de l'histoire d'Égypte", Alex. 1864; Renan „Les antiquités égyptiennes et les fouilles de M. Mariette", Rev. des deux mondes 1865, 1 avril; E. de Rougé „Recherches sur les monuments qu'on peut attribuer aux six premières dynasties de Manéthon", Paris 1866; Alfred Maury „L'ancienne Égypte d'après les dernières découvertes", Rev. d. d. m. 1867, 1 sptbr.

7) Wir folgen in Bezug auf die älteste ägyptische Zeit den beiden angeführten Abhandlungen der Revue des deux mondes von Renan und Maury. Die zweite gibt auch gute Anhaltpuncte für die polytheistische Auflösung der ältesten Religionsform.

8) Herodot II, 43. 145. 156.

9) Dann würde es wohl mit Mendes = Pan zu identificiren sein, da Herodot II, 145 diesen Gott als den ältesten unter den Achtgöttern nennt. Dafür spricht auch, daß nach Uhlemann „Handbuch der ägyptischen Alterthumskunde" II. Theil, Leipzig 1857, S. 175, Mendes unter den Achtgöttern die Erde vertrat, wenn dieselben auf die Planeten nebst Sonne und Mond vertheilt wurden.

10) Wenn wir die Angaben Maurys mit Herodot combiniren, so ergiebt sich als die wahrscheinliche Achtzahl: auf der ideellen Seite, der des Himmelsprincips Amun, Ra, Phtah, Mantu (Month), auf der Naturseite Mendes, Neith (Maut), Hathor, Nub. Die Bundesgottheiten erreichen die Vierzahl wenn wir zu Horus und seiner weiblichen Ergänzung Bubastis (nach Herodot = Artemis, wie Horus = Apollon), die Culturgottheiten Thoth (= Hermes) und Heruer (= Herakles) hinzunehmen. — Eine andere Tafel bei Bunsen „Aegyptens Stelle in der Weltgeschichte", 1. Band (1857), S. 433.

11) Vgl. Uhlemann, a. a. O. S. 168 ff. 175 ff., wo aber eine Vertheilung der Götter auf die Planeten und Thierzeichen angegeben ist, welche so nicht wohl den älteren ägyptischen Zeiten angehören kann, son-

dern bereits die Osiriszeit (nach Herodot II, 145 die dritte, der Zwölfgötterzeit nachfolgende Periode) vorauszusetzen scheint.

12) So nach Renan, a. a. O., S. 669 f.

13) Nach Maury a. a. O., nach Birch's englischer Uebersetzung des „Todtenbuchs“ (Anhang seiner Uebersetzung von Bunsens „Aegyptens Stelle in der Weltgeschichte“), London 1867, ausgezogen im „Ausland“ 1869, Nr. 23, und nach Lepsius „Aelteste Texte des Todtenbuches nach Sarkophagen des altägyptischen Reichs“, Berlin 1867.

14) Die ältesten Opfer s. Renan, a. a. O. S. 669 ff. Die späteren bei Herodot II, von cap. 35 an passim; die Heraklessage daselbst cap. 45. Ueber die ägyptischen Menschenopfer vgl. auch Plutarch, Ueber Isis und Osiris, 73 b. — Die Verschonung des Sohns Sunasepha's im ältesten Brahmana (theologischem Theile) der Vedas, dem Aitareya-Brahmanam des Rig-Veda. Vgl. Wuttke a. a. O. II, S. 355. Ueber das Alter und den sonstigen Inhalt dieses Brahmana s. die demselben gewidmete Abhandlung in Müllers „Essays“ I, S. 94 ff.

15) Herodot II, 63. Renan, a. a. O. S. 678—686, zugleich über den Tempelstil. — Die angegebene ursprüngliche Bestimmung der jüdischen Bundeslade verräth sich durch ihre Beschaffenheit, namentlich durch ihren Deckel, den „Gnadenstuhl“, der zwischen zwei einander das Angesicht zukehrenden Cherubim dem Götzenbilde Raum ließ, welches, wenn der Wanderzug ruhte, aus der Lade genommen und aufgestellt ward, so daß die Lade zugleich als Altar diente. Deshalb war sie so kostbar ausgeführt und so reich vergoldet. Vgl. 2. Mos. 25, 17 ff., und wegen der Verwendung Amos 5, 25 f. Auch spricht für uns die Unklarheit der Ueberlieferung über Inhalt und Zweck der Bundeslade, nachgewiesen von Danmer „Der Feuer- und Molochdienst der alten Hebräer“, Braunschweig 1842, S. 201 ff., dessen Extravaganzen wir selbstverständlich ablehnen, dessen Verdienste aber, wie auch in der Parallelisirung der Malaien, Azteken u. s. w. mit den Semiten (vgl. unsre 9. Anm. zu Vortrag II, und den Text bei Anm. 4 zu gegenwärtigem Vortrag), meist unterschätzt werden.

16) Röth, Gesch. unsrer abendl. Philosophie I, S. 95.

17) Amun-Zeus wird nach Herodot II, 136 in einer Inschrift der Pyramide des Asychis, des dritten Königs vor Psammitich, als über allen andern Göttern stehend genannt. Auf einer Denksäule aus der 19. ägyptischen Dynastie (nach Renan a. a. O. ungefähr 1500—1200 v. Chr.) ist Ammon einheitlicher Ausdruck der männlichen Gottheit; hierüber, sowie über die entsprechende Emporhebung der Neith, als Gattin und Mutter jenes, s. Maury a. a. O.

18) Herodot II, 42. — Den Umschwung in der Bedeutung des Osiris bezeichnen prägnant die Worte Plutarchs, über Isis und Osiris 79: „Eine andre Lehre wird heutzutage von den Priestern nur mit Abscheu, im Geheimen und zögernd mitgetheilt: daß Osiris über die Todten herrsche und kein anderer sei als Hades oder Pluton."

19) Plutarch a. a. O.; vgl. namentlich 53: „Isis ist der weibliche, alle Zeugung aufnehmende Theil der Natur; eingepflanzt trägt sie die Liebe zu dem ersten und höchsten aller Wesen, das mit dem Guten dasselbe ist. Dies wird von ihr begehrt und erstrebt, der Antheil am Schlechten aber geflohen und verschmäht. Für beide Theile ist sie Gefäß und Stoff, neigt jedoch ihrer Natur nach immer zum besseren, dem sie sich selbst bietet zur Hervorbringung und Fortpflanzung von Ausströmungen und Abbildern. Ist sie befruchtet und mit Zeugungen erfüllt, so freut sie sich und frohlocket; denn Erzeugung ist ein Abbilden des Wesens im Stoffe, und das Werdende eine Nachahmung des Seienden". Dann ist aber auch Horus eine Nachahmung des Osiris und der Isis in ihrer Vereinigung, und zwar in dem von Plutarch hier vorgetragenen geistig-sittlichen Sinne, und der nach dem Tode des Vaters geborene, den Tod der Mutter überlebende sogenannte jüngere Horus, dessen künftige Herrschaft der Mythus weissagt, wenngleich die mythologische Erzählungsweise auch hier von Vergangenem redet, Her-pu-chrut, Harpokrates, dargestellt mit dem Finger den Mund verschließend, ist die in diesem Sinne das Ideal verheißende Zukunft, geheimnißvoll schweigend, aber dem Aegypter, der fast nur um des Sterbens willen lebte und um der Gräber willen baute, die einzige Hoffnung.

20) III, 28.

21) Maury a. a. O.; hier auch die Ableitung des Thierdienstes aus der Thiersymbolik treffend durch das Analogon gestützt, daß orientalische christliche Secten die Taube als Symbol des heiligen Geistes religiös verehren und zu essen verbieten.

22) IV, 188.

23) Es fehlt dabei in der Genesis nicht an Spuren einer Stammeseinheit von Hamiten und Semiten, welche durch Cusch, Aethiopien, vermittelt ist. So ist Nimrod, der Herrscher von Babel, Gen. 10, 8 dennoch der Sohn Cusch's, und Vers 7 sind dieselben Havilah und Scheba als Kinder Cusch's aufgeführt, welche Vers 28 f. unter den Semiten vorkommen.

24) Die vier Flüsse des Paradieses deuten wohl sicher auf Arabien, wenn wir den Gichon, der „das ganze Land Cusch umgibt", als Nil fest-

halten; der Pischon führt des Landes Havilah wegen, das er umfließen soll, unvermeidlich nach Arabien. Sprenger im „Ausland" 1867, Nr. 47, S. 1126, erklärt den Pischon für den Baysch, der unter dem 17. Breitengrade in Arabien sich ins Rothe Meer ergießt, und Havilah für Chaulan. Natürlich müssen wir den Charakter der mythischen Dichtung im Auge behalten, welche nur eben einige geographische Erinnerungen und Anspielungen ohne Natur- und Geschichtstreue in ein symbolisches Idealbild hineinwob.

25) Unsre Quellen sind hier: Herodot III, 8 vgl. mit I, 131; Krehl „Ueber die Religion der vorislamischen Araber", Leipzig 1863; Stuhr „Die Religionssysteme der heidnischen Völker des Orients", Berlin 1836, S. 384 ff.; daneben Schelling „Ueber die die arabischen Namen des Dionysos", Werke 1. Abth., 9. Band, und „Philosophie der Mythologie", Werke 2. Abth., 2. Band, S. 179 ff. (über das Wort Zabismus).

26) Beschreibung der Kaabah s. bei Scherr III, 404 f. nach Burckhardt's „Travels in Arabia" und Burton's „Pilgrimage to El-Medinah and Meccah". Die muhemedanische Benutzung s. bei v. Maltzan „Meine Wallfahrt nach Mekka", 2 Bände, 1865.

27) Vgl. Genesis 21, 33. 28, 18 ff. 31, 45 ff. und besonders 33, 20, wo Jakob einen Altar errichtet, welchem selbst er den Namen giebt: „El, der Gott Israels", sowie 35, 7, wo nicht Gott, sondern die ihm geweihte Altarstätte „El Beth-El" genannt wird, d. h. „der Gott der Gottesstätte". Hierher gehört auch, namentlich im Hinblick auf die im Texte sogleich hiernach erwähnten arabischen Mythen, die Verwandlung der Frau Lots in einen Salzfelsen, wie sie noch heute in vereinzelten grotesken Bildungen das todte Meer umgeben: 1. Mos. 19, 26.

28) Krehl a. a. O. S. 4. — Müller „Essays" I, S. 326.

29) Die „Hysterie" Muhameds besonders hervorgehoben und zur Erklärung seiner Erfolge herangezogen von Sprenger „Das Leben und die Lehre des Mohammad", 3 Bände, 1865.

30) Er verwirft jede Annahme einer Gottessohnschaft auf das Nachdrücklichste; so besonders Koran, Sure IV. VI. XIX. XXXIV (Wahl „Der Koran", Halle 1828, S 83. 109. 264. 457); er beansprucht für sich nicht mehr als den Rang eines gottgesandten Propheten, der göttliche Offenbarungen vermittelt: vgl. namentlich Sure XI, Wahl S. 171; er weist die Wunderforderung ab: Sure VI. VIII. XVII. XX, Wahl S. 110.

194. 231 f. 276; vgl. auch Scherr III, S. 377, und unsre 6. und 20. Anm. zum IV. Vortrage, sowie den dazu gehörigen Text.

31) Schilderungen der letzteren s. im „Globus" 1869, Band XVI, Nr. 9.

Sechster Vortrag.

1) S. unsre 24. Anm. zum V. Vortrage.

2) Genesis 11, 1 ff. vgl. mit Herodot I, 181 ff. Dazu Maury, Ninive et Babylone, Rev. d. d. m. 1868, 15 mars, S. 477.

3) Vgl. Stuhr a. a. O. S. 413 ff.

4) Berosi Chaldaeorum historiae quae supersunt, ed. Richter, Lips. 1825, p. 50 ist der Name Thalatth von dem Griechen willkürlich mit θάλαττα zusammengebracht.

5) Eine hierfür sehr bezeichnende Sage von Thammuz s. bei Stuhr a. a. O. S. 445. Vgl. Hesekiel 8, 14. Damit hängt jedesfalls auch die merkwürdige Geschichte vom Tode des großen Pan zusammen, die Plutarch de def. orac. 17 erzählt und Schelling „Philosophie der Offenbarung", Werke 2. Abth., 4. Band, S. 239 f. unter mystisch willkürlicher Ausbeutung zu Gunsten des Christenthums wiedergiebt. Vgl. Herodot II, 46. — Thammuz hieß auch der Monat Juni bei den Hebräern.

6) Berosus a. a. O. S. 48 f.

7) Belege bei Berosus a. a. O. S. 49 f.; Herodot I, 181 f. 199; Stuhr S. 425. 437. Auf den babylonischen Schöpfungsmythus kommen wir bei dem hebräischen zurück.

8) Genesis 10, 11 f.

9) Stuhr a. a. O. besonders S. 419. 433 ff. Scherr II, 85 ff.

10) Semiten am Pontus und in Kolchis: Herodot II, 104 f. Die meisten kleinasiatischen Stämme zeigen religionsgeschichtlich semitische Züge; am meisten wissen wir in dieser Beziehung von den Phrygiern, Lydiern, Troern: vgl. Scherr II, 79 ff. Herodot ist auch im Interesse dieser Frage sehr ausgiebig; besonders heranzuziehen: in Bezug auf die Lydier (Genesis 10, 22 Lud unter den Kindern Sems) I, 7. 93 f.; Mysier IV, 76. VII, 74; Karier II, 61; Lykier I, 182. VII, 92; Kilikier VII, 91; Kappadokier VII, 72; Pamphylier VII, 91; Paphlagonier VII, 72 (vgl. auch Plutarch, über Isis und Osiris, 69). Ueber semitische Culte in Thracien und auf Samothrake s. Petersen, Ersch' und Grubers Encyklo-

pädie, Artikel „Griechische Religion", S. 246 ff. 271 f. 294 ff. — Von der Menge syrischer Volksstämme in Palästina kann das Verzeichniß semitischer Gottheiten eine Vorstellung geben, das wir bei M. Müller, Essays I, 300. 315 finden.

11) Die einfache Bundesdreiheit, bestehend aus dem männlichen und dem weiblichen Hauptgotte und dem Bundesgotte, ist u. A. in zwei palmyrenischen Inschriften recht deutlich, welche Ewald in den Götting. Gelehrten Anzeigen 1869, 38. Stück, S. 1487 ff. bespricht (bei Gelegenheit von Vogüé „Syrie centrale", Paris 1869). In der ersten heißen „die guten Götter" — also die Durchkreuzung des semitischen mit dem persischen Dualismus ist vorausgesetzt — Schemesch (die Sonne), Eleth (die Göttin = arab. Alilat, babyl. Thalatth, s. oben Anm. 4) und Rochem, d. h. der Liebende, der Liebesgott, wahrscheinlich der Sohn der beiden ersten und dem babylonischen Thammuz, dem phönizischen Adonis gleich. Auch in den arabischen Bundesheroen, Isaf und Naila, Wadd und Suva, war besonders die Liebe, die Geschlechtsliebe, der das Bundesideal repräsentirende Gehalt (vgl. Krehl, vorislam. Religion der Araber, S. 54 ff.), wie bei den Juden in ihrer ältesten Zeit der Kindersegen. Die zweite Inschrift nennt dieselben drei Götter: Malakhbul (d. i. König-Herr, die phönizischen Namen Moloch und Baal combinirend), Athergati (schon in Assyrien Name der weiblichen Hauptgottheit = Derketo) und Taimi (d. i. Glück) oder Aglibul (d. i. Jugendgott).

12) In dieser Beziehung sehr interessante Mittheilungen bei v. Maltzan „Reise auf der Insel Sardinien": „Globus" 1869, 15. Bd., 5. Lieferung, S. 151.

13) Z. B. 2. Kön. 17, 30. — Der Geschlechtsverkehr als religiöses Symbol ist der Bundesreligion so lange wesentlich und durch ihren Begriff hervorgerufen, als in dem zu schließenden Bunde das sinnliche Erdprincip noch in dem Range der Gattin neben dem Himmelsgotte steht. Vgl. schon in Aegypten die Priesterin des thebanischen Zeus-Amun (Herodot I, 182), die wir im Beltempel zu Babylon wiederfanden, hier außerdem den Mylittadienst der Frauen durch eine Art von jus primae noctis, das sie einwandernden Fremden zu gewähren hatten (Herodot I, 199), und Anderes oben in Anm. 11. Wir dürfen uns deshalb nicht scheuen, in Symbolen und Kunstformen dieser Religionen eine für uns obscöne Beziehung auch da anzuerkennen, wo der unmittelbare Eindruck zu edleren Deutungen anregt. Z. B. wird von den Steinsäulen, die zuletzt zu kostbaren Tempelsäulen werden, die ithyphallische Symbolik nicht wegzubringen sein, worauf auch noch die Namen der salomonischen hin-

weisen: Jakin, יָכִין = erectus; Boas, בֹּעַז = penetrans. Vgl. Scherr II, 70.

14) Vgl. Petersen „Griechische Religion", Ersch' und Grubers Encyklop., 82. Band, S. 301 f.

15) Das Phönizische hier nach Scherr II, 67 ff. und Stuhr 437 ff.

16) 1. Kön. 19, 11 ff.

17) Vgl. oben 27. Anm. zum V. Vortrage.

18) Hierher gehört wohl auch der El-roi der Hagar: Genesis 16, 13.

19) Vgl. Gen. 31, 42. 54.

20) Die Erzählung lautet nach Gen. 22, wenn wir alle Stellen, in welchen ein Gottesname vorkommt, aneinanderreihen, im Auszuge wie folgt: „Es geschah, daß Elohim Abraham versuchte und sprach: nimm deinen Sohn, deinen einzigen, und ziehe hin ins Land Morijah und opfere ihn daselbst als Brandopfer auf einem der Berge, welchen ich dir werde sagen [molochistischer Höhencult]. Abraham zog hin an den Ort, welchen ihm Elohim gesagt. Und Isaak sprach: wo ist das Schaf zum Brandopfer? Abraham sprach: Elohim wird sich das Schaf ersehen zum Brandopfer. Und sie kamen an den Ort, welchen ihm Elohim gesagt. Und Abraham streckete seine Hand aus und nahm das Messer, um seinen Sohn zu schlachten. Da rief ihn der Bote Jehovahs vom Himmel und sprach: lege nicht deine Hand an den Knaben; denn nun weiß ich, daß du Elohim fürchtest [der das Opfer gefordert hatte], und hast mir nicht deinen Sohn, deinen einzigen verweigert [es ist Interesse des Erzählers, trotz des verschiedenen Namens die Identität beider Götter aufrecht zu erhalten]. Und Abraham nannte den Namen selbigen Ortes: „Jehovah wird ersehen" [während es vorher hieß: „Elohim wird ersehen — das Schaf zum Brandopfer"], so daß man noch heute sagt: auf dem Berge „Jehovah Jireh" [d. h. „Jehovah wird ersehen", hier als Name des Bergs]. Und der Bote Jehovahs rief Abraham zum zweiten Male und sprach: Ich schwöre bei mir, spricht Jehovah, daß ich dich segnen will" u. s. w. — Die parallelen Erzählungen bei andern Völkern: s. oben unsre 14. Anm. zum V. Vortrage.

21) Z. B. Gen. 17, 21; 35, 13: das Wort עלה, sonst von der Flamme gebraucht.

22) Das Wort Zebaoth, Heerschaaren, ursprünglich von den Gestirnen gebraucht, wird zur Bezeichnung der Engel: vgl. 5. Mos. 4, 19 mit Jos. 5, 14. 1. Kön. 22, 19. Jes. 24, 21 ff. — Genesis 32, 1 ff. sind die Gottesboten um einer Etymologie willen nicht mit צבא, sondern mit einem andern Worte (חנה) „das Heer Gottes" genannt.

23) Wenn der syrische Sonnengott gelegentlich schlechthin Schemesch, die Sonne, heißen konnte (s. die palmyrenische Inschrift oben 11. Anm.), so konnte der Bundesgott und Sonnensohn auch „die kleine Sonne" oder „Sönnchen" heißen: Schemesch mit der Diminutiv-Endung = Schimschon, שִׁמְשׁוֹן. — Delilah ist die Omphale des Simson-Herakles Réville „La religion primitive d'Israël", Rev. d. d. m. 1869 1 sptbr., übersetzt den Namen דְּלִילָה mit endormeuse, Maurer im hebr. Lexikon mit „Schmachtende, Zarte" von דלל. Dieses Verbum bedeutet aber zunächst „schlaff herabhängen", danach „schwach sein": so wäre Delilah die Erschlaffenmachende, Schwächende. Oder kann man an eine Ableitung von dem Stamme לול, d. i. verworren, dunkel werden, denken, wovon auch לַיְלָה, die Nacht, herkommt? Das Localpräfix ד bedeutete dann mit לילה den „Ort wo Verwirrung, Dunkel ist", also eben auch die Nacht, genauer den dunkeln Abgrund, der die Strahlen der Sonne verschlingt, abschneidet, wie Delilah Simsons Haar. (Vgl. das Localpräfix ד in Ortsnamen wie דִּנְהָבָה, דִּמְנָה). — Füchse mit brennenden Fackeln an den Schwänzen wurden in Rom am Ceresfeste durch den Circus gehetzt, als „sinnbildliche Erinnerung an den Schaden, den die Felder vom Kornbrande, den man Rothfuchs (robigo) nannte, zu befürchten hatten": Steinthal „Die Sage von Simson", in der „Zeitschrift für Völkerpsychologie", II. Band, S. 134, nach Preller, Römische Mythologie", S. 437 f. Vgl. Ovid. Fast. IV, 679 ff. V, 707. 711. — Plötzliches Zerreißen der Fesseln: vgl. Herakles bei Herodot II, 45.

24) Der „Knecht Jehovahs", עֶבֶד יְהוָֹה, im zweiten Theil des Jesaias, Cap. 40—66, Bezeichnung des Jehovah treuen Kerns des Volkes Israel, auf dem alle Zukunftshoffnung ruhte, also gleichsam des messianischen Volkes. Daher die messianische Auffassung, welche überdies durch die singulare Personification, durch die Zusammenfassung jenes Volkskerns in der Gestalt des Einen „Knechts Jehovahs", unterstützt war: Matth. 8, 17.

25) Die Bundeslade: Anm. 15 zum V. Vortrage; die heiligen Steine: daselbst Anm. 27; Spuren von Keuschheitsopfer: Gen. 38 heißt Thamar eine קְדֵשָׁה, Hierodule, bei Luther herabgedrückt zu „Hure"; Preisgebungen von Frauen ohne religiöse Bedeutung: Gen. 12. 20. 26, ohnehin bei dem babylonisch gebliebenen Lot (s. oben den Text bei Anm. 17) Gen. 19.

26) 1. Sam. 28, 13 heißt der citirte Geist Samuels ein Gott, אֱלֹהִים.

27) Das Wort, welches Luther durch „schweben" wiedergiebt, wird

von der Stellung des brütenden Vogels gebraucht (מְרַחֶפֶת); vgl. 5. Mos. 32, 11. Man darf hier also an das Welt-Ei denken, das als Grundlage der Weltbildung in vielen Kosmogonien des Alterthums begegnet; ebenso andrerseits an die Vogelgestalt, ὡς περιστερά, wie eine Taube, in welcher der Geist Gottes (רוּחַ = πνεῦμα etymologisch wie sachlich, physisch wie geistig) noch im Neuen Testament erscheint.

28) In Sanchuniathonis Berytii quae ferunt fragmenta de cosmogonia et theologia Phoenicum, ed. Orelli, Lips. 1826. Philo von Byblus, aus dessen angeblicher Uebersetzung des phönizischen Originals diese Fragmente stammen, ist nach Zeller „Die Philosophie der Griechen" 1. Bd., 2. Aufl., S. 33, ein Fälscher, der „in der Maske Sanchuniathons aus phönizischen und griechischen Mythen, aus der mosaischen Schöpfungsgeschichte und aus verworrenen philosophischen Erinnerungen eine rohe Kosmologie zusammengeschweißt". Auch dieses härteste Urtheil läßt also doch originale phönizische Elemente gelten. — Auch dem Berosus, aus welchem der angeführte babylonische Schöpfungsmythus entnommen ist (ed. Richter, p. 50), wird man ächte Traditionen nicht absprechen können, die sich in den Abweichungen vom hebräischen Mythus zeigen.

29) Exodus 23, 5.

30) Exod. 21, 21. Man erinnert sich, daß der englische Missionar am Cap der guten Hoffnung, Bischof Colenso, durch diese Stelle zu einer freieren Anschauung von der Autorität der Bibel gebracht wurde, die man ihm in England als schweres Verbrechen anrechnete. Ein Zulukaffer, mit dem er das Alte Testament las, hatte ihm bei dieser Stelle das Buch entrüstet vor die Füße geworfen: „ein Buch, das solche Dinge enthalte, könne nicht göttlichen Ursprungs sein". Wer war hier der Missionar? Sollten nicht Zulukaffern als Sendboten ächter, sittlicher Religiosität unter die englischen und manche andre europäische Christen gehen?

31) Matth. 9, 13. 12, 7.

32) 26, 7; vgl. 34, 13. 38, 4 ff.

33) Sohn Gottes: Psalm 2, 7. 82, 6. Exod. 4, 22. Jerem. 31, 9. — Götter: Ps. 82, 6. Exod. 4, 16. 7, 1.

34) Hierüber muß man Keim lesen: „Geschichte Jesu von Nazara", 1. Bd., Zürich 1867, S. 208 ff. 469 ff.

Siebenter Vortrag.

1) S. Keim „Geschichte Jesu von Nazara", 1. Band, S. 309.

2) Diese Ansicht war der frühesten christlichen Kirche sehr geläufig:

man vgl. die oft citirten Aussprüche des Clemens von Alexandrien, Strom. I, p. 298 und 282: „Die nichtgriechische (d. i. jüdische) und die griechische Philosophie haben gewissermaßen die ewige Wahrheit in Stücke getheilt, eine Zerreißung, nicht die mythische des Dionysos, sondern der Gottesweisheit vom Worte des Ewigseienden. Wer nun das Zerrissene wieder zusammenfügt und das Wort ganz und Eins macht, der wird wahrlich ohne Gefährde die Wahrheit schauen". — „Die Philosophie erzog (ἐπαιδαγωγει) die Griechen zu Christus, wie das Gesetz die Juden"; — und ähnliche Stellen daselbst öfter. Derselbe Gedanke liegt zu Grunde bei Justin dem Märtyrer, Apolog. I, p. 83 C: „Wir sind belehrt, daß Christus, der Erstgeborene Gottes, der Logos („das Wort" bei Joh. 1 = die göttliche Vernunft) ist, an dem das ganze Menschengeschlecht Theil hat, und die mit dem Logos leben, sind Christen, auch wenn sie für Atheisten gehalten wurden, wie unter den Griechen Sokrates, Heraklit und die ihnen Aehnlichen, unter den Nichtgriechen aber Abraham, Ananias, Azarias, Misael, Elias und viele andere". — Hierher gehört auch der Ausspruch des Neupythagoreers Numenios (bei Clem. Alex. Strom. I, 342 C): *Τί γάρ ἐστι Πλάτων ἢ Μωϋσῆς ἀττικίζων;* — „was ist denn Platon Anderes als ein griechischer Moses?"

3) Ueber die Reihenfolge der arischen Wanderungen vgl. u. A. Weber „Indische Skizzen", S. 11 nebst der Note über Schleichers Ansicht.

4) Im Allgemeinen nach Scherr II, S. 225 ff. Einzelnes nach Caesar, de bello gallico VI, 14 ff., woselbst cap. 17: „Deum maxime Mercurium colunt; hujus sunt plurima simulacra, hunc omnium inventorem artium ferunt, hunc viarum atque itinerum ducem, hunc ad quaestus pecuniae mercaturasque habere vim maximam arbitrantur".

5) Simrock „Die Edda", Stuttgart u. Tübingen, 1851, S. 317 ff. Vgl. M. Müller, Essays II, S. 172. Im Allgemeinen folgen wir auch hier der Darstellung Scherr's, II, 289 ff.

6) Vgl. M. Müller II, 96 ff.

7) Müller II, 170.

8) Wir erinnern nur an das Johannesfest mit seinen Feuern, seiner Lustigkeit und seinen todüberwindenden Auferstehungsgedanken, das Fest der Sonnen- und Lebenshöhe, sowie an das Julklappen zu Weihnachten im deutschen Norden (juel wendisch = Rad: das Rad des Sonnengottes, das sich am kürzesten Tage wieder zum Siege des Lichtes wendet: Nork „Etymologisch-symbolisch-mythologisches Realwörterbuch", Stuttgart 1843 ff.).

9) Das Nähere bei Scherr II, 255 ff.

10) Wir folgen hier namentlich Zeller „Religion und Philosophie

bei den Römern", Berlin 1866, und Petersen „Griechische Religion" (Ersch- u. Grubersche Encyklop. 82. Band, 1864), S. 90 ff. (italo-gräkische Periode); daneben Scherr II, 201 ff.

11) Eine reiche Auslese von Beispielen solcher Personification bei Zeller, S. 13 f.

12) Der angeführte Artikel von Petersen dient uns auch hier, eine vortreffliche, außerordentlich vollständige, zusammenfassende Darstellung sowohl der Geschichte der griechisch-mythologischen Wissenschaft, als ihres Gegenstandes, vom Standpuncte der neuesten Forschung aus, besonders gestützt auf Preller, Welcker, Adalb. Kuhn.

13) Benfey in den „Nachrichten von der Akademie der Wissenschaften zu Göttingen" 1868, Nr. 2, S. 57 (Gött. Gel. Anz. 1868, 3. Stück).

14) Die Parallelen dazu in Aegypten, Indien und im Alten Testament: s. unsre 20. Anm. zum VI. und die 14. Anm. zum V. Vortrage.

15) Petersen a. a. O. S. 262 f.

16) Vgl. die Darstellung dieses Processes bei Petersen a. a. O. S. 337 ff.

Achter Vortrag.

1) Es sind die hier zunächst folgenden Vorträge über die evangelischen Wunderberichte.

2) In dieser Darstellung des Urchristenthums, die sich überall nur auf die bekanntesten Aussprüche Jesu oder auf den aus einer Mehrheit solcher Aussprüche herauszuläuternden Gesammtgehalt stützt, also einzelne Anführungen nicht forderte oder nicht zuließ, wird man rücksichtlich der Krystallisirung derselben um die drei Centralworte himmlischer Vater, Gottessohn und Himmelreich die Anlehnung an Ch. H. Weiße erkennen, der damit wesentlich in gleicher Weise, nur den Namen des „Menschensohnes" oder „Sohnmenschen" an die Stelle des Gottessohnes setzend, vorangegangen ist. Man vgl. besonders von seinen „Reden über die Zukunft der evangelischen Kirche", Leipzig 1849, die siebente; außerdem „Die Evangelienfrage in ihrem gegenwärtigen Stadium", Leipzig 1856, S. 196 ff. und im ersten und dritten Bande der „Philosophischen Dogmatik", Leipzig 1855—1862, die den biblischen Gottesbegriff und die Begriffe des „Sohnmenschen" und des Reiches Gottes betreffenden Abschnitte. Meinerseits ist der Gedanke hinzugekommen, daß zu der Dreiheit dieser Grundideen des Urchristenthums der Begriff des heiligen Geistes die Einheit ihres Gehaltes bezeichnend hinzutreten muß.

3) Vgl. besonders Marc. 3, 28. 29. Matth. 12, 32. — Wie sich eine solche Ansicht von Jesus mit der lebendigsten Christusliebe und dem innigsten gläubigen Anschlusse an ihn als den religiösen Genius der Menschheit vereinigen läßt, dies kommt nirgends fühlbarer und greifbarer zur Anschauung als in dem bereits mehrfach angeführten Werke Keims „Geschichte Jesu von Nazara", das namentlich in diesem Betracht von höchster Bedeutung ist und auf viele geängstete Gemüther wahrhaft erlösend wirken wird. Als Eingang dazu ist die Lectüre seiner kleineren Schrift „Der geschichtliche Christus", eine Sammlung einzelner Vorträge, 3. Aufl., Zürich 1866, zu empfehlen.

4) Es ist der dritte der hier folgenden Vorträge.

5) Ueber die Entwickelung der kirchlichen Versöhnungslehre aus Marc. 10, 45 und 14, 24 ist wenig so Belehrendes geschrieben worden, als was sich bei Weiße, Philosophische Dogmatik, 3. Bd., § 868 ff. findet.

Vorträge über die evangelischen Wunderberichte.

Erster Vortrag.

1) S. Scherr, Geschichte der Religion I, S. 166.

2) S. unsere 6. Anm. zum IV. Vortrage über die geschichtliche Entwickelung der Religion.

3) S. Scherr a. a. O. III, S. 377, und unsre 30. Anm. zum V. Vortrage über die geschichtliche Entwickelung der Religion.

4) Z. B. Marc. 1, 44. Matth. 9, 30. 12, 16. Marc. 5, 43.

5) Z. B. Marc. 3, 11 f. Matth. 16, 20.

6) Z. B. Marc. 9, 25. Matth. 9, 3 ff.

Zweiter Vortrag.

1) S. Scherr a. a. O. I, S. 164 f.

2) S. Carriere, Die Kunst im Zusammenhange der Culturentwickelung I, S. 458.

3) Die „Armen", πτωχοί, , Luk. 6, 20, sind bekanntlich Matth. 5, 3

bestimmter als πτωχοὶ τῷ πνεύματι, nach Luther „geistlich Arme", bezeichnet. Diese Worte, gewöhnlich auf Demuth gedeutet, glaube ich übersetzen zu müssen: „Bettler um den Geist", nämlich den heiligen Geist, bei Luk. 6, 20 einfach „die Bittenden", als Parallele zu den „Hungernden und Dürstenden nach der Gerechtigkeit" und zu dem Worte: „bittet, so wird euch gegeben". Hebräisch würden die Worte kaum anders lauten können als הַדֹּרְשֵׁי לָרוּחַ (vgl. Hiob 10, 6 u. ö.); die Präposition ל wurde dann ihrer Bedeutung als Dativzeichen nach übersetzt.

4) **Weiße** „Die evangelische Geschichte, kritisch und philosophisch bearbeitet", 2 Bände, Leipzig 1838, besonders I, S. 505 ff. und von da an öfter; dazu als Ergänzung „Die Evangelienfrage in ihrem gegenwärtigen Stadium", Leipzig 1856, S. 247 ff.

5) Es freut mich, bei **Keim**, Geschichte Jesu, 2. Band, S. 133 für diese Erzählung das Prädicat „witzig" zu finden, obwohl Keim auch hier die symbolische Erklärung anwendet. Schon lange war es mein Gedanke, daß bei der Erfindung dieser Geschichte ein neckendes, bewußtes Uebertreiben und Ausmalen, um die umsichgreifende Sage zu ironisiren, den hervorragendsten Antheil habe. Man vergegenwärtige sich nur lebhaft, in welcher Weise das von Jesu erzählte Wunderbare in allen Volkskreisen zum Gegenstande der Unterhaltung werden mußte.

6) Indessen giebt **Weiße**, Die Evangelienfrage, S. 262 ff. auch von dieser Erzählung eine beachtenswerthe parabolische Auslegung.

Der historische Jesus und die moderne Kritik.

1) Vgl. in dieser Reihenfolge: Marc. 8, 11 f. Matth. 16, 4. Luk. 11, 29—32. Matth. 12, 38—42.

2) 1. Kor. 1, 21 ff.

3) Marc 3, 31 ff. u. Parall.; vgl. auch Luk. 11, 27 f.

4) Marc. 6, 4 u. Par.

5) Marc. 2, 18 ff. u. Par. — Matth. 11, 11.

6) So nach **Weiße**, Evangelische Geschichte, 2. Band, S. 16 ff. Vgl. den Text bei Anm. 4 des vorhergehenden Vortrags.

7) Marc. 10, 17 f.

8) Matth. 19, 11 f.

9) Philipp. 2, 5 ff.

10) Matth. 20, 25 ff. und Par.

11) Marc. 6, 3. — Ueber Hillel s. Keim, Geschichte Jesu I, S. 269; über das Recht zu lehren: das. S. 432 ff.

12) Matth. 5, 13 ff.

13) Marc. 12, 37; vgl. mit Matth. 13, 11 ff.

14) Matth. 17, 17; 16, 23.

15) Ueber die von Einigen vermutheten Beziehungen des Johannes Presbyteros zum vierten Evangelium s. Keim a. a. O. S. 167 ff. Könnte nicht doch dieser Johannes den Grundbestandtheil des Evangeliums verfaßt haben? Sind nicht im Prolog durch V. 6—8, 15, vielleicht auch 17, zwei Hände nachweisbar, wie ohnehin durch den zweiten Schluß des Evangeliums? Vgl. Weiße, Evangelienfrage, S. 113 f.

16) Vgl. Weiße, der zuerst aufmerksam gemacht hat: „Reden über die Zukunft der evangelischen Kirche", S. 214 ff. und „Kleine Schriften zur Aesthetik", Leipzig 1867, S. 304 f., sowie die hier vom Herausgeber citirten Stellen anderer Schriften Weißes.

17) Die „Bergpredigt" ist als zusammenhängender größerer Rest einer Sammlung von Aussprüchen Jesu zu nehmen, deren Verfasser der Jünger Matthäus war, und welche dem Verfasser des gegenwärtigen ersten Evangeliums neben anderen Quellen vorlag; vgl. darüber Weiße, Evangelische Geschichte II, S. 26 ff. I, S. 29 ff.

18) Matth. 5, 18; Joh. 4, 21. 23; Marc. 2, 27 f. und Parall.

19) Die hier citirten Stellen: Matth. 10, 5; 15, 22 ff.; 11, 20 ff. 12, 41 f.; 8, 11 f.

Vom Verfasser ist außerdem erschienen und noch im Buchhandel vorräthig:

Schopenhauers philosophisches System, dargestellt und beurtheilt. Gekrönte Preisschrift. Leipzig, Breitkopf und Härtel, 1857.

Reden über Freimaurerei an denkende Nichtmaurer. 2. Auflage. Leipzig, J. G. Findel, 1860.

Der Fortschritt der Metaphysik unter den ältesten ionischen Philosophen. Eine geschichtphilosophische Studie. Leipzig, Breitkopf und Härtel, 1861.

Logik oder Wissenschaft vom Wissen, mit Berücksichtigung des Verhältnisses zwischen Philosophie und Theologie im Umrisse dargestellt. Leipzig, Breitkopf u. Härtel, 1866.

Christian Hermann Weiße. Nekrolog, vorgetragen in einer Versammlung von Mitgliedern des deutschen Protestantenvereins in Dresden. Leipzig, Breitkopf u. Härtel, 1866.

Die Lehre Jesu, nach seinen eigenen Worten aus den Evangelien zusammengestellt [von Allw. am Ende]. Zweite Ausgabe, bevorwortet von Dr. Rud. Seydel. Dresden, am Ende (jetzt Kaufmann), 1866.

Kleine Schriften zur Aesthetik und ästhetischen Kritik von Christian Hermann Weiße. Aus dessen handschriftlichem Nachlaß und aus bereits Gedrucktem zusammengestellt. Leipzig, Breitkopf u. Härtel, 1867.

Der deutsche Protestantenverein. Rede zur Eröffnung der öffentlichen Versammlungen des deutschen Protestantenvereins in Leipzig. Leipzig, Breitkopf und Härtel, 1867.

Ch. H. Weißes Psychologie und Unsterblichkeitslehre nebst Vorlesungen über den Materialismus und verwandten Beigaben. Aus Weißes handschriftlichem Nachlasse und akademischen Nachschriften zusammengestellt. Leipzig, J. G. Findel, 1869.

Ch. H. Weißes System der Aesthetik nach dem Collegienhefte letzter Hand herausgegeben. Leipzig, J. G. Findel, 1872.